Grundlagen der Schaltungstechnik

Eine Reihe,
herausgegeben von Prof. Dr.-Ing. Wolfgang Hilberg

Die Buchreihe umfaßt Themen aus dem Gebiet des Entwurfs, der technologischen Realisierung und der Anwendung von Schaltungen. Vorzugsweise sind dies integrierte Halbleiterschaltungen, die heute die gemeinsame „hardware"-Basis für viele Anwendungen, z. B. in der Nachrichtentechnik, Meßtechnik, Digitaltechnik, Datentechnik bzw. der Elektronik bilden. Die Darstellungen sollen dem heutigen Stand der Technik entsprechend die grundlegenden Kenntnisse vermitteln.

Bisher erschienen:

Großintegration
herausgegeben von
Bernd Höffinger

Wolfgang Hilberg
Impulse auf Leitungen

Frank-Thomas Mellert
Rechnergestützter Entwurf
elektrischer Schaltungen

Wolfgang Hilberg/Robert Piloty
Grundlagen elektronischer
Digitalschaltungen

Adolf Finger
Digitale Signalstrukturen
in der Informationstechnik

Wolfgang Hilberg
Grundprobleme der
Mikroelektronik

Günter Zimmer
CMOS-Technologie

Manfred Lobjinski
Meßtechnik mit Mikrocomputern
2. Auflage

Wolfgang Hilberg
Assoziative Gedächtnisstrukturen.
Funktionale Komplexität

Hans Spiro
Simulation integrierter
Schaltungen
2. Auflage

Samuel D. Stearns
Digitale Verarbeitung analoger
Signale, 5. Auflage

Klaus Schumacher
Integrationsgerechter Entwurf
analoger MOS-Schaltungen

Steffen Graf/Michael Gössel
Fehlererkennungsschaltungen

Wolfgang Hilberg
Digitale Speicher 1

Hochintegrierte analoge Schaltungen
herausgegeben von Bernd Höfflinger
und Günter Zimmer

Friedberth Riedel
MOS-Analogtechnik

Wolfgang Hilberg
Grundlagen elektronischer
Schaltungen, 2. Auflage

Robert Schwarz
Analyse nichtlinearer Netzwerke

Albrecht Rothermel
Digitale BiCMOS-Schaltungen

Manfred Gerner / Bruno Müller /
Gerd Sandweg
Selbsttest digitaler Schaltungen

Oppenheim / Schafer
Zeitdiskrete Signalverarbeitung

Hans Tzschach / Gerhard Haßlinger
Codes für den störungssicheren
Datentransfer

Codes für den störungssicheren Datentransfer

von
Professor Dr. rer. nat. Hans Tzschach
und
Dr. rer. nat. Gerhard Haßlinger

Mit 41 Bildern, 70 Beispielen und 67 Übungen

R. Oldenbourg Verlag München Wien 1993

Die Deutsche Bibliothek — CIP-Einheitsaufnahme

Tzschach, Hans:
Codes für störungssicheren Datentransfer : mit 70
Beispielen und 67 Übungen / von Hans Tzschach und
Gerhard Haßlinger. – München : Oldenbourg, 1993
  (Grundlagen der Schaltungstechnik)
  ISBN 3-486-22569-3

NE: Haßlinger, Gerhard:

Gesamtherstellung: Grafik + Druck, München

ISBN 3-486-22569-3

Inhaltsverzeichnis

1 Informationstheorie   1

1.1 Information und Entropie 1

1.2 Eigenschaften der Entropie 3

1.3 Gedächtnislose Informationsquellen 4

1.4 Markov'sche Informationsquellen 7

1.5 Die Entropie von Markov-Quellen 11

1.6 Übungen zu Kapitel 1 13

2 Codierung von Nachrichten   17

2.1 Klassifizierung von Codes 17

2.2 Sofort decodierbare Codes 18

2.3 Kompakte Codes 21

2.4 Konstruktion von Huffman-Codes 25

2.5 Effizienz und Redundanz eines Codes 29

2.6 Übungen zu Kapitel 2 31

3 Übertragungskanäle   35

3.1 Grundbegriffe 35

3.2 Transinformation und Kanalkapazität 37

3.3 Entscheidungsregeln 42

3.4 Schranken der Fehlerwahrscheinlichkeit 44

3.5 Übungen zu Kapitel 3 50

4 Algebraische Grundbegriffe für Codes   53

4.1 Gruppen, Ringe, Körper und Vektorräume 53

4.2 Polynome und endliche Körper 57

4.3 Erweiterungskörper über GF(2) 60

4.4 Übungen zu Kapitel 4 67

5 Lineare und zyklische Codes   69

5.1 Binäre Blockcodes 69

    5.1.1 Hamming-Distanz, Fehlererkennung und -korrektur 69

    5.1.2 Schranken für Blockcodes 72

    5.1.3 Perfekte und quasi-perfekte Codes 74

5.2 Lineare Codes 75

    5.2.1 Generator- und Prüfmatrix 76

    5.2.2 Fehlerkorrektur nach Syndromen 78

    5.2.3 Bestimmung der Minimaldistanz 80

  5.3 Zyklische Binär-Codes 81

    5.3.1 Prüfmatrizen für zyklische Codes 84

  5.4 Schaltwerke zur (De-)Codierung 88

    5.4.1 Kontrollstellen und Syndromgenerierung 88

    5.4.2 Schieberegister für zyklische Codes 91

  5.5 Übungen zu Kapitel 5 98

6 Spezielle lineare und zyklische Codes   **101**

  6.1 Hamming-Codes 101

  6.2 SEC/DED-Codes 102

    6.2.1 Der zyklische Abramson-Code 103

    6.2.2 Odd-Weight-Codes 104

  6.3 Fire-Codes 107

    6.3.1 Erkennbarkeit von Fehlerbüscheln 107

    6.3.2 Korrektur von Fehlerbüscheln mit Fire-Codes 108

  6.4 BCH-Codes 111

    6.4.1 Definition und Eigenschaften der BCH-Codes 111

    6.4.2 Die Prüfmatrix 113

    6.4.3 Fehlerkorrektur für BCH-Codes 115

    6.4.4 Der Berlekamp-Massey-Algorithmus 118

  6.5 Übungen zu Kapitel 6 121

7 Restfehlerraten für Block-Codes   **127**

  7.1 Fehler in symmetrischen Binärkanälen 128

  7.2 Restfehlerwahrscheinlichkeit linearer Codes 129

    7.2.1 Die Gewichtsverteilung des Hamming-Codes 130

    7.2.2 Fehlerkorrektur 131

    7.2.3 Kombination von Fehlerkorrektur und -erkennung 132

  7.3 Die Beziehung von MacWilliams 134

  7.4 Näherungsformeln und Abschätzungen 138

  7.5 Übungen zu Kapitel 7 141

8 Gedächtnisbehaftete Übertragungskanäle   **143**

  8.1 Das Gedächtnis erhöht die Kapazität 143

    8.1.1 Nutzen des Gedächtnisses 145

  8.2 Der Fehlerprozeß 146

    8.2.1 Der gedächtnislose symmetrische Binärkanal 146

    8.2.2 Stochastische Prozesse 147

    8.2.3 Der Lückenprozeß 148

  8.3 Deskriptive Modelle 149

  8.4 Generative Modelle 150

    8.4.1 Das Modell von Gilbert und Erweiterungen 151

    8.4.2 Das Modell von Elliot 155

9 Faltungscodes   **157**

  9.1   Die Codierung von Faltungscodes   157

       9.1.1 Schaltungen für Faltungscodierer   157

       9.1.2 Generatormatrizen   159

       9.1.3 Generatoren in Polynomdarstellung   160

       9.1.4 Äquivalente Faltungscodierer   162

  9.2   Repräsentation mit Zustandsautomaten   163

       9.2.1 Zustandsdiagramme und -tabellen   163

       9.2.2 Reduktion der Zustandsmenge   164

  9.3   Katastrophale Faltungscodes   166

  9.4   Die Decodierung von fehlerfreien Codesequenzen   169

  9.5   Die freie Distanz und die Gewichtsfunktion   173

       9.5.1 Die Gewichtsfunktion   174

  9.6   Decodierung mit Fehlerbehandlung   178

       9.6.1 Der Viterbi-Algorithmus   179

       9.6.2 Die Schwellenwertdecodierung   183

       9.6.3 Aufwandsabätzung zum Fano-Algorithmus   185

       9.6.4 Vergleich und Erweiterungen der Decodierverfahren   187

  9.7   Übungen zu Kapitel 9   189

Vorwort

Dieses Buch entstand aus dem Skript zu einer stets rege besuchten Vorlesung über Codierungstheorie, welche von den Autoren seit mehr als zehn Jahren an der Technischen Hochschule Darmstadt im Informatik-Hauptstudium angeboten wird.

Es soll dem Informatiker und Ingenieur einen schnellen Einstieg in das Gebiet der fehlererkennenden und -korrigierenden Codes ermöglichen und einen Einblick in die dazu grundlegenden Ideen von Shannon vermitteln.

Neben einer Zusammenstellung der zum Verständnis notwendigen Begriffe aus der Algebra finden Modelle des Übertragungskanals, Codierungs- und Decodierungsverfahren sowie die Bestimmung ihrer Restfehlerraten Beachtung. In Anpassung an heutige Anwendungen wurde z.B. auf Reed-Muller-Codes verzichtet, die nur noch von historischem Interesse sind, während Faltungs- und Odd-Weight-Codes ausführlich dargestellt sind.

Auch wenn technische Fortschritte zur Verringerung der Fehleranfälligkeit in der Datenverarbeitung beitragen, wie etwa Glasfaser als Übertragungsmedium, so gewinnt das Thema des Buches dennoch durch die Vielfalt und den rasant wachsenden Umfang des Informationsaustauschs an Bedeutung.

Der Dank der Autoren gilt insbesondere Herrn Dr. C. Kröll für das von ihm verfaßte Kapitel über gedächtnisbehaftete Übertragungskanäle und Herrn Dipl.-Math. M. König. Für ihre Unterstützung bei der Ausarbeitung von Text und Abbildungen danken wir Frau M. Jayme, Frau M. Skrobic und Frau U. Schott. Darüber hinaus haben Mitarbeiter und Studierende am Fachbereich Informatik der THD durch zahlreiche Hinweise auf Fehler und Verbesserungsvorschläge eine wichtige Hilfestellung gegeben.

Hans Tzschach,   Gerhard Haßlinger   im Dezember 1992

Kapitel 1

Informationstheorie

1.1   Information und Entropie

Die Erzeugung und Verbreitung von Nachrichten bzw. Informationen zielt stets
darauf ab, dem Adressaten einen neuen und mehr oder weniger unvorhersehbaren
Tatbestand zu vermitteln. Informationsbedarf setzt andererseits eine Ungewißheit
über den Inhalt einer eintreffenden Nachricht voraus. Daher kann der Nachrich-
tenempfang als vom Zufall beeinflußter Vorgang betrachtet werden, zu dessen Beschreibung stochastische Modellbildungen herangezogen werden.
Unter den vielfältigen Möglichkeiten, die als Träger von Information in Frage kommen, beschränken wir uns auf zeichenorientierte Darstellungsformen. Die *Zeichen*
oder *Symbol* sollen einem endlichen entnommen sein und bilden die kleinste Nach-
richteneinheit. Sie werden mit den Elementarereignissen eines Wahrscheinlichkeitsraums identifiziert.

Definition 1.1 Es sei $(A, \mathcal{P}(A), p)$ ein endlicher *Wahrscheinlichkeitsraum*. Hierbei ist $A = \{a_1, a_2, \cdots, a_n\}$ die Menge der *Elementarereignisse*, $\mathcal{P}(A)$ die *Potenzmenge* von A und p ein *Wahrscheinlichkeitsmaß*, welches jedem Ereignis aus der
Potenzmenge (Menge aller Teilmengen) einen Wert zuordnet mit den Eigenschaften:

1. $\forall Q \in \mathcal{P}(A): p(Q) \geq 0$;

2. $p(A) = 1$

3. $\forall Q, R \in \mathcal{P}(A)$ mit $Q \cap R = \emptyset$ gilt: $p(Q \cup R) = p(Q) + p(R)$;

Für die Elementarereignisse wird die vereinfachte Schreibweise $p(a_i) \overset{\text{def}}{=} p_i$ benutzt. Die genannten Eigenschaften beinhalten auch die Normierungsbedingung
$\sum_{i=1}^{n} p_i = 1$. Hat $Q \in \mathcal{P}(A)$ die Wahrscheinlichkeit $p(Q)$, so wird dem Ereignis Q
der *Informationsgehalt*

$$I(Q) = -\log p(Q) \quad \text{bzw.} \quad I(a_i) = -\log p_i \text{ für Elementarereignisse zugeordnet.}$$
$$(1.1)\rfloor$$

Bei dieser Definition lassen wir die Basis b des Logarithmus' unbestimmt. Rechnet man zur Basis $b = 2$, so wird in der *Informationseinheit bit* gemessen, was einer it binären Darstellung der Information mit nur zwei Zeichen z.B. 0 und 1 entspricht.

Die Umrechnung des Informationsgehalts von der Rechnung in einer anderen Basis b in die Einheit bit erfolgt dann durch Multiplikation mit dem Faktor $\log_2 b$.

Die Definition entspricht der anschaulichen Vorstellung, daß der Informationsgehalt, den das Ergebnis eines Zufallsexperiments liefert, um so größer ist, je kleiner die Wahrscheinlichkeit für das eintretende Ereignis ist. Das sichere Ereignis, das mit Wahrscheinlichkeit 1 eintritt, hat den Informationsgehalt 0, da der Ablauf des Experiments schon vorher bekannt ist. Faßt man mehrere Ereignisse, die unabhängig voneinander mit Wahrscheinlichkeiten $q_1, q_2, \cdots, q_n$ eintreten, zu einem gemeinsamen (Und-)Ereignis zusammen, so ist seine Wahrscheinlichkeit das Produkt $q_1 \cdot q_2 \cdots q_n$ und sein Informationsgehalt entspricht gerade der Summe aus den Einzelinformationen $I = \sum_{i=1}^n -\log q_i$.

Der mittlere Informationsgehalt bezogen auf alle Elementarereignisse eines Wahrscheinlichkeitsraums wird als Entropie bezeichnet. Sie kann als Maß für den Informationsgewinn interpretiert werden, den der Ausgang eines Zufallsexperiments im Mittel liefert oder umgekehrt für die Unsicherheit, die vor seiner Durchführung hinsichtlich des Ergebnisses besteht.

Definition 1.2 Unter den Voraussetzungen von Definition 1.1 bezeichnet man

$$H(A) = \sum_{i=1}^n p(a_i) I(a_i) = - \sum_{i=1}^n p_i \log p_i = H(p_1, p_2, \cdots, p_n) \qquad (1.2)$$

für $n \geq 2$ als *Entropie*. $H(p_1)$ mit nur einem Argument wird als abkürzende Schreibweise für $H(p_1, 1 - p_1)$ benutzt. ⌋

Die Entropie ist eine nur vom Wahrscheinlichkeitsmaß abhängige n-stellige Funktion. Wegen $\lim_{x \to 0} x \log x = 0$ ordnet man für $p_i = 0$ dem zugehörigen Term $p_i \log p_i$ ebenfalls den Wert Null zu. Wird der Logarithmus zu einer bestimmten Basis b gebildet, so dient ein Index $H_b(A)$ als Kennzeichnung.

Beispiel 1.1 Ein *HDTV-Fernsehbild* kann als Matrix von Bildpunkten mit etwa 1900 Zeilen und 1150 Spalten angesehen werden. Jeder Bildpunkt kann 2^8 verschiedene Helligkeits- oder Farbwerte annehmen. Es sind demnach etwa $2^{8 \cdot 1900 \cdot 1150} \approx 2^{17\,500\,000}$ verschiedene Fernsehbilder möglich. Unter der Annahme, daß die Werte der Bildpunkte voneinander unabhängig und jeweils gleichverteilt sind, ist der Informationsgehalt $I(s_i)$ eines Fernsehbildes

$$I(s_i) \approx -\log 2^{-17\,500\,000} = 1.75 \cdot 10^7 \,\text{bit}$$

und die Entropie

$$H(S) \approx \sum_{i=1}^{2^{17\,500\,000}} \frac{1}{2^{17\,500\,000}} \cdot 17\,500\,000 \log 2 = 1.75 \cdot 10^7 \,\text{bit}.$$

1.2 Eigenschaften der Entropie

(i) $H(A) = 0 \Leftrightarrow \exists\, i \in \{1, \ldots, n\} : p(a_i) = 1 \quad \wedge \quad \forall j \neq i : p(a_j) = 0;$

(ii) Es sei $p_i \geq 0$ und $q_i > 0$ für $i = 1, \ldots, n$, sowie $\sum_{i=1}^n p_i = \sum_{i=1}^n q_i = 1$.
Dann gilt:

$$H(p_1, \ldots, p_n) = -\sum_{i=1}^n p_i \log p_i \leq -\sum_{i=1}^n p_i \log q_i. \qquad (1.3)$$

Beweis: Für jede positive reelle Zahl x gilt

$$\log x \leq (x-1)\log e. \quad \text{Es folgt:} \qquad (1.4)$$

$$\sum_{i=1}^n p_i \log q_i - \sum_{i=1}^n p_i \log p_i = \sum_{\substack{i=1 \\ p_i \neq 0}}^n p_i \log \frac{q_i}{p_i} \leq \sum_{\substack{i=1 \\ p_i \neq 0}}^n p_i \left(\frac{q_i}{p_i} - 1\right)\log e$$

$$= \sum_{\substack{i=1 \\ p_i \neq 0}}^n (q_i - p_i)\log e \leq \log e \sum_{i=1}^n (q_i - p_i) = \log e \left(\underbrace{\sum_{i=1}^n q_i}_{=1} - \underbrace{\sum_{i=1}^n p_i}_{=1}\right) = 0$$

wobei wegen $p_i = 0 \Rightarrow p_i \log q_i = p_i \log p_i = 0$ nur Summanden mit $p_i \neq 0$ berücksichtigt werden. □

(iii) Für eine feste Anzahl $|A| = n$ von Elementarereignissen nimmt die Entropie ihr Maximum im Fall der Gleichverteilung an ($\sum_i p_i = 1$ ist für jede Verteilung vorausgesetzt):

$$H(p_1, \cdots, p_n) \leq H\left(\underbrace{\frac{1}{n}, \cdots, \frac{1}{n}}_{n-\text{mal}}\right). \qquad (1.5)$$

Beweis: Setzt man in (1.3) $q_i = \frac{1}{n}$, so folgt:

$$H(p_1, \cdots, p_n) = -\sum_{i=1}^n p_i \log p_i \leq -\sum_{i=1}^n p_i \log \frac{1}{n} = -\log \frac{1}{n} \sum_{i=1}^n p_i = \log n.$$

□

Man sieht, daß das bei einer Gleichverteilung erreichbare Maximum der Entropie mit der Zahl n der Elementarereignisse monoton wächst.

(iv) Es gilt:

$$H(p_1, \ldots, p_n) = H(p_1, \ldots, p_{i-1}, p_i + p_{i+1}, p_{i+2}, \ldots, p_n)$$
$$+ (p_i + p_{i+1})H\left(\frac{p_i}{p_i + p_{i+1}}, \frac{p_{i+1}}{p_i + p_{i+1}}\right). \qquad (1.6)$$

Beweis: Es genügt, den Fall $i = 1$ zu betrachten, da eine Vertauschung der Argumente den Funktionswert von H nicht beeinflußt:

$$H(p_1 + p_2, p_3, \ldots, p_n) = -(p_1 + p_2) \log(p_1 + p_2) - \sum_{i=3}^{n} p_i \log p_i;$$

$$(p_1 + p_2) \, H\left(\frac{p_1}{p_1 + p_2}, \frac{p_2}{p_1 + p_2}\right) = -p_1 \log \frac{p_1}{p_1 + p_2} - p_2 \log \frac{p_2}{p_1 + p_2}$$

$$= (p_1 + p_2) \log(p_1 + p_2) - p_1 \log p_1 - p_2 \log p_2.$$

Eine Addition beider Gleichungen bestätigt die Behauptung.   □

(v)

$$H\left(\underbrace{\frac{1}{n\,l}, \frac{1}{n\,l}, \ldots, \frac{1}{n\,l}}_{n\,l-\text{mal}}\right) = H\left(\underbrace{\frac{1}{n}, \ldots, \frac{1}{n}}_{n-\text{mal}}\right) + H\left(\underbrace{\frac{1}{l}, \ldots, \frac{1}{l}}_{l-\text{mal}}\right) \qquad (1.7)$$

Dies folgt direkt aus

$$H\left(\underbrace{\frac{1}{n\,l}, \frac{1}{n\,l}, \ldots, \frac{1}{n\,l}}_{n\,l-\text{mal}}\right) = \log(n\,l) = \log n + \log l.$$

Satz 1.1 Die Entropie $H(A)$ ist die einzige stetige Funktion, die die Bedingungen (iii)-(v) erfüllt.   ⌋

Der Beweis für diesen Eindeutigkeitssatz der Entropie wird für insgesamt äquivalente Bedingungen z.B. in [DuJü77] oder [HeHo70] geführt, siehe auch Übungsaufgabe 1.7. Man beachte, daß die Logarithmus-Funktion in den Eigenschaften (1.4)-(1.6) nicht einmal benannt wird.

1.3   Gedächtnislose Informationsquellen

Bevor die Informationsquelle in Anlehnung an den Begriff eines stochastischen Prozesses eingeführt wird, sind zunächst einige weitere Bezeichnungsweisen aus der Stochastik anzusprechen.

Eine reellwertige Funktion $f(a_i)$ der Elementarereignisse $a_i \in A$ eines Wahrscheinlichkeitsraums $(A, \mathcal{P}(A), p)$ wird durch eine *Zufallsvariable* bezeichnet.[1]

Das Wahrscheinlichkeitsmaß p des zugrundeliegenden Wahrscheinlichkeitsraums ist auf solche Zufallsvariablen anwendbar. Die Schreibweise $p(X = f(a_i)) = p_i$ besagt, daß die Zufallsvariable X mit Wahrscheinlichkeit p_i den Wert $f(a_i)$ annimmt.

Für $f(a_i) = i$ kann man insbesondere die Aufzählung der Elementarereignisse als Zufallsvariable X darstellen, so daß $p_i = p(X = i)$ ist.

---

[1]Zur Unterscheidung von einfachen Variablen werden für Zufallsvariable nur Großbuchstaben benutzt.

Definition 1.3 Der *Erwartungswert* oder *Mittelwert* $E(X)$ einer Zufallsvariable X ist durch $E(X) = \sum_i p(a_i) f(a_i)$ bestimmt. X_1 und X_2 seien Zufallsvariablen im Wahrscheinlichkeitsraum $Q_1 = (A, \mathcal{P}(A), p_A)$ und $Q_2 = (B, \mathcal{P}(B), p_B)$. Die Zufallsvariablen bzw. die damit beschriebenen Zufallsexperimente heißen *unabhängig*, wenn gilt:

$$\forall \, a, b \in \mathbb{R}: \quad p(X_1 = a \text{ und } X_2 = b) = p(X_1 = a)\, p(X_2 = b) = p(a)\, p(b). \quad (1.8)$$

Eine Folge von (unabhängigen) Zufallsvariablen $\{X_t; t \in \mathbb{N}_0\}$ bildet einen *(gedächtnislosen) stochastischen Prozeß.* ⌋

Definition 1.4 Die Bezeichnungsweise $p(a|B)$ steht für die *bedingte Wahrscheinlichkeit* eines Ereignisses a unter einer Bedingung B, die als logische Aussage unter Einbeziehung von Zufallsvariablen formuliert werden kann. In diesem Zusammenhang spricht man auch von einem bedingten Informationsgehalt und einer bedingten Entropie. ⌋

Mit einer Bedingung B kann ein Vorwissen zum Ausdruck gebracht werden, das mit dem Ergebnis eines Zufallsexperiments zusammenhängt, so daß das Wahrscheinlichkeitsmaß davon beeinflußt wird. Für Zufallsvariable X_1 und X_2 gilt:

$$p(X_1 = a|X_2 = b) = p(X_1 = a \text{ und } X_2 = b)/p(X_2 = b), \quad (1.9)$$

sofern $p(X_2 = b) > 0$.
Sind X_1 und X_2 unabhängig, so folgt allerdings $p(X_1 = a|X_2 = b) = p(X_1 = a)$.

Beispiel 1.2 Das Zufallsexperiment "Werfen eines Würfels" liefert mit Wahrscheinlichkeit je $1/6$ eine der Zahlen $1, \cdots, 6$ als Ergebnis. Seien X_1 und X_2 Zufallsvariable für die Ergebnisse von zwei unabhängigen Würfen und $S = X_1 + X_2$ für deren Summe. Dann gilt:

$$
\begin{aligned}
p(S = i) &= \begin{cases} \sum_{j=1}^{i-1} p(X_1 = j)\, p(X_2 = i - j) & \text{für } 2 \le i \le 7 \\ \sum_{j=i-6}^{6} p(X_1 = j)\, p(X_2 = i - j) & \text{für } 7 \le i \le 12 \end{cases} \\
&= \begin{cases} (i-1)/36 & \text{für } 2 \le i \le 7 \\ (13-i)/36 & \text{für } 7 \le i \le 12. \end{cases}
\end{aligned}
$$

Man erhält z.B. als bedingte Wahrscheinlichkeiten:

$$p(S = 7|X_1 = 1) = 1/6; \; p(S = 10|X_1 = 5) = 1/6; \; p(S = 10|X_1 = 2) = 0$$
$$\text{oder auch} \quad p(X_1 = 5|S = 10) = 1/3; \; p(X_1 = 5|S = 6) = 1/5.$$

Definition 1.5 Eine (gedächtnislose) diskrete *Informationsquelle* sendet eine Folge von (unabhängigen) Quellsymbolen, die durch Zufallsvariable $\{X_t; t \in \mathbb{N}_0\}$ in einem endlichen Wahrscheinlichkeitsraum $Q = (S, \mathcal{P}(S), p)$ dargestellt werden. Dabei heißt $S = \{s_1 \ldots, s_q\}$ das *Quellalphabet* und $H(p_1, \cdots, p_q)$ die Entropie der Quelle mit den *Signalwahrscheinlichkeiten* $p_1 = p(s_1), \cdots, p_q = p(s_q)$. ⌋

In vielen Fällen werden mehrere von einer Informationsquelle ausgesendete Zeichen zu Wörtern zusammengefaßt. Ein *Wort* σ ist eine Aneinanderreihung von Quellsymbolen $\sigma = s_{j_1} s_{j_2} \ldots s_{j_n}$. Die Anzahl der Symbole ergibt die Länge n des Wortes. Mit der n-ten Erweiterung einer Quelle wird eine Anpassung der Bezeichnungsweise bezogen auf Wörter der Länge n vorgenommen.

Definition 1.6 Für die *n-te Erweiterung* einer Informationsquelle, die n-stellige Wörter über dem Alphabet S aussendet, wird der Wahrscheinlichkeitsraum $Q^n = \{S^n, \mathcal{P}(S^n), p^n\}$ in entsprechender Erweiterung von $Q = \{S, \mathcal{P}(S), p\}$ zugrunde gelegt. ⌟

Geht man von unabhängigen Symbolen in einem Wort aus, so erhält man als Wahrscheinlichkeit für das Auftreten eines Wortes

$$\forall\, \sigma = s_{j_1} \cdots s_{j_n} \in S^n : \qquad p(\sigma) = p(s_{j_1}) \cdot \ldots \cdot p(s_{j_n}). \tag{1.10}$$

Beispiel 1.3 Q habe das Quellalphabet $S = \{s_1, s_2, s_3\}$ mit den Wahrscheinlichkeiten

$$p_1 = \frac{1}{2}, \quad p_2 = p_3 = \frac{1}{4}.$$

Dann ist die Entropie von Q

$$H(S) = \frac{1}{2}\log 2 + \frac{1}{4}\log 4 + \frac{1}{4}\log 4 = \frac{3}{2}\text{bit}.$$

Das Quellalphabet von Q^2 ist

$$S^2 = \{\tilde{s}_1 = s_1 s_1,\ \tilde{s}_2 = s_1 s_2,\ \tilde{s}_3 = s_1 s_3,\ \tilde{s}_4 = s_2 s_1,\ \tilde{s}_5 = s_2 s_2,$$
$$\tilde{s}_6 = s_2 s_3,\ \tilde{s}_7 = s_3 s_1,\ \tilde{s}_8 = s_3 s_2,\ \tilde{s}_9 = s_3 s_3\,\}.$$

Die Wahrscheinlichkeiten der Wörter sind bei Unabhängigkeit ihrer Symbole

$$\tilde{p}_1 = \frac{1}{2}\cdot\frac{1}{2} = \frac{1}{4};\ \tilde{p}_2 = \tilde{p}_3 = \tilde{p}_4 = \tilde{p}_7 = \frac{1}{8};\ \tilde{p}_5 = \tilde{p}_6 = \tilde{p}_8 = \tilde{p}_9 = \frac{1}{16}.$$

Die Entropie von Q^2 ist dann

$$H(S^2) = \frac{1}{4}\log 4 + 4\,\frac{1}{8}\log 8 + 4\,\frac{1}{16}\log 16 = 2\frac{3}{2}\text{bit}.$$

Es ist kein Zufall, daß die Entropie der zweiten Erweiterung gerade doppelt so groß ist wie die Entropie der Quelle. Allgemein gilt:

Satz 1.2 Für die Entropie der n-ten Erweiterung Q^n eines Wahrscheinlichkeitsraums Q gilt bei Unabhängigkeit der Symbole in einem Wort:

$$H(S^n) = n\,H(S). \tag{1.11}⌟$$

Beweis: Sei $\sigma = s_{i_1} \ldots s_{i_n} \in S^n$. Dann ist

$$H(S^n) = - \sum_{\sigma \in S^n} p(\sigma) \log p(\sigma).$$

Nun ist wegen der Unabhängigkeit der Einzelsymbole $s_{i_1}, \ldots, s_{i_n}$ von σ

$$
\begin{aligned}
H(S^n) &= - \sum_{i_1=1}^{q} \sum_{i_2=1}^{q} \cdots \sum_{i_n=1}^{q} p(s_{i_1}) p(s_{i_2}) \cdot \ldots \cdot p(s_{i_n}) \log p(s_{i_1}) p(s_{i_2}) \cdot \ldots \cdot p(s_{i_n}) \\
&= - \sum_{i_1=1}^{q} \cdots \sum_{i_n=1}^{q} p(s_{i_1}) \cdot \ldots \cdot p(s_{i_n}) \left(\log p(s_{i_1}) \cdot \ldots \cdot p(s_{i_{n-1}}) + \log p(s_{i_n}) \right) \\
&= - \sum_{i_1=1}^{q} \cdots \sum_{i_{n-1}=1}^{q} p(s_{i_1}) \cdot \ldots \cdot p(s_{i_{n-1}}) \log p(s_{i_1}) \cdot \ldots \cdot p(s_{i_{n-1}}) \sum_{i_n=1}^{q} p(s_{i_n}) \\
&\quad - \sum_{i_1=1}^{q} \cdots \sum_{i_{n-1}=1}^{q} p(s_{i_1}) \cdot \ldots \cdot p(s_{i_{n-1}}) \sum_{i_n=1}^{q} p(s_{i_n}) \log p(s_{i_n}) \\
&= H(S^{n-1}) \sum_{i_n=1}^{q} p(s_{i_n}) + \left(\sum_{i_1=1}^{q} p(s_{i_1}) \right) \cdot \ldots \cdot \left(\sum_{i_{n-1}=1}^{q} p(s_{i_{n-1}}) \right) \cdot H(S) \\
&= H(S^{n-1}) + H(S).
\end{aligned}
$$

Damit folgt der Satz durchvollständige Induktion.   □

1.4   Markov'sche Informationsquellen

Es werden nun Quellen betrachtet, bei denen die Gedächtnislosigkeit und die damit einhergehende Unabhängigkeit der ausgesendeten Symbole nicht erfüllt ist. Stattdessen kann die Wahrscheinlichkeit, daß ein bestimmtes Folgesymbol auftritt je nach seinen Vorgängersymbolen unterschiedlich ausfallen. Beispielsweise folgt im vorliegenden Text nach einem Zeichen 'c' oder nach den beiden Zeichen 'sc' relativ häufig das Zeichen 'h', während es andere Buchstaben und Buchstabenfolgen gibt, nach denen nur selten ein 'h' erscheint.

Einen Ansatz zur Erfassung solcher Abhängigkeiten in diskreten stochastischen Prozessen bieten die Markov-Ketten:

Definition 1.7 Eine Folge $\{X_t, \ t \in \mathbb{N}_0\}$ mit endlichem Wertebereich $X_t \in \{s_1, \cdots, s_q\}$ heißt endliche *Markovkette m-ter Ordnung*, wenn

$$
\begin{aligned}
&\forall\, t > m \ \text{ und } \forall\, i, j_{m+1-t}, \cdots, j_m \in \{1, \cdots, q\}: \\
&p(X_t = s_i | X_0 = s_{j_{m+1-t}}, \cdots, X_{t-m} = s_{j_1}, \cdots, X_{t-1} = s_{j_m}) \qquad (1.12) \\
&= p(X_t = s_i | X_{t-m} = s_{j_1}, \cdots, X_{t-1} = s_{j_m}).
\end{aligned}
$$

Weiterhin heißt eine Markovkette m-ter Ordnung *homogen*, wenn

$$\forall\, t > m: \quad \begin{aligned} p(X_t = s_i | X_{t-m} &= s_{j_1}, \cdots, X_{t-1} = s_{j_m}) \\ &= p(X_m = s_i | X_0 = s_{j_1}, \cdots, X_{m-1} = s_{j_m}). \end{aligned} \qquad (1.13)$$

Eine Markov-Kette heißt *stationär*, wenn

$$\forall\, i,j: \quad \lim_{n \to \infty} p(X_{t+n} = s_i | X_t = s_j) = \lim_{n \to \infty} p(X_{t+n} = s_i) = p(s_i). \qquad (1.14)$$

Eine Informationsquelle mit Alphabet $S = \{s_1, \ldots, s_q\}$, deren Ausgabefolge die genannten Eigenschaften einer Markov-Kette hat, wird entsprechend als homogene bzw. stationäre Markov-Quelle m-ter Ordnung bezeichnet. ⌋

Für eine Markov-Quelle m-ter Ordnung ist die Abhängigkeit von der Vergangenheit des Prozesses allein aus den letzten m Zeichen abzulesen, die damit einen aktuellen Zustand der Quelle beschreiben, der sämtliche für den weiteren Verlauf des stochastischen Prozesses relevanten Informationen beinhaltet. Dies bedeutet aber keineswegs, daß Ausgabezeichen mit einem Abstand von mehr als m Zeiteinheiten voneinander unabhängig sind.
Ist die Markov-Quelle homogen, so ist die Abhängigkeit von den vorhergehenden Symbolen zeitlich invariant.

In Verallgemeinerung der angegebenen Definition wird die Markov-Quelle in der Literatur oft auch als ein *Hintergrundprozeß* eingeführt. Statt der hier vorliegenden direkten Identifikation von Ausgabezeichen und Zuständen der Markoff-Kette werden dabei in den Zuständen nach einer jeweiligen Wahrscheinlichkeitsverteilung verschiedene Symbole ausgegeben, so daß man von der ausgegeben Zeichenfolge nicht mehr sicher auf die dabei durchlaufenen Zustände zurückschließen kann.

Stationäre Quellen haben die Eigenschaft, daß Zeichen der ausgegebenen Folge mit wachsendem zeitlichem Abstand mehr und mehr voneinander unabhängig werden. Es existiert dann eine stationäre Grenzverteilung $p_i = \lim_{t \to \infty} p(X_t = s_i)$ der Wahrscheinlichkeiten für die ausgegebenen Symbole, die im Laufe der Zeit unabhängig vom Startzustand angestrebt wird. Für Markov-Quellen kann man folgende Bedingungen für die Stationarität angeben.

Definition 1.8 Jede mögliche Folge $\sigma_j = s_{j_1} \cdots s_{j_m} \in S^m$ von Symbolen kann als *Zustand* einer homogenen Markovkette m-ter Ordnung aufgefaßt werden, der die gesamte verfügbare Information über den weiteren Verlauf des stochastischen Prozesses beinhaltet.
Die *Übergangswahrscheinlichkeiten*

$$p(s_i | \sigma_j) = p(X_1 = s_i | X_{t-m} \cdots X_{t-1} = \sigma_j) \qquad (1.15)$$

sind dann entscheidend für das nächste Ausgabesymbol und damit für den Folgezustand $\tilde{\sigma}_j = s_{j_2} \cdots s_{j_m} s_i$.
Zustände, welche mit Wahrscheinlichkeit 1 im weiteren Verlauf des Prozesses wieder auftreten, heißen *rekurrent*. Benötigt die Rückkehr in einen Zustand im Mittel endlich viele Schritte, so heißt der Zustand *positiv rekurrent*. Zustände heißen

periodisch, wenn eine Rückkehr nur in Schrittzahlen möglich ist, die Vielfache einer ganzen Zahl $n \geq 2$ betragen. Sonst heißt der Zustand *aperiodisch*. Kann jeder Zustand einer Markov-Quelle von jedem Zustand aus in einem oder mehreren Übergängen erreicht werden, so heißt die **Markov-Quelle** *irreduzibel*, andernfalls *reduzibel*. Eine *irreduzible Markov-Quelle*, deren Zustände positiv rekurrent und aperiodisch sind, heißt *ergodisch*.   ⌋

Satz 1.3 Für ergodische Markov-Quellen existieren die *stationären Zustandswahrscheinlichkeiten*

$$p(\sigma_j) = p(s_{j_1} \ldots s_{j_m}) = \lim_{t \to \infty} p(X_{t-m} = s_{j_1}, \cdots, X_{t-1} = s_{j_m}). \qquad (1.16)$$

Sie sind Lösung der Übergangsgleichungen

$$p(s_{j_1} \ldots s_{j_m}) = \sum_{i=1}^{q} p(s_{j_m} | s_i s_{j_1} \ldots s_{j_{m-1}}) \, p(s_i s_{j_1} \ldots s_{j_{m-1}}) \qquad (1.17)$$

für alle $\sigma_j = s_{j_1} \ldots s_{j_m} \in S^m$. Durch dieses lineare, homogene Gleichungssystem und die Normierungsbedingung $\sum_{\sigma_j \in S^m} p(\sigma_j) = 1$ sind die stationären Zustandswahrscheinlichkeiten eindeutig bestimmt.

Für die hier betrachteten endlichen Markov-Ketten sind insbesondere alle rekurrenten Zustände gleichzeitig auch positiv rekurrent.   ⌋

Ein Beweis dieses für endliche, ergodische Markovketten grundlegenden Satzes findet sich z.B. in [Kohl77].

Beispiel 1.4

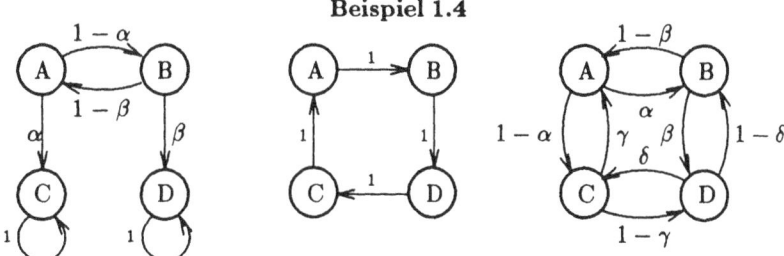

Abbildung 1.1: Übergangsdiagramme von reduziblen und periodischen Markov-Ketten

In der Abbildung 1.1 sind die Übergangsgraphen einer reduziblen Markov-Kette sowie von zwei periodischen Markov-Ketten erster Ordnung mit Alphabet $S = \{A,B,C,D\}$ dargestellt. Die Zustände werden darin als Knoten und die Zustandsübergänge mit einer von Null verschiedenen Wahrscheinlichkeit als Kanten notiert. Eine Kantenmarkierungen gibt die Übergangswahrscheinlichkeit vom

Start- zum Zielzustand an, wobei hier $0 < \alpha, \beta, \gamma, \delta < 1$ gelten soll. Im ersten Fall sind von den Zuständen C und D keine anderen Zustände erreichbar, so daß die Kette reduzibel ist. In den beiden periodischen Ketten ist dagegen eine Rückkehr in denselben Zustand nur möglich, wenn die Anzahl der Übergänge ein Vielfaches von 4 bzw. 2 ist.

Beispiel 1.5 Es sei $S = \{0, 1\}$ und $m = 2$.
Die Übergangswahrscheinlichkeiten seien gegeben durch:

$$p(0|00) = 0.5; \ p(0|01) = 0.3; \ p(0|10) = 0.4; \ p(0|11) = 0.2;$$
$$p(1|00) = 0.5; \ p(1|01) = 0.7; \ p(1|10) = 0.6; \ p(1|11) = 0.8.$$

Die damit beschriebene Markov-Quelle ist ergodisch.
Für die stationären Zustandswahrscheinlichkeiten gilt

$$p(00) = p(0|00)\,p(00) + p(0|10)\,p(10)$$
$$p(01) = p(1|00)\,p(00) + p(1|10)\,p(10)$$
$$p(10) = p(0|01)\,p(01) + p(0|11)\,p(11)$$
$$p(11) = p(1|01)\,p(01) + p(1|11)\,p(11)$$

Durch Einsetzen der Übergangswahrscheinlichkeiten

$$p(00) = 0.5p(00) + 0.4p(10)$$
$$p(01) = 0.5p(00) + 0.6p(10)$$
$$p(10) = 0.3p(01) + 0.2p(11)$$
$$p(11) = 0.7p(01) + 0.8p(11)$$

und unter Berücksichtigung der Normierungsbedingung

$$p(00) + p(01) + p(10) + p(11) = 1$$

erhält man daraus die Lösung

$$p(00) = \frac{8}{63}; \ p(01) = \frac{10}{63}; \ p(10) = \frac{10}{63}; \ p(11) = \frac{35}{63}.$$

Beispiel 1.6 Sei $S = \{a, b, c\}$; und $m = 3$. Es gibt $q^m = 3^3 = 27$ Zustände und es sind $q^{m+1} = 81$ Übergänge möglich. Die Übergangsgleichungen sind von der Form:

$$p(x_1 x_2 x_3) = p(x_3|ax_1 x_2)\,p(ax_1 x_2) + p(x_3|bx_1 x_2)\,p(bx_1 x_2) + p(x_3|cx_1 x_2)\,p(cx_1 x_2).$$

Satz 1.4 Für ergodische Markov-Quellen m-ter Ordnung erhält man die Signalwahrscheinlichkeiten $p(s_i)$ durch Summation der stationären Wahrscheinlichkeiten aller Zustände, die s_i z.B. als letztes Symbol enthalten:

$$p(s_i) = \sum_{\sigma_k \in S^{m-1}} p(\sigma_k s_i) = \sum_{j_1, \ldots, j_{m-1} = 1}^{q} p(s_{j_1} s_{j_2} \ldots s_{j_{m-1}} s_i). \qquad (1.18)\rfloor$$

Beispiel 1.7 Für die Markov-Quelle aus Beispiel 1.5 erhält man:

$$p(0) = p(10) + p(00) = \frac{2}{7},$$

$$p(1) = p(01) + p(11) = \frac{5}{7}.$$

Im Beispiel 1.6 gilt für $p(a)$ und entsprechend für $p(b)$ und $p(c)$:

$$p(a) = p(aaa) + p(aba) + p(aca) + p(baa) + p(bba)$$
$$+ p(bca) + p(caa) + p(cba) + p(cca).$$

1.5   Die Entropie von Markov-Quellen

Auch hinsichtlich des Informationsgehalts und der Entropie einer Quelle ist die Abhängigkeit eines Symbols von den vorangegangenen Symbolen zu berücksichtigen.

Definition 1.9 Der *bedingte Informationsgehalt* $I(s_i|\sigma_j)$ und die *bedingte Entropie* $H(S|\sigma_j)$ einer Markov-Quelle m-ter Ordnung sind gegeben durch

$$H(S|\sigma_j) = \sum_{i=1}^{q} p(s_i|\sigma_j)\, I(s_i|\sigma_j); \quad \text{und} \quad I(s_i|\sigma_j) = -\log p(s_i|\sigma_j). \tag{1.19}$$

Dabei sei $\sigma_j = s_{j_1} \ldots s_{j_m} \in S^m$ die Folge der m vorangehenden Symbole. ⌋

Als Entropie einer ergodischen Markov-Quelle m-ter Ordnung erhält man:

$$H(S) = \sum_{\sigma_j \in S^m} p(\sigma_j)\, H(S|\sigma_j). \tag{1.20}$$

Die Berechnung der Entropie mit den eben genannten Beziehungen ist auch für irreduzible periodische Markov-Quellen durchführbar. Die Irreduzibilität einer Markov-Kette gewährleistet die Existenz einer eindeutigen Lösung von Zustandswahrscheinlichkeiten $p(\sigma_i)$, die die Übergangsgleichungen und die Normierungsbedingung erfüllen. Allerdings sind die Voraussetzungen für Stationarität bei periodischen Markov-Ketten nicht gegeben.

Beispiel 1.8 Die Markov-Quelle zweiter Ordnung aus Beispiel 1.5 hat demgemäß die Entropie:

$$
\begin{aligned}
H(S) = &-p(00)\big(p(0|00)\log p(0|00) + p(1|00)\log p(1|00)\big) \\
&- p(01)\big(p(0|01)\log p(0|01) + p(1|01)\log p(1|01)\big) \\
&- p(10)\big(p(0|10)\log p(0|10) + p(1|10)\log p(1|10)\big) \\
&- p(11)\big(p(0|11)\log p(0|11) + p(1|11)\log p(1|11)\big) \\
= &\frac{1}{63}\big(8\,H(0.5) + 10\,H(0.3) + 10\,H(0.4) + 35\,H(0.2)\big) \\
\approx &\,0.822\,\text{bit}.
\end{aligned}
$$

Definition 1.10 Sei Q eine Markov-Quelle m-ter Ordnung mit Quellalphabet $S = \{s_1, \ldots, s_q\}$ und mit Signalwahrscheinlichkeiten $p(s_i)$, $i = 1, \ldots, q$.
Dann heißt die gedächtnislose Quelle $\overline{Q}$ mit übereinstimmendem Alphabet $\overline{S} = S$ und Signalwahrscheinlichkeiten $p(s_i)$ die zur Quelle Q *adjungierte Quelle*.   ⌋

Die Entropie der adjungierten Quelle ist also

$$H(\overline{S}) = -\sum_{i=1}^{q} p(s_i) \log p(s_i).$$

Für die Markov-Quelle aus Beispiel 1.5 ist $p(0) = 2/7$, $p(1) = 5/7$ und somit $H(\overline{S}) \approx 0.863\,\mathrm{bit}$.

Wegen ihrer Gedächtnislosigkeit verfügt die adjungierte Quelle nicht über die bei der zugehörigen Markov-Quelle anfallende Vorinformation über das nächste Symbol. Demzufolge ist die Entropie als Maß für den erwarteten Informationsgehalt für die adjungierte Quelle größer.

Satz 1.5 Ist $H(S)$ die Entropie einer Markov-Quelle m-ter Ordnung und $H(\overline{S})$ die Entropie der adjungierten Quelle, so gilt:

$$H(S) \leq H(\overline{S}). \qquad\qquad (1.21)\,⌋$$

Auf einen Beweis des Satzes wird hier verzichtet.

Bei der Untersuchung von Sprachstrukturen oder z.B. auch bei der Analyse von Tonfolgen in Musikstücken kann die Theorie der Markov-Informationsquellen eine nützliche Hilfestellung leisten.
Um den mittleren Informationsgehalt eines Buchstabens z.B. in deutsch- oder englisch-sprachigen Texten zu ermitteln, kann man aus einer möglichst großen, repräsentativen Stichprobe solcher Texte Statistiken über die Wahrscheinlichkeiten für einzelne Buchstaben und für Kombinationen aus m ($m \in \mathbb{N}$) aufeinanderfolgenden Buchstaben erstellen. Die damit bestimmten Zustandswahrscheinlichkeiten für eine angenommene Markov-Quelle m-ter Ordnung hängen nicht nur von der Sprache ab, sondern variieren z.B. je nach dem persönlichen Stil eines Autors. So läßt sich beispielsweise Aufschluß darüber gewinnen, ob ein aufgetauchter Text einem bestimmten Schriftsteller zugeordnet werden kann.
Umgekehrt kann man Näherungen an eine Sprachstruktur erreichen, indem man Buchstabenfolgen durch Markov-Quellen m-ter Ordnung mit Hilfe eines Zufallsgenerators erzeugt. Der Aufwand bei der Darstellung einer Quelle m-ter Ordnung wächst allerdings exponentiell mit m, so daß es z.B. bereits mehr als eine Milliarde verschiedene Buchstabenfolgen der Länge $m = 7$ gibt. Syntaktische oder gar semantische Strukturen eines Textes bleiben bei dieser Vorgehensweise unberücksichtigt.
Für die mit $H^{(m)}$ bezeichnete Entropie eines Buchstabens in einem deutschsprachigen Text unter Berücksichtigung der letzten m Buchstaben erhält man ($m = 0$

entspricht der gedächtnislosen Quelle; es sind 26 Buchstaben berücksichtigt ohne Leerzeichen [Küpf54]):

$$\max(H^{(m)}) = \log 26 \approx 4.7 \text{ bit}; \quad \text{(Gleichverteilung der Buchstaben)}$$
$$H^{(0)} \approx 4.1 \text{ bit}; \quad H^{(2)} \approx 2.8 \text{ bit}; \quad H^{(5)} \approx 2 \text{ bit}; \quad H^{(\infty)} \approx 1.3 \text{ bit}.$$

Ähnliche Untersuchungen in der englichen Schriftsprache gehen auf [Shan51] und [Shan48] zurück. Texte, die mit Zufallsgeneratoren unter Verwendung von Markov-Quellen 0., $\cdots$, 3. Ordnung erstellt wurden, haben typischerweise etwa folgendes Aussehen, entnommen aus [Küpf54]:

Markov-Quelle 0.-ter Ordnung
EME GKNEET ERS TITBL BTZENFNDBGD EAI E LASZ BE-
TEATR IASMIRCH EGEOM...

Markov-Quelle 1.-ter Ordnung
AUSZ KEINU WONDINGLIN DUFRN ISAR STEISBERER ITEHM
ANORER...

Markov-Quelle 2.-ter Ordnung
PLANZEUNDGES PHIN INE UNDEN ÜBBEICHT GES AUF ES SO
UNG GAN DICH WANDERSO...

Markov-Quelle 3.-ter Ordnung
ICH FOLGEMÄSZIG BIS STEHEN DISPONIN SEELE NAMEN...

Die Verminderung des Informationsgehalts einzelner Textsymbole durch den Kontextbezug zu ihren benachbarten Symbolen kann zu einer *Datenkomprimierung* ausgenutzt werden, wobei eine Codierung, wie im folgenden Kapitel erörtert wird, eine verkürzte Darstellung der vorliegenden Information erreicht, um Speicherplatz oder Übertragungskapazität einzusparen.

1.6   Übungen zu Kapitel 1

Übung 1.1
Zeigen Sie, daß für jede reelle Zahl $x > 0$ die Ungleichung

$$\ln x \leq x - 1$$

erfüllt ist, wobei das Gleichheitszeichen nur für $x = 1$ gilt.
Verallgemeinern Sie die Beziehung für den Logarithmus zur Basis b.

Übung 1.2

   a) Es seien Wahrscheinlichkeitsräume P, Q und S mit m Elementarereignissen durch die Verteilungen p_i, q_i und $s_i = (p_i + q_i)/2$ $(1 \leq i \leq m)$ gegeben. Zeigen Sie, daß für die Entropie gilt: $2\,H(S) \geq H(P) + H(Q)$.

   b) Aus den Verteilungen p_i, $i \in \{1, \cdots, m\}$ und q_i, $i \in \{1, \cdots, n\}$ sei die Verteilung s_i, $i \in \{1, \cdots, m\,n\}$ definiert durch:

   $$s_{(k-1)n+l} = p_k\,q_l \qquad \text{für } k \in \{1, \cdots, m\} \text{ und } l \in \{1, \cdots, n\}.$$

   Zeigen Sie: $H(S) = H(P) + H(Q)$.

Übung 1.3

Aus der Häufigkeitsverteilung von Buchstaben in deutschsprachigen Texten erhält man als Entropie der adjungierten Quelle $H(S) \approx 4.1$. Wie ändert sich dieser Wert, wenn man das dabei unberücksichtigte Leerzeichen als Quellsymbol mit einbezieht, das mit Wahrscheinlichkeit $p \approx 0.18$ auftritt?

Übung 1.4

Eine geometrische Verteilung $p_i = (1 - \rho)\,\rho^{i-1}$ $(i \in \mathbb{N}; \ \rho \in [0, 1])$ mit unendlicher Zustandsmenge hat den Mittelwert $M = 1/(1 - \rho)$.
Bestimmen Sie die Entropie als Funktion des Mittelwerts M.

Übung 1.5

Von n Kugeln seien $n - 1$ völlig gleichartig, während eine etwas schwerer oder leichter sein soll. Um diese Kugel zu finden, steht eine Waage mit zwei Waagschalen zur Verfügung, die anzeigt, ob Gleichgewicht herrscht oder, ob die rechte bzw. die linke Schale schwerer belastet ist.

   a) Welche Information kann bei einer Wiegung im Mittel höchstens gewonnen werden und wieviele der n Kugeln muß man bei der ersten Wiegung in jede Wagschale legen, damit die Entropie möglichst groß wird?

   b) Geben Sie aus informationstheoretischer Sicht eine untere Schranke für die Anzahl der notwendigen Wiegungen an, um bei beliebigem Resultat die gesuchte Kugel zu bestimmen und um festzustellen, ob sie schwerer oder leichter ist.

   c) Verallgemeinern Sie b) für den Fall, daß k Kugeln teils schwerer, teils leichter und alle übrigen gleichartig sind mit $k < n/2$.

Übung 1.6

Beim Wurf einer Münze sind die Ergebnisse "Kopf" oder "Zahl" möglich. Wir rechnen damit, daß die Münze unsymmetrisch ist, so daß bei einem Wurf das Ergebnis "Kopf" mit Wahrscheinlichkeit p $(0 < p < 1)$ auftritt.
K_n sei die Anzahl der Münzwürfe mit Ergebnis "Kopf" bei insgesamt n Münzwürfen.
Bestimmen Sie für $n = 1, 2, 3$ die Wahrscheinlichkeitsverteilung und die Entropie von K_n. Für welchen Wert von p ist die Entropie jeweils maximal?

Übung 1.7

Sei H eine stetige Funktion mit n Argumenten $p_1 \cdots, p_n$, wobei
$\forall i: \ p_i \in \mathbb{R}_0^+; \ \sum_{i=1}^n p_i = 1$ sowie $H(p_1, \ldots, p_n) \in \mathbb{R}_0^+$.
Zeigen Sie, daß die Eigenschaften (1)–(3) die Funktion H eindeutig als die
Entropie-Funktion bestimmen, bis auf eine multiplikative Konstante $c \in \mathbb{R}^+$:

$$H(p_1, \ldots, p_n) = -c \sum_{i=1}^n p_i \log p_i \qquad \text{wenn gilt:}$$

(1) $$H(p_1, \ldots, p_n) \leq H\left(\frac{1}{n}, \cdots, \frac{1}{n}\right);$$

(2) $$H(p_1, \ldots, p_{i-1}, \ p_i + p_{i+1}, \ p_{i+2}, \ldots, p_n) =$$
$$H(p_1, \cdots, p_n) - (p_i + p_{i+1}) H\left(\frac{p_i}{p_i + p_{i+1}}, \frac{p_{i+1}}{p_i + p_{i+1}}\right) \qquad \text{und}$$

(3) $$H\left(\underbrace{\frac{1}{n\,l}, \cdots, \frac{1}{n\,l}}_{n\,l-\text{mal}}\right) = H\left(\underbrace{\frac{1}{n}, \cdots, \frac{1}{n}}_{n-\text{mal}}\right) + H\left(\underbrace{\frac{1}{l}, \cdots, \frac{1}{l}}_{l-\text{mal}}\right).$$

Anleitung:
Zunächst kann man sich auf Gleichverteilungen beschränken.
Sei $H^*(n) = H(\frac{1}{n}, \ldots, \frac{1}{n})$.

a) Mit Hilfe von (1) und (2) kann man zeigen, daß $H^*(n)$ monoton wächst:
$H^*(n+1) \geq H^*(n)$.

b) Unter Benutzung von (3) kann man zunächst $H^*(n^k) = k\,H^*(n)$ zeigen.
Weiter erhält man $H^*(n) = H^*(2) \log_2 n$, indem man $H^*(n^k)$ mit den
Funktionswerten $H^*(2^m)$ bzw. $H^*(2^{m+1})$ der benachbarten Zweierpoten-
zen $2^m \leq n^k < 2^{m+1}$ vergleicht und den Grenzwert $k \to \infty$ betrachtet.

Damit ist bereits nachgewiesen, daß H für gleiche Argumente mit der Entropie
übereinstimmt. Die multiplikative Konstante hängt von der Basis des Logarithmus' ab. Für den nun zu betrachtenden Fall von ungleichen Argumenten der
Funktion H kann man sich auf den Nachweis beschränken, daß die Funktion H
durch die Eigenschaften eindeutig festgelegt ist.

c) Allein mit Hilfe der Eigenschaft (2) kann man den Wert der Funktion
$H(p_1, \ldots, p_n)$ mit rationalen Zahlen als Argumenten ($p_i \in \mathbb{Q}$) durch Summen ausdrücken, in denen nur Summanden der Form $H^*(n)$ stehen und
damit bestimmen, wie man sich anhand einfacher Beispiele, etwa $H(\frac{2}{3}, \frac{1}{3})$
oder $H(\frac{2}{5}, \frac{3}{5})$, verdeutlichen kann.
Allgemein kann man zunächst die Bestimmbarkeit von $H\left(\frac{m}{n}, \frac{n-m}{n}\right)$ für zwei
rationale Argumente durch Induktion über den Nenner n nachweisen und
darauf aufbauend für jede beliebige Anzahl von Argumenten.

Übung 1.8
Eine Markov'sche Informationsquelle Q erster Ordnung mit Quellsymbolen $s_1, \ldots, s_q$ sei durch die bedingten Wahrscheinlichkeiten $p(s_j|s_i)$ gegeben.

$$p(s_j|s_i) = \begin{cases} 1 - p & \text{für } j = i \\ \frac{p}{q-1} & \text{für } j \neq i \end{cases} \qquad 1 \leq i, j \leq q; \ p \in (0,1)$$

a) Berechnen Sie die Entropie $H(Q)$ der Quelle und $H(\overline{Q})$ der adjungierten Quelle.

b) Eine Quelle Q^* sendet nur jedes zweite von der Quelle Q ausgegebene Zeichen, d.h. die Teilfolge $X_0, X_2, X_4 \ldots$ aus der von der Quelle Q hervorgebrachten Zeichenfolge $X_0, X_1, X_2, \ldots$
Entscheiden Sie, ob auch Q^* eine Markov-Quelle erster Ordnung ist und berechnen Sie die bedingten Übergangswahrscheinlichkeiten sowie die Entropie $H(Q^*)$.

Übung 1.9
Bestimmen Sie in Verallgemeinerung des Satzes 1.4 die stationären Wahrscheinlichkeiten für das Auftreten von Zeichenfolgen $p(\sigma) = p(s_1, \ldots, s_l)$ der Länge l für eine Markov-Kette m-ter Ordnung.

Übung 1.10
Zeigen Sie, daß die Entropie einer Markov-Kette m-ter Ordnung auch wie folgt darstellbar ist (vergl. (1.19)):

$$H(S) = - \sum_{\sigma_j \in S^m} \sum_{i \in S} p(\sigma_j s_i) \log p(s_i|\sigma_j).$$

Kapitel 2

Codierung von Nachrichten

2.1 Klassifizierung von Codes

Nachdem wir uns im letzten Abschnitt mit der Erzeugung von Nachrichten durch Informationsquellen beschäftigt haben, wenden wir uns nun ihrer Codierung zu.

Definition 2.1 Es seien $S = \{s_1, s_2, \ldots, s_q\}$ als *Quellalphabet* und $B = \{x_1, x_2, \ldots, x_r\}$ als *Codealphabet* gegeben. Dazu seien S^* bzw. B^* die Menge aller Wörter über S bzw. über B. Dann heißt eine Abbildung $S^* \to B^*$ von Quellwörtern in **Codewörter** eine *Codierung*. Die Menge aller Codewörter bildet den zugehörigen *Code*. ⌋

Aus dieser Definition erkennt man, daß eine Codierung sich nicht notwendig auf die Umsetzung einzelner Quellsymbole in Codesymbole beschränkt; vielmehr können dabei mehrere Quellsymbole zusammengefaßt werden, wie es von der n-ten Erweiterung einer Quelle bekannt ist.

Definition 2.2 Ein Code heißt *nicht singulär* (andernfalls *singulär*), wenn alle Codewörter verschieden sind, d.h. die Abbildung $S^* \to B^*$ ist injektiv.
Ein nicht singulärer Code ist *eindeutig decodierbar*, wenn jede Folge von Codesymbolen durch höchstens eine Aneinanderreihung (Konkatenation) von Codewörtern erzeugt werden kann.
Ein eindeutig decodierbarer Code heißt *sofort decodierbar (SD-Code)*, wenn die Decodierung jeder Teilfolge von Codesymbolen, die eine Konkatenation von Codewörtern darstellt, ohne Kenntnis der Restfolge möglich ist.
In einem *Block-Code* der Länge n bestehen alle Codewörter aus jeweils n Codesymbolen. ⌋

Beispiel 2.1 Der Code $(s_1 \to 0, s_2 \to 11, s_3 \to 10, s_4 \to 01)$ ist nicht singulär, aber nicht eindeutig decodierbar, denn 0110 könnte beispielsweise die Codierung von $s_4 s_3$ aber auch die von $s_1 s_2 s_1$ sein.

Der Code ($s_1 \to 0, s_2 \to 01, s_3 \to 011, s_4 \to 0111$) ist zwar eindeutig decodierbar, nicht jedoch sofort decodierbar, da einige Codewörter Präfix eines anderen Codewortes sind, so daß ihre Decodierung erst mit Kenntnis der nächsten Symbole der Codefolge möglich wird.

Der Code ($s_1 \to 0, s_2 \to 10, s_3 \to 110, s_4 \to 1110$) ist sofort decodierbar. Das Symbol '0' kommt nur als letztes Symbol in jedem Codewortes vor und hat somit die Rolle eines Ende-Zeichens.

Für Anwendungszwecke sind nur die eindeutig decodierbaren Codes von Bedeutung. Man beachte, daß nichtsinguläre Blockcodes immer sofort decodierbar sind.

2.2   Sofort decodierbare Codes

Im weiteren wollen wir sofort decodierbare Codes betrachten. Hierzu geben wir zunächst ein Kriterium an, mit dessen Hilfe man entscheiden kann, ob ein Code ein SD-Code ist.

Satz 2.1 Es sei $X_l = x_{i_1} x_{i_2} \ldots x_{i_l}$ ein Codewort. Dann ist jedes Wort $X_j = x_{i_1} \ldots, x_{i_j}$ mit $j \leq l$ ein *Präfix* von X_l. Ein Code ist genau dann sofort decodierbar, wenn kein Codewort Präfix eines anderen Codewortes ist. Ein SD-Code heißt daher auch *präfixfreier Code* oder kurz *Präfixcode*. ⌋

Nun ist es immer möglich, SD-Codes zu vorgegebenen Quellwörtern über einem mindestens 2-elementigen Codealphabet zu konstruieren.

Will man die Länge der Codewörter gering halten, um eine *Datenkomprimierung* zu erreichen, so gibt der folgende Satz Auskunft, ob ein SD-Code für vorgegebene Codewortlängen existiert.

Satz 2.2   *Kraft'sche Ungleichung*
Eine notwendige und hinreichende Bedingung für die Existenz eines SD-Codes mit m Codewörtern der Längen $l_1, l_2, \ldots, l_m$ ist die Gültigkeit der Ungleichung

$$\sum_{i=1}^{m} r^{-l_i} \leq 1 \qquad \text{mit} \qquad r = |B|: \text{ Anzahl der Codesymbole.} \qquad (2.1)$$

Die Ungleichung ist ebenfalls auf eindeutig decodierbare Codes anwendbar. ⌋

Beweis: Ein Codealphabet mit r Symbolen läßt r^l verschiedene Wörter der Länge l zu. Jedes Codewort der Länge $l_i \leq l$ ist Präfix von genau r^{l-l_i} Wörtern der Länge l, da es ebensoviele Möglichkeiten gibt, um das Wort durch Anfügen von $l - l_i$ Symbolen auf die Länge l fortzusetzen.

Dann scheiden für jedes Codewort der Länge $l_i \leq l$ bei einem präfixfreien, und damit nach Satz 2.1 sofort decodierbaren Code, gerade seine r^{l-l_i} Fortsetzungen auf die Länge l aus, und es verbleiben $r^l - \sum_{l_i \leq l} r^{l-l_i}$ mögliche Wörter der Länge l, die kein Codewort als Präfix haben. Dies führt direkt auf die Kraft'sche Ungleichung als notwendige und hinreichende Bedingung:

$$\forall l: \quad r^l - \sum_{l_i \leq l} r^{l-l_i} \geq 0 \quad \Leftrightarrow \quad \forall l: \quad \sum_{l_i \leq l} r^{-l_i} \leq 1 \quad \Leftrightarrow \quad \sum_{i=1}^{m} r^{-l_i} \leq 1.$$

Damit ist bereits ein Konstruktionsprinzip für SD-Codes angedeutet. Die Konstruktion kann bei vorgegebenen Codewortlängen durchgeführt werden, indem man, beginnend mit den kürzesten Wörtern und in der Reihenfolge aufsteigender Codewortlängen, jedem Codewort eine beliebige Folge von Symbolen der gewünschten Länge zuordnet, deren Präfixe sich von den bisher ausgewählten Codewörtern unterscheiden.

Da sofort decodierbare Codes gleichzeitig auch eindeutig decodierbar sind, ist die Kraft'sche Ungleichung auch für die Existenz eindeutig decodierbarer Codes eine hinreichende Bedingung. Ihre Notwendigkeit erweist sich aufgrund folgender Abschätzung für die n-te Potenz der linken Seite (siehe z.B. [Abra63]):

$$\forall n \in \mathbb{N}: \quad \left(\sum_{i=1}^{m} r^{-l_i} \right)^n = (r^{-l_1} + r^{-l_2} + \cdots + r^{-l_m})^n.$$

Durch Entwicklung als Potenzreihe von r^{-1} erhält man:

$$\left(\sum_{i=1}^{m} r^{-l_i} \right)^n = \sum_{k=n}^{n\,l} N_k r^{-k}$$

$$\text{mit} \quad N_k\, r^{-k} = \sum_{l_{i_1} + \cdots + l_{i_n} = k} r^{-(l_{i_1} + \cdots + l_{i_n})}$$

wobei l die maximale Codewortlänge ist. Dann gibt ein Koeffizient N_k die Anzahl der verschiedenen Möglichkeiten der Konkatenation an, um aus n Codewörtern ein Wort der Länge k zu bildet. Da es r^k Wörter der Länge k gibt, muß für eindeutig decodierbare Codes $N_k \leq r^k$ gelten und es folgt:

$$\forall n \in \mathbb{N}: \quad \left(\sum_{i=1}^{m} r^{-l_i} \right)^n \leq \sum_{k=n}^{n\,l} r^k r^{-k} = n\,l - n + 1 \leq n\,l.$$

Ist die Kraft'sche Ungleichung verletzt ($\Rightarrow \sum_{i=1}^{m} r^{-l_i} > 1$), so findet man immer ein genügend großes n mit: $(\sum_{i=1}^{m} r^{-l_i})^n > n\,l$, da die linke Seite dieser Ungleichung exponentiell, die rechte dagegen nur linear mit n wächst. Also ist die Kraft'sche Ungleichung eine notwendige Bedingung für die Existenz eines eindeutig decodierbaren Codes. $\quad\square$

Somit unterliegen die Codewortlängen für eindeutig decodierbare Codes denselben Beschränkungen wie die SD-Codes, so daß diese auch unter dem Gesichtspunkt der Datenkomprimierung keine Nachteile gegenüber Codes der umfassenden Klasse haben. Die Konsequenz ist, daß SD-Codes aufgrund ihrer einfachen Konstruierbarkeit und Decodierung den anderen eindeutig decodierbaren Codes vorzuziehen sind.

Beispiel 2.2

(i) Ein Code mit Alphabet $B = \{0, 1, 2\}$ soll je $2^{(n-2)}$ Wörter der Längen $n = 2, \ldots, 8$ haben.
Eine Überprüfung mit Hilfe der Kraft'schen Ungleichung

$$\sum_i 3^{-l_i} = \sum_{n=2}^{8} 2^{(n-2)} 3^{-n} = \frac{1}{4} \sum_{n=2}^{8} \left(\frac{2}{3}\right)^n < \frac{1}{9} \sum_{n=0}^{\infty} \left(\frac{2}{3}\right)^n = \frac{1}{3}$$

zeigt, daß ein SD-Code mit diesen Anforderungen möglich ist. Die Konstruktion beginnt mit den kürzesten Längenanforderungen und fährt in aufsteigender Länge fort. Die folgende Tabelle gibt für jede Codewortlänge einen Bereich von zugeordneten Codewörtern an.

Länge	Anzahl	Codewörter (von ... bis)
2	1	00
3	2	$010, 011$
4	4	$0120, 0121, 0122, 0200$
5	8	$02010, \ldots, 02101$
6	16	$021020, \ldots, 021210$
7	32	$0212110, \ldots, 0220121$
8	64	$02201220, \ldots, 02211020$

(ii) Dieselben Längenanforderungen sollen nun in einem binären Codealphabet $B = \{0, 1\}$ gestellt werden. Wegen

$$\sum_i 2^{-l_i} = \sum_{n=2}^{8} 2^{(n-2)} 2^{-n} = \frac{7}{4}$$

gibt es keinen binären SD-Code mit diesen Vorgaben. In der folgende Tabelle wird deutlich, daß die Anforderungen für die Codewortlängen $n = 2, \ldots, 5$ erfüllt werden können und danach kein Wort zum entstandenen SD-Code hinzugefügt werden kann. Ein SD-Code mit dieser Eigenschaft wird auch als voller SD-Code bezeichnet.

Länge	Anzahl	Codewörter (von ... bis)
2	1	00
3	2	$010, 011$
4	4	$1000, 1001, 1010, 1011$
5	8	$11000, \ldots, 11111$
6	16	weitere Anforderungen
$\vdots$	$\vdots$	nicht erfüllbar

2.3 Kompakte Codes

Wir befassen uns nun mit der Codierung des Quellalphabets einer gedächtnis-losen Informationsquelle, wobei die Wahrscheinlichkeiten für das Auftreten der Quellsymbole und damit der Codewörter gegeben sind. Für die folgenden Be-trachtungen ist es keine wesentliche Einschränkung, wenn nur die Quellsymbole und nicht Quellwörter codiert werden.
Die Zielsetzung einer Minimierung der mittleren Codewortlänge führt zur Einführung kompakter Codes.

Definition 2.3 Es sei eine gedächtnislose Informationsquelle $Q = (S, P(S), p)$ mit q Quellsymbolen gegeben. Für die Codierung der Quellsymbole $s_1, \ldots, s_q$ sei l_i die Länge des zu s_i zugeordneten Codeworts und $\overline{L} = \sum_{i=1}^{q} p_i l_i$ die *mittlere Codewortlänge*.
Ein eindeutig decodierbarer Code heißt *kompakt*, wenn seine mittlere Code-wortlänge für Codes mit r Symbolen minimal ist. ⌋

Zunächst kann man mit Hilfe der Entropie eine untere Schranke der mittleren Codewortlänge angeben, die jedoch nicht immer erreichbar ist.

Satz 2.3 Die Entropie $H_r(S)$ ist eine untere Schranke für die mittlere Code-wortlänge eines eindeutig decodierbaren Codes für die Quellsymbole:

$$H_r(S) \leq \overline{L} = \sum_{i=1}^{q} p_i l_i. \qquad (2.2) \rfloor$$

Beweis: Aus der Eigenschaft (1.3) der Entropie folgt mit $q_i = r^{-l_i} / \sum_{j=1}^{q} r^{-l_j}$:

$$H(S) = -\sum_{i=1}^{q} p_i \log p_i \leq -\sum_{i=1}^{q} p_i \log q_i = -\sum_{i=1}^{q} p_i \log \frac{r^{-l_i}}{\sum_{j=1}^{q} r^{-l_j}}$$

$$H(S) \leq \sum_{i=1}^{q} p_i l_i \log r + \left(\sum_{i=1}^{q} p_i \right) \log \sum_{j=1}^{q} r^{-l_j} \leq \log r \sum_{i=1}^{q} p_i l_i.$$

wobei $\log \sum_{j=1}^{q} r^{-l_j} \leq 0$ direkt aus der Kraft'schen Ungleichung folgt.
Für den Logarithmus zur Basis r gilt schließlich ($\log x = \log_r x / \log r$):

$$H_r(S) \leq \sum_{i=1}^{q} l_i p_i = \overline{L}.$$

Das Gleichheitszeichen gilt bei dieser Abschätzung offenbar genau dann, wenn

$$\forall i: \ p_i = r^{-l_i} \ \Rightarrow \ \sum_i r^{-l_i} = 1 \ \Rightarrow \ q_i = p_i.$$

Die Entropie als untere Schranke der mittleren Codewortlänge kann also genau dann erreicht werden, wenn alle Wahrscheinlichkeiten p_i Potenzen von r^{-1} sind.☐

Beispiel 2.3

(i) Eine Informationsquelle mit 4 Symbolen und den Wahrscheinlichkeiten $\frac{1}{2}, \frac{1}{4}, \frac{1}{8}, \frac{1}{8}$ hat die Entropie

$$H_2(S) = \frac{1}{2}\log_2 2 + \frac{1}{4}\log_2 4 + 2 \cdot \frac{1}{8}\log_2 8 = \frac{7}{4}$$

als untere Schranke für die mittlere Wortlänge eines binären Codes. Ein kompakter Code mit dieser mittleren Wortlänge ist z.B. $(s_1 \to 0, s_2 \to 10, s_3 \to 110, s_4 \to 111)$.

(ii) Besteht das Quellalphabet aus 3 Symbolen, die alle mit Wahrscheinlichkeit $\frac{1}{3}$ auftreten, und sollen diese Symbole binär codiert werden, so ist

$$H_2(S) = \log_2 3 \approx 1.585$$

während ein binärer Code mit minimaler mittlerer Wortlänge hierzu durch $(s_1 \to 0, s_2 \to 10, s_3 \to 11)$ gegeben ist. Die mittlere Wortlänge dieses Codes ist $1/3 + 2 \cdot 2/3 = 5/3$.

(iii) Es sollen 10 Quellsymbole in Codealphabete mit $r = 2, 3, 4$ und 5 Symbolen umgesetzt werden. Die Wahrscheinlichkeit für die Quellsymbole sind:

$$p_1 = 4/10; \ p_2 = p_3 = 3/20; \ p_4 = p_5 = p_6 = 2/30;$$
$$p_7 = p_8 = p_9 = p_{10} = 1/40.$$

In der folgenden Tabelle sind dazu die Entropie $H_r(S)$ und Wortlängen der einzelnen Symbole sowie die mittleren Wortlängen $\overline{L}_r$ von zugehörigen Codes angegeben.

r	$H_r(S)$	Codewortlängen $l_1, \ldots, l_{10}$	$\overline{L}_r$
2	2.663	1 3 3 4 4 4 6 6 6 6	3
3	1.680	1 2 2 2 2 3 3 3 3 3	1.767
4	1.332	1 1 1 2 2 2 3 3 3 3	1.4
5	1.147	1 1 1 1 2 2 2 2 3 3	1.283

Die Beispiele zeigen, daß die minimale mittlere Codewortlänge bei der Codierung der Quellsymbole einer Informationsquelle nicht immer die Entropie als untere Schranke erreicht.

Eine bessere Annäherung an diese Schranke kann allerdings erzielt werden, wenn statt der Symbole der gedächtnislosen Quelle die Wörter ihrer n-ten Erweiterung codiert werden. Dabei kann die Differenz zwischen der Entropie und der mittleren Codwortlänge mit wachsendem n beliebig klein gemacht werden.

Satz 2.4   *Erster Satz von Shannon*

Die mittlere Wortlänge $\overline{L}_n$ eines kompakten Codes mit r Symbolen für die n-te Erweiterung einer Informationsquelle erfüllt die Ungleichung:

$$n\,H_r(S) \leq \overline{L}_n < n\,H_r(S) + 1 \quad \Rightarrow \quad \lim_{n \to \infty} \frac{\overline{L}_n}{n} = H_r(S). \qquad (2.3) \ \lrcorner$$

Beweis: Wir zeigen, daß die *Shannon-Fano-Codierung* diese Ungleichung erfüllen, die gemäß der Vorschrift

$$l_i = \lceil -\log_r p_i \rceil \tag{2.4}$$

gebildet wird. Ein SD-Code nach dieser Vorschrift ist immer möglich, da die Kraft'sche Ungleichung erfüllt ist:

$$\sum_i r^{-l_i} = \sum_i r^{-\lceil -\log_r p_i \rceil} \leq \sum_i r^{\log_r p_i} = \sum_i p_i = 1.$$

Darüber hinaus gilt für die Shannon-Fano-Codierung die Ungleichung:

$$H_r(S) \leq \overline{L} = \sum_i p_i \lceil -\log_r p_i \rceil < n\, H_r(S) + 1 = \sum_i p_i \left(-\log_r p_i + 1 \right). \tag{2.5}$$

Diese Ungleichung gilt für gedächtnislose Quellen S und insbesondere auch für ihre n-te Erweiterung S^n:

$$H_r(S^n) = n\, H_r(S) \leq \overline{L}_n < n\, H_r(S) + 1 = H_r(S^n) + 1. \tag{2.6}$$

Nach Division durch n erhält man die Behauptung.   □

Die Anwendung des ersten Shannon'schen Satzes auf Markov-Quellen ergibt:

Satz 2.5 Die mittlere Wortlänge $\overline{L}$ eines kompakten Codes für n-stellige Quellwörter aus aufeinanderfolgenden Symbolen einer Markov-Quelle erster Ordnung mit Alphabet S erfüllt die Ungleichung ($\overline{S}$ ist die adjungierte Quelle):

$$(n-1)\, H_r(S) + H_r(\overline{S}) \leq L_n < (n-1)\, H_r(S) + H_r(\overline{S}) + 1. \tag{2.7}$$

Für eine Markov-Quelle m-ter Ordnung gilt:

$$\forall\, n > m: \quad (n-1)\, H_r(S) + H_r(\overline{S}) \leq L_n < (n-m)\, H_r(S) + m\, H_r(\overline{S}) + 1$$

$$\Rightarrow \forall\, m: \quad \lim_{n \to \infty} \frac{L_n}{n} = H_r(S). \tag{2.8}$$ ⌋

Zum Beweis für $m = 1$ genügt es zu zeigen, daß ein n-stelliges Quellwort über S die Entropie $(n-1)\, H_r(S) + H_r(\overline{S})$ hat. Dies trifft zu, da von n aufeinanderfolgenden Symbolen einer Markov-Quelle das erste Symbol die Entropie $H_r(\overline{S})$ bei unbekanntem Vorgänger hat, während die übrigen n–1 Symbole bei bekanntem Vorgänger die Entropie $H_r(S)$ haben.

In entsprechender Weise gelangt man zu folgender Abschätzung für die Entropie $H_r(\overline{S^n})$ n-stelliger Wörter einer Markov-Quelle m-ter Ordnung, da die Entropie für die ersten m Symbole, für die nur $0, \ldots, m-1$ Vorgängersymbole bekannt sind, zwischen $H_r(S)$ und $H_r(\overline{S})$ liegt:

$$(n-1)\, H_r(S) + H_r(\overline{S}) \leq H_r(\overline{S^n}) \leq (n-m)\, H_r(S) + m\, H_r(\overline{S}).$$

□

Beispiel 2.4 Sei $S = \{a, b\}$, $p(a) = 0.7$, $p(b) = 0.3$. Die Entropie dieser Quelle ist:

$$H_2(S) = -0.7 \log_2 0.7 - 0.3 \log_2 0.3 \approx 0.8813.$$

Der SD-Code $\{a \to 1, b \to 0\}$ hat dazu eine mittlere Wortlänge von $\overline{L}_1 = 1$. Eine kompakte Codierung der zweiten Erweiterung ist:

Quellwort	Wahrscheinlichkeit	Codewort
aa	0.49	1
ab	0.21	01
ba	0.21	001
bb	0.09	000

Es ist $\overline{L}_2 = 0.49 + 2 \cdot 0.21 + 3 \cdot 0.3 = 1.81$ und somit $\overline{L}_2/2 = 0.905$. Als kompakte Codierung der dritten Erweiterung erhält man:

Quellwort	Wahrsch.	Codewort	Quellwort	Wahrsch.	Codewort
aaa	0.343	11	abb	0.063	0010
aab	0.147	10	bab	0.063	0011
aba	0.147	011	bba	0.063	0001
baa	0.147	010	bbb	0.027	0000

Jetzt ist $\overline{L}_3 = 2 \cdot 0.343 + 2 \cdot 0.147 + 2 \cdot 3 \cdot 0.147 + 3 \cdot 4 \cdot 0.063 + 4 \cdot 0.027 = 2.726$ und $\overline{L}_3/3 = 2.726/3 \approx 0.909$.

Die Konvergenz von $\overline{L}/n$ ist, wie man im Beispiel sieht, nicht immer monoton. Allerdings ist die Abschätzung $H(S) \leq \overline{L}_3/3 < H(S) + 1/3$ für die mittlere Anzahl von Codesymbolen eines kompakten Codes nach dem Satz von Shannon auch im Beispiel erfüllt.

Die gemäß der Vorschrift (2.4) konstruierten Shannon-Fano-Codes sind nicht notwendig kompakt. Weder im letzten Beispiel, noch im folgenden erzielen sie die minimale mittlere Länge.

Beispiel 2.5

Quellen-symbol	p_i	$-\log_2 p_i$	Shannon-Fano-Code	kompakter Code
s_1	4/9	1.17	00	0
s_2	2/9	2.17	010	10
s_3	2/9	2.17	011	110
s_4	1/9	3.17	1000	111

2.4 Konstruktion von Huffman-Codes

Die Konstruktion kompakter Codes erfolgt nach dem *Algorithmus von Huffman*. Sie werden daher auch als *Huffman-Codes* bezeichnet.

Gegeben sei wieder eine Informationsquelle mit $Q = (S, P(S), p)$ und q Quellsymbolen. Wir betrachten zunächst nur binäre Codes und gehen später auf Codes mit $r > 2$ Codesymbolen ein.

Für binäre Codes umfaßt der Algorithmus von Huffman $q{-}1$ Reduktionsschritte. In einem Reduktionsschritt wird das vorliegende Alphabet S' in ein Alphabet S'' modifiziert, indem zwei Symbole s_i', $s_j' \in S'$ mit kleinstmöglichen Wahrscheinlichkeiten p_i', p_j' durch ein neues Symbol s_i'' mit Wahrscheinichkeit p_i'' ersetzt werden, so daß $S'' = S' \backslash \{s_i', s_j'\} \cup \{s_i''\}$ mit $p_i'' = p_i' + p_j'$.

Die Längen l_i', l_j' und l_i'' der Codewörter zu den Symbolen s_i', s_j' und s_i'' werden im Laufe der Reduktion aus der Beziehung $l_i' = l_j' = l_i'' + 1$ bestimmt.

Ausgehend vom Alphabet S liegt nach $q-2$ Reduktionsschritten ein 2-elementiges Quellalphabet vor. Den beiden Quellsymbolen werden im letzten Schritt Codewörter der Länge 1 zugeordnet, nämlich die beiden binären Codesymbole.

Damit sind auch die Codewortlängen des am Anfang vorliegenden Alphabets durch Rückrechnung über die Reduktionsschritte bestimmbar und man kann dazu mühelos einen SD-Code konstruieren, wie es im Zusammenhang mit dem Beweis der Kraft'schen Ungleichung beschrieben wurde.

Bei der Durchführung des Algorithmus ist es günstig, die Symbole des Alphabets nach Wahrscheinlichkeiten zu ordnen, so daß bei jedem Schritt die beiden letzten Symbole zusammengefaßt werden können, und das neu hinzukommende Symbol nach seiner Wahrscheinlichkeit einzuordnen ist.

Der Algorithmus entspricht der Konstruktion eines binären Baumes mit den Quellsymbolen als Blättern. Im Baum kann man die Codewortlängen der Symbole auch einfach als Tiefe, d.h. Anzahl der Kanten von der Wurzel bis zum Blatt, ablesen.

Beispiel 2.6 $S = \{s_1, \ldots, s_8\}$ beschreibe die dritte Erweiterung der Quelle in Beispiel 2.4 mit den in der Tabelle angegebenen Wahrscheinlichkeiten. Das Diagramm in Abb. 2.1 zeigt die Konstruktion eines zugehörigen kompakten Codes. Man erhält die Codierung:

$$s_1 \to 00, \quad s_3 \to 010, \quad s_5 \to 1100, \quad s_7 \to 1110,$$
$$s_2 \to 10, \quad s_4 \to 011, \quad s_6 \to 1101, \quad s_8 \to 1111.$$

Wie das Beispiel zeigt, können Symbole trotz gleicher Wahrscheinlichkeiten unterschiedliche Codewortlängen haben. Die minimale mittlere Codewortlänge beträgt $\overline{L} = 2.726$.

Wenn Wahrscheinlichkeiten von verschiedenen Symbolen in einem Schritt des Algorithmus übereinstimmen, kann es zu Mehrdeutigkeiten kommen, so daß auch mehrere kompakte Codes mit möglicherweise unterschiedlichen Codewortlängen für die Symbole vorliegen. Als weiteres Kriterium kann man bei der Auswahl unter mehreren Codes mit minimaler mittlerer Wortlänge eine möglichst geringe Varianz der Codewortlängen anstreben, was einer Minimierung von $\sum_i p_i\, l_i^2$ entspricht. Dies trägt zur Verminderung der Unterschiede in der Länge von Codesequenzen für verschiedene Quelltexte einer festen Länge bei.

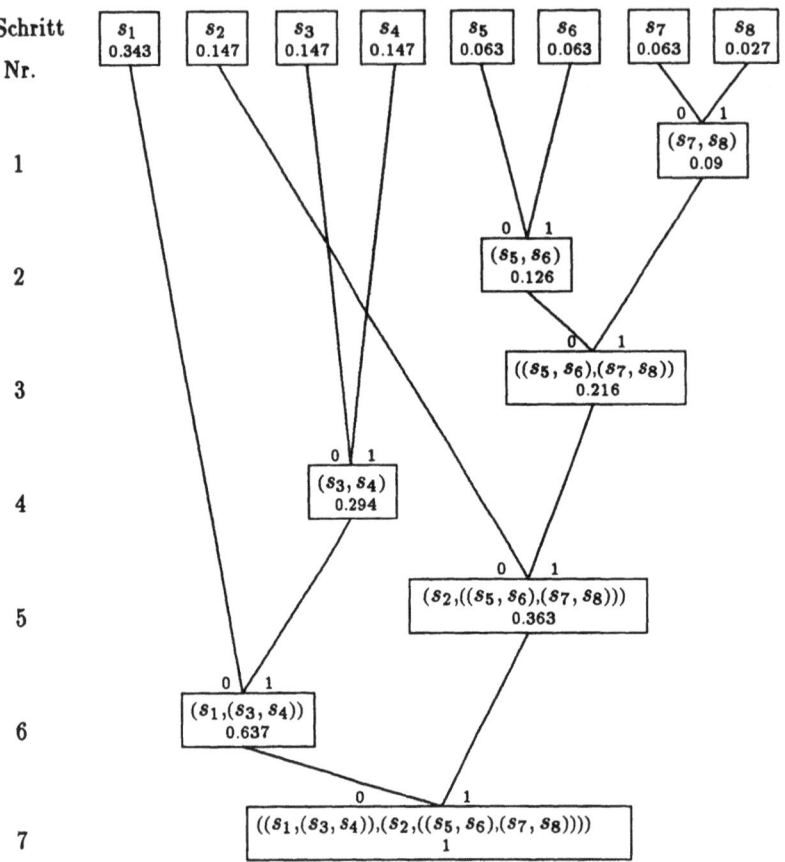

Abbildung 2.1: Konstruktion eines kompakten Codes

Satz 2.6 Der Algorithmus von Huffman konstruiert kompakte Codes. ⌋

Beweis:
Lemma: In jedem kompakten Code gibt es mindestens zwei Codewörter mit
maximaler Länge. Ihre Wahrscheinlichkeiten p_i, p_j sind minimal.

Der Hilfssatz wird durch Widerlegung von Gegenannahmen bestätigt:

(i) Gegenannahme: Es gibt nur ein Codewort $X = x_1 \cdots x_l$ mit maximaler
Länge l. Dann kann man dieses Codewort offenbar um eine Stelle verkürzen
zu $X' = x_1 \cdots x_{l-1}$ und erhält einen SD-Code mit geringerer mittlerer Codewortlänge. Da X kein anderes Codewort als Präfix hat, gilt dies auch für X'
und umgekehrt ist X' nicht Präfix einen anderen Codeworts, da die übrigen
Codewörter höchstens die Länge $l-1$ haben.

(ii) Gegenannahme: Die Wahrscheinlichkeiten p_i und p_j seien nicht minimal, so daß o.B.d.A.

$$\exists s_k: \quad p_k < p_i \quad \wedge \quad l_k < l_i = l.$$

Dann gewinnt man durch Austausch der Codewörter zu s_i und s_k einen Code, dessen mittlere Codewortlänge um den Betrag

$$(p_i l_i + p_k l_k) - (p_i l_k + p_k l_i) = (p_i - p_k)(l_i - l_k) > 0$$

kleiner ist. Also ist auch ein solcher Code nicht kompakt.

Nach diesem Lemma sind in einem kompakten Code für das Alphabet S' vor einem Reduktionsschritt die Codewortlängen für die beiden Symbole s_i' und s_j' mit minimalen Wahrscheinlichkeiten gleich. Durch die Zuordnung der Codewortlänge $l_i'' = l_i' - 1$ für das beim Reduktionsschritt neu hinzukommende Symbol s'' erhält man ausgehend von einem kompakten Code für S' bei ansonsten unveränderten Codewortlängen einen SD-Code für S'', da die Kraft'sche Ungleichung erfüllt bleibt ($2^{-l_i'} + 2^{-l_j'} = 2^{-(l_i'-1)} = 2^{-l_i''}$). Ein kompakter Code zum Alphabet S'' unterbietet die mittlere Codewortlänge des kompakten Codes zu S' damit mindestens um p_i''.

Betrachtet man die Reduktionsschritte des Huffman-Algorithmus in umgekehrter Reihenfolge, so liegt nach dem letzten Schritt ein kompakter Code der Länge 1 für das 2-elementige Quellalphabet vor. Wenn ein kompakter Code für das Alphabet S'' nach einem Reduktionsschritt vorliegt, so ergibt die Längenzuordnung des Huffman-Algorithmus' auch einen kompakten Code für das Alphabet S' vor dem Schritt. Die mittleren Codewortlängen unterscheiden sich dabei jeweils um den Betrag p'', was dem kleinstmöglichen Unterschied für kompakte Codes zu den Alphabeten S' und S'' entspricht. Die Korrektheit des Verfahrens folgt durch Induktion. □

Beispiel 2.7 Es sei $S = \{s_1, s_2\}$, $p_1 = \frac{2}{3}$, $p_2 = \frac{1}{3}$. Für diese Quelle gilt $H(S) \approx 0.9183$. Gemäß der Aussage des ersten Shannon'schen Satzes für eine kompakten Codierung der n-ten Erweiterung mit mittlerer Codewortlänge $\overline{L}$, nähert sich der Quotient $\overline{L}/n$ asymptotisch der Entropie der Quelle. Wir vergleichen nun die mittleren Wortlängen der n-ten Erweiterung der Shannon-Fano-Codierung ($\overline{L}_{SF}(n)$) mit denen der Huffman-Codierung ($\overline{L}_{Hu}(n)$):

n	$H(S) + \frac{1}{n}$	$\overline{L}_{SF}(n)/n$	$\overline{L}_{Hu}(n)/n$
1	1. 918	1.333	1.000
2	1.418	1.333	0.944
3	1.251	1.000	0.938
4	1.168	1.083	0.938
5	1.118	0.933	0.922
6	1.085	1.000	.
7	1.061	1.048	.
8	1.043	0.958	.
9	1.029	1.000	
10	1.018	0.933	

Man erkennt, daß die kompakten Huffman-Codes durchweg eine geringere mittlere Codewortlänge haben als die Shannon-Fano-Codes, bei denen innerhalb der durch $H(S)$ und $H(S) + \frac{1}{n}$ gegebenen Schranken große Schwankungen sichtbar werden.

Der Algorithmus von Huffman ist auch auf Codealphabete mit r Symbolen anwendbar, wobei in jedem Reduktionsschritt entsprechend r Symbole zusammengefaßt werden. Doch ist bei q Quellsymbolen die Zusammenfassung von r Symbolen zu einem nur dann in jedem Schritt möglich, wenn $(q-1) \bmod (r-1) = 0$ ist. Sonst bleiben zwangsläufig einige mögliche Codewörter für einen SD-Code ungenutzt.

In diesem Fall erhält man offenbar einen kompakten Code, wenn man schon im ersten Schritt nur $(q-2) \bmod (r-2) + 2$ und danach jeweils r Symbole zusammenfaßt. Dies entspricht der Betrachtungsweise, daß man weitere Quellsymbole mit zugehöriger Wahrscheinlichkeit Null mit einbezieht, so daß man auch im ersten Schritt von r Symbolen ausgehen kann. Da die zusätzlichen Symbole aber offenbar keinen Einfluß auf die mittlere Codewortlänge haben, kann man sie später ignorieren.

Der Beweis der Korrektheit kann analog zum Fall $r = 2$ geführt werden.

Beispiel 2.8 Es sei $S = \{s_1, \ldots, s_{14}\}$ und $r = 4$. In diesem Fall werden zunächst nur $12 \bmod 3 + 2 = 2$ Symbole zusammengefaßt.

Folgende Tabelle zeigt die gegebenen Wahrscheinlichkeiten der Symbole der Quelle und die der Symbole b_i, die durch die i-te Zusammenfassung entstanden sind.

1. Schritt:

s_1	s_2	s_3	$\cdots$	s_6	s_7	$\cdots$	s_{10}	s_{11}	s_{12}	s_{13}	s_{14}
0.24	0.24	0.09	$\cdots$	0.09	0.03	$\cdots$	0.03	0.01	0.01	0.01	0.01

$p(b_1)=0.02$

2. Schritt:

s_1	s_2	s_3	$\cdots$	s_6	s_7	s_8	s_9	s_{10}	b_1	s_{11}	s_{12}
0.24	0.24	0.09	$\cdots$	0.09	0.03	0.03	0.03	0.03	0.02	0.01	0.01

$p(b_2)=0.07$

3. Schritt:

s_1	s_2	s_3	$\cdots$	s_6	b_2	s_7	s_8	s_9
0.24	0.24	0.09	$\cdots$	0.09	0.07	0.03	0.03	0.03

$p(b_3)=0.16$

4. Schritt:

s_1	s_2	b_3	s_3	s_4	s_5	s_6
0.24	0.24	0.16	0.09	0.09	0.09	0.09

$p(b_4)=0.36$

5. Schritt:

b_4	s_1	s_2	b_3
0.36	0.24	0.24	0.16

$p(b_5)=1$

Zu diesen Zusammenfassungen erhält man die Baumstruktur in Abbildung 2.2 und als einen möglichen Code:

$$s_1 \rightarrow 0, \quad s_3 \rightarrow 20, \quad s_5 \rightarrow 22, \quad s_7 \rightarrow 30, \quad s_9 \rightarrow 32, \quad s_{11} \rightarrow 331, \quad s_{13} \rightarrow 3330,$$
$$s_2 \rightarrow 1, \quad s_4 \rightarrow 21, \quad s_6 \rightarrow 23, \quad s_8 \rightarrow 31, \quad s_{10} \rightarrow 330, \quad s_{12} \rightarrow 332, \quad s_{14} \rightarrow 3331.$$

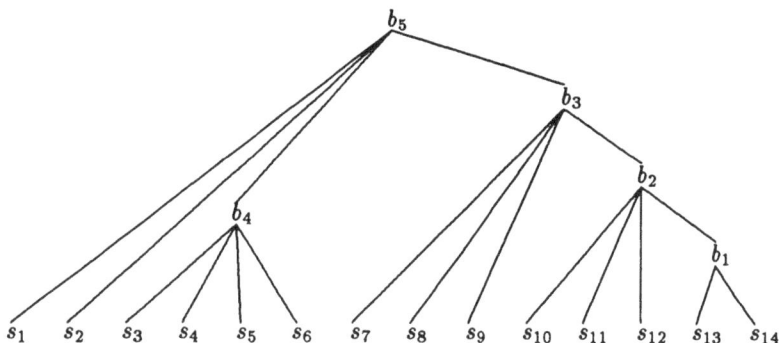

Abbildung 2.2: Baumdarstellung des Huffman-Verfahrens

2.5 Effizienz und Redundanz eines Codes

Wir haben ein Verfahren zur Konstruktion kompakter Codes und im ersten Satz von Shannon eine untere Schranke für die erreichbare mittlere Codewortlänge kennengelernt. Außerdem ist bekannt, daß man dieser Schranke mit kompakten Codes für Erweiterungen der Quelle beliebig nahe kommen kann. Der Vergleich der mittleren Wortlänge eines Codes mit der zugehörigen unteren Schranke führt auf folgende Kriterien:

Definition 2.4 Es sei r die Anzahl der verschiedenen Codesymbole und $\overline{L}$ die mittlere Codewortlänge. Dann ist die *Effizienz* eines Codes durch $\eta = H_r(S)/\overline{L}$ gegeben. $1 - \eta$ wird als *Redundanz* des Codes bezeichnet. ⌋

Beispiel 2.9 Im Beispiel 2.7 sind die mittleren Wortlängen von kompakten Codes für die ersten fünf Erweiterungen eine gedächtnislose Informationsquelle mit $S = \{s_1, s_2\}$ und $p_1 = 2/3$ bzw. $p_2 = 1/3$ sowie $H(S) \approx 0.9183$ bestimmt. Während der Quotient $\overline{L}_{Hu}(n)/n$ abnimmt, erhöht sich entsprechend die Effizienz der Codes zur n-ten Erweiterung von 92% für $n = 1$ auf über 99.5% für $n = 5$.

In der Tabelle zum Beispiel 2.3 (iii) sind die Entropie und die mittlere Wortlänge von kompakten Codes mit r Codesymbolen gegenübergestellt. Für die Effizienz η_r erhält man hier die Werte:

$$\eta_2 \approx 0.888; \quad \eta_3 \approx 0.951; \quad \eta_4 \approx 0.951 \quad \text{und} \quad \eta_5 \approx 0.894.$$

Die Effizienz eines Codes ist der wesentliche Aspekt bei der Datenkomprimierung. Oft werden jedoch neben einer hohen Effizienz auch andere entgegenlaufende Ziel angestrebt. Die später noch ausführlich behandelten Codes zur Absicherung gegen Übertragungsfehler sind nur dann in der Lage, Fehler zu erkennen, wenn vorhandene Redundanz ausgenutzt werden kann.

2.6 Übungen zu Kapitel 2

Übung 2.1

a) Für einen kompakten binären SD-Code mit den nach absteigenden Wahrscheinlichkeiten sortierten Quellsymbolen $s_1, \ldots, s_{10}$ wurden Codewortlängen wie folgt bestimmt: ein Wort der Länge 2, drei Wörter der Länge 3 und sechs Wörter der Länge 4.
Geben Sie dazu einen SD-Code an.

b) Es werden Texte bestehend aus n Zeichen von einem Alphabet A mit $|A|$ Symbolen betrachtet. Wieviele Zeichen benötigt man mindestens, um einen beliebigen derartigen Text in einem Alphabet B mit $|B|$ Symbolen darzustellen ($|A|, |B| \geq 2$)?

Übung 2.2 ([Abra63])

Wir betrachten die in der folgenden Tabelle dargestellten binären Codierungen $\mathcal{A}, \mathcal{B}, \mathcal{C}, \mathcal{D}, \mathcal{E}, \mathcal{F}$ einer gedächtnislosen Informationsquelle S mit Alphabet $\{s_1, \cdots, s_6\}$ und den zugehörigen Wahrscheinlichkeiten p_i.

	p_i	$\mathcal{A}$	$\mathcal{B}$	$\mathcal{C}$	$\mathcal{D}$	$\mathcal{E}$	$\mathcal{F}$
s_1	$\frac{1}{2}$	000	0	0	0	0	0
s_2	$\frac{1}{4}$	001	01	10	10	10	100
s_3	$\frac{1}{16}$	010	011	110	110	1100	101
s_4	$\frac{1}{16}$	011	0111	1110	1110	1101	110
s_5	$\frac{1}{16}$	100	01111	11110	1011	1110	111
s_6	$\frac{1}{16}$	101	011111	111110	1101	1111	1101

a) Berechnen Sie die Entropie $H(S)$.

b) Welche Codes sind eindeutig decodierbar?

c) Welche Codes sind sofort decodierbar?

d) Berechnen Sie die mittlere Wortlänge $\overline{L}$ für alle eindeutig decodierbaren Codes.

Übung 2.3

Konstruieren Sie, sofern möglich, SD-Codes über dem Alphabet $\{0, 1, 2, 3\}$ mit den folgenden vorgegebenen Codewortlängen (l : Wortlänge; $n(l)$: Anzahl der Wörter mit Länge l):

	$l =$	1	2	3	4	5	
Code $\mathcal{A}$	$n(l) =$	1	0	16	0	256	
Code $\mathcal{B}$	$n(l) =$	3	3	4	2	0	
Code $\mathcal{C}$	$n(l) =$	1	11	1	11	1	
Code $\mathcal{D}$	$n(l) =$	$(l-1)l$		$(l+1)$			$(1 \leq l \leq k; k \in \mathbb{N})$
Code $\mathcal{E}$	$n(l) =$	2^l					$(1 \leq l \leq k; k \in \mathbb{N})$

Übung 2.4
Wir bezeichnen einen eindeutig decodierbaren Code C als *voll*, wenn kein weiteres
Codewort zu C hinzugefügt werden kann, ohne die eindeutige Decodierbarkeit zu
verletzen.
Ferner heißt eine Zeichenfolge σ *nicht entzifferbar* bezüglich C, wenn σ kein
Präfix einer endlichen Aneinanderreihung von Codewörtern aus C ist (d.h. σ ist
keine (Teil-)Ausgabe einer Quelle, die den Code C benutzt).
Zeigen Sie, daß für einen Präfixcode $C = \{\sigma_1, \cdots, \sigma_s\}$ mit r Codesymbolen fol-
gende Aussagen äquivalent sind:

a) C ist voll.

b) Es gibt keine nicht entzifferbare Zeichenfolge bezüglich C.

c) $\sum_{i=1}^{s} r^{-|\sigma_i|} = 1$.

Übung 2.5
Es sei eine binäre Codierung $S_1 \rightarrow B_1, \cdots, S_n \rightarrow B_n$ gegeben (S_i, $B_i \in \{0,1\}^*$),
so daß wie üblich $\sigma = S_{i_1} \cdots S_{i_k} \rightarrow B_{i_1} \cdots B_{i_k}$ zugeordnet wird.

a) Welche Anforderung muß man an die Menge $S = \{S_1, \cdots, S_n\}$ in einer
   solchen Codierungsvorschrift stellen?

b) Die Codierungsvorschrift $00 \rightarrow 0$, $01 \rightarrow 10$, $1 \rightarrow 11$ soll zur Kompri-
   mierung von binären Daten dienen, wenn das Zeichen '0' von einer gedächt-
   nislosen binären Informationsquelle mit größerer Wahrscheinlichkeit p_0 aus-
   gesendet wird als '1'. Ab welchem Wert für p_0 ist eine Verkürzung der
   Informationsdarstellung durch diese Vorschrift zu erwarten? Bestimmen Sie
   die mittlere Längeneinsparung für $p_0 = 0.95$ sowie die Wahrscheinlichkeit,
   mit der das Zeichen '0' in der codierten Folge auftritt.

Übung 2.6
Das Alphabet einer gedächtnislosen Informationsquelle sei $S = \{s_1, s_2, \ldots, s_7\}$ und

$$p(s_1) = p(s_2) = \frac{1}{3}; \quad p(s_3) = p(s_4) = p(s_5) = \frac{1}{27} \quad \text{und} \quad p(s_6) = p(s_7) = \frac{1}{9}.$$

a) Man bestimme $H_3(S)$ und konstruiere einen kompakten Code, wenn das
   Codealphabet aus den Symbolen $\{0, 1, 2\}$ besteht.
   Wie groß ist die mittlere Codewortlänge $\overline{L}$?

b) Man berechne für das gleiche Quellenalphabet einen kompakten Binärcode
   und seine mittlere Codewortlänge $\overline{L}$.

Übung 2.7
Gegeben sei eine gedächtnislose Informationsquelle mit Signalwahrscheinlichkeiten

$$p_1 = 0.4, \quad p_2 = p_3 = 0.2, \quad p_4 = p_5 = 0.1.$$

Man konstruiere dazu zwei kompakte Binäcodes mit jeweils unterschiedlicher Va-
rianz $\sigma_L^2 = \sum_{i=1}^{5} p_i l_i^2 - (\sum_{i=1}^{5} p_i l_i)^2$. Wie groß ist der Mindestwert der Varianz?

Übung 2.8
Ein kompakter Binärcode C für n Quellsymbole mit Wahrscheinlichkeiten $p_1 \ldots p_n$ habe die Codewortlängen $l_1 \ldots l_n$ mit dem Mittelwert $\bar{L}$. Welche mittlere Codewortlänge haben dann

a) ein kompakter Code C' für $n+1$ Quellsymbole mit $p_i' = p_i$ für $i = 1 \ldots n-1$ und $p_n' = p_{n+1}' = \frac{1}{2} p_n$?

b) ein kompakter Code C'' für $2n$ Quellsymbole mit $p_i'' = p_{i+n}'' = p_i/2$ für $i = 1 \ldots n$?

c) ein kompakter Code C''' für $n+1$ Quellsymbole mit
$p_i''' = p_{i+n}''' = \ldots = p_{(2^j-1)n+i}''' = 2^{-j} p_i$ für $i = 1 \ldots n$; $j \in \mathbb{N}$?

Übung 2.9

a) Konstruieren Sie kompakte Codes für Alphabete mit 2, 3 und 4 Codesymbolen zu den Wörtern $s_1, \cdots, s_{10}$ mit den Wahrscheinlichkeiten

$$p(s_i) = 0.02\,i - 0.01.$$

Geben Sie jeweils die mittlere Wortlänge und die Redundanz des Codes an.

b) Bestimmen Sie die Huffman-Codes für ein Alphabet mit 5 Quellsymbolen $s_1, \cdots, s_5$ mit beliebigen Wahrscheinlichkeiten
(o.B.d.A. sei $p_{s_1} \geq p_{s_2} \geq \cdots \geq p_{s_5}$).
Welche Binärbaum-Darstellungen sind möglich und unter welchen Bedingungen für $p_{s_1}, \cdots, p_{s_5}$ ergibt ein bestimmter Binärbaum einen kompakten Code?

Übung 2.10
Es sei eine binäre Codierung gegeben, die allen $q = 2^n$ Quellsymbolen jeweils ein Codewort der Länge n zuordnet. Die Quellsymbole seien nach den Wahrscheinlichkeiten für ihr Auftreten geordnet:
$p_1 \geq p_2 \geq \ldots \geq p_{2^n-1} \geq p_{2^n}$.

a) Leiten Sie eine möglichst einfache Bedingung für die Wahrscheinlichkeiten p_i her, unter der ein Code mit gleichen Wortlängen kompakt ist.

b) Sei $p_1 = \cdots = p_{2(n-1)} = \frac{5}{4} \cdot 2^{-n}$ und $p_{2(n-1)+1} = \cdots = p_{2^n} = \frac{3}{4} \cdot 2^{-n}$.
Berechnen Sie die Redundanz R für den angegebenen Code.

c) Zeigen Sie: Für einen kompakten Binärcode gilt die Kraft'sche Ungleichung mit Gleichheitszeichen: $\sum_i 2^{-l_i} = 1$. (l_i: Codewortlänge des i-ten Codewortes; $i \in \{1, \ldots, q\}$; $q \geq 2$).

Übung 2.11

Eine Informationsquelle sendet eine binäre Zeichenfolge X_n. Für die gesendeten Symbole wurde durch Beobachtung festgestellt:

$$p(X_n = 0) = p(X_n = 1) = 0.5; \quad \text{aber} \quad p(X_n = X_{n+1}) = 0.8$$

Sonstige Abhängigkeiten sind nicht bekannt.

Es seien je k aufeinanderfolgende Zeichen zu einem Wort zusammengefaßt. Berechnen Sie für die Fälle $k = 2, 3, 4$ die Wahrscheinlichkeitsverteilungen der Wörter unter Berücksichtigung der festgestellten Abhängigkeit, sowie die Entropie.

Bestimmen Sie jeweils einen kompakten Binärcode zu den Wahrscheinlichkeitsverteilungen nach dem Huffman-Verfahren und ermitteln Sie die dabei erzielte minimale mittlere Codewortlänge.

Übung 2.12

a) Zeigen Sie, daß in einem kompakten Binärcode folgende Abschätzung für die Codewortlänge l_s eines Quellworts s mit Wahrscheinlichkeit p_s gilt:

$$f(l_s) < \frac{1}{p_s} \quad \text{mit } f(n) = f(n-1) + f(n-2) \text{ und } f(1) = 1; \ f(2) = 2.$$

Hinweis: l_s entspricht der Anzahl der Zusammenfassungen während des Huffman-Verfahrens, in die das Quellwort s mit eingeht. Sei $\tilde{p}_i$ die bei der i-ten Zusammenfassung mit Beteiligung von s akkumulierte Wahrscheinlichkeit, so daß $\tilde{p}_0 = p_s$ ist. Dann kann man $\tilde{p}_i \geq \tilde{p}_{i-1} + \tilde{p}_{i-2}$ für $i \geq 2$ zeigen und damit l_s abschätzen.

b) Ist die damit bestimmte obere Schranke der Codewortlänge l_s in Abhängigkeit der Wahrscheinlichkeit p_s eines Codeworts in kompakten Binärcodes scharf?

Kapitel 3

Übertragungskanäle

3.1 Grundbegriffe

Die Übertragung von Daten ist ein wesentlicher Bestandteil der Informations-
verarbeitung in zahlreichen Anwendungsgebieten. Für das Übertragungsmedium
sind eine Reihe von technischen Realisierungen in Gebrauch, die sich u.a. nach
der Entfernung der Kommunikationspartner oder der erforderlichen Übertragungsrate richten. Vom Datenbus in einem lokalen Rechnernetz über metallische- und
Lichtwellenleiter bis hin zu Satellitenübertragungsstrecken oder elektromagneti-
sche Wellen beim Funk werden verschiedenste Informationsträger genutzt.
In allen Fällen muß mehr oder weniger mit unerwünschten Störungen mit der Folge
einer Verfälschung von übertragenen Daten gerechnet werden. Wir beschreiben
einen Übertragungskanal auf zeichenorientierter Basis allein durch sein Verhalten
bei der Ein- und Ausgabe. Störungen auf dem Kanal werden wiederum durch
stochastische Modelle erfaßt.

Definition 3.1 Ein *Übertragungskanal* (kurz *Kanal*) wird durch ein Eingabealphabet $A = \{a_1, \ldots, a_r\}$, ein Ausgabealphabet $B = \{b_1 \ldots, b_s\}$ und eine *Kanal-
matrix* $P = (p_{ij}) = (p(b_j|a_i))$, $i = 1, \ldots, r$, $j = 1, \ldots, s$ beschrieben, die die
Wahrscheinlichkeiten angibt, mit welcher das Ausgabesymbol b_j bei Eingabe von
a_i erscheint.
$p(a_i, b_j)$ sei die Wahrscheinlichkeit für das gemeinsame Auftreten von a_i als Ein-
und b_j als zugehöriges Ausgabesymbol.
Wir bezeichnen mit $p(a_i)$ die sogenannte *a-priori-Wahrscheinlichkeit* für das Auftreten eines Eingabesymbols a_i und mit $p(b_j)$ die Wahrscheinlichkeit für ein Ausgabezeichen b_j. Die Zufallsvariablen X bzw. Y beziehen sich im folgenden jeweils
auf die Ein- bzw. Ausgabesymbole. ⌋

Es seien zunächst einige elementare Beziehungen für die zur Beschreibung des
Kanals genannten Wahrscheinlichkeiten erwähnt, so der *Satz der totalen Wahr-*

scheinlichkeit, auch als *Satz von Bayes* bekannt:

$$p(b_j) = \sum_{i=1}^{r} p(a_i)\, p(b_j \,|\, a_i).$$

Wegen $\qquad\qquad p(a_i, b_j) = p(a_i | b_j) p(b_j) = p(b_j | a_i) p(a_i)$

folgt weiter $\qquad p(a_i | b_j) = p(b_j | a_i) \dfrac{p(a_i)}{p(b_j)} = \dfrac{p(b_j | a_i) p(a_i)}{\sum_{i=1}^{r} p(a_i) p(b_j | a_i)}.$

Die *a-posteriori-Wahrscheinlichkeiten* $p(a_i | b_j)$ geben an, mit welcher Wahrschein-lichkeit ein Zeichen a_i gesendet wurde, wenn bekannt ist, daß das Zeichen b_j empfangen wurde. Wie wir später sehen werden, lassen sich mit Kenntnis der a-posteriori-Wahrscheinlichkeiten Entscheidungsregeln angeben, um einem emp-fangenen Symbol b_j ein Eingabesymbol a_i zuzuordnen.

Beispiel 3.1 Ein Übertragungskanal mit Ein- und Ausgabealphabeten $A = \{0, 1\}$ und $B = \{0, 1, 2\}$ sei durch die Kanalmatrix

$$P = \begin{pmatrix} 0.7 & 0.2 & 0.1 \\ 0 & 0.2 & 0.8 \end{pmatrix}$$

gegeben. Für die a-priori-Wahrscheinlichkeiten $p(X = 0) = 0.6$, $p(X = 1) = 0.4$ erhält man zunächst als Wahrscheinlichkeiten der Ausgabesymbole:

$$p(Y = 0) = p(Y = 0 | X = 0)\, p(X = 0) + p(Y = 0 | X = 1)\, p(X = 1) = 0.42;$$
$$p(Y = 1) = p(Y = 1 | X = 0)\, p(X = 0) + p(Y = 1 | X = 1)\, p(X = 1) = 0.2;$$
$$p(Y = 2) = p(Y = 2 | X = 0)\, p(X = 0) + p(Y = 2 | X = 1)\, p(X = 1) = 0.38.$$

Für die a-posteriori-Wahrscheinlichkeiten erhält man:

$$p(X = 0 | Y = 0) = p(Y = 0 | X = 0)\, p(X = 0)/p(Y = 0) = 0.7 \cdot 0.6/0.42 = 1;$$
$$p(X = 1 | Y = 0) = 0;$$
$$p(X = 0 | Y = 1) = p(Y = 1 | X = 0)\, p(X = 0)/p(Y = 1) = 0.2 \cdot 0.6/0.2 = 0.6;$$
$$p(X = 1 | Y = 1) = 0.4;$$
$$p(X = 0 | Y = 2) = p(Y = 2 | X = 0)\, p(X = 0)/p(Y = 2) = 0.1 \cdot 0.6/0.38 = 3/19;$$
$$p(X = 1 | Y = 2) = 16/19.$$

Definition 3.2 Die Entropie $H(A) = -\sum_{i=1}^{r} p(a_i) \log p(a_i)$ bezeichnet man als *a-priori-Entropie* des Kanals und $H(A | b_j) = -\sum_{i=1}^{r} p(a_i | b_j) \log p(a_i | b_j)$ heißt *a-posteriori-Entropie* von A bei Empfang von b_j.
Der Erwartungswert der a-posteriori-Entropie $H(A | B) = \sum_{j=1}^{s} p(b_j) H(A | b_j)$ heißt *Äquivokation* oder *Rückschlußentropie*. Weiterhin bezeichnet

$$H(A, B) = -\sum_{i=1}^{r} \sum_{j=1}^{s} p(a_i, b_j) \log p(a_i, b_j) \tag{3.1}$$

die Entropie für die gemeinsame Verteilung der Ein- und Ausgabesymbole. ⌟

Beispiel 3.2 Für den im letzten Beispiel betrachteten Kanal ist

$$
\begin{aligned}
H(A) &= -0.6\log 0.6 - 0.4\log 0.4 \approx 0.971 \text{ bit;}\\
H(A|0) &= 0 \text{ bit;}\\
H(A|1) &= -0.6\log 0.6 - 0.4\log 0.4 \approx 0.971 \text{ bit;}\\
H(A|2) &= -\frac{3}{19}\log\frac{3}{19} - \frac{16}{19}\log\frac{16}{19} \approx 0.629 \text{ bit.}
\end{aligned}
$$

3.2 Transinformation und Kanalkapazität

Die Rückschlußentropie $H(A|B)$ kann als Maß für die Unsicherheit angesehen werden, die beim Empfang eines Signals über das gesendete Signal besteht, oder als derjenige Informationsgehalt, der im Mittel bei der Übertragung eines Signals verlorengeht. Als Maß für den bei einer Zeichenübertragung vom Kanal vermittelten Informationsgehalt wird die Transinformation eingeführt, die aus der Entropie der Eingabesymbole abzüglich der Rückschlußentropie resultiert.

Definition 3.3 Die *Transinformation* $I(A, B)$ sei definiert durch den Term:

$$
I(A, B) = H(A) - H(A|B). \tag{3.2}
$$

Eigenschaften der Transinformation

(i)

$$
I(A, B) = \sum_{j=1}^{s}\sum_{i=1}^{r} p(a_i, b_j)\log\frac{p(a_i, b_j)}{p(a_i)p(b_j)}. \tag{3.3}
$$

Beweis:

$$
\begin{aligned}
I(A, B) &= H(A) - H(A|B) = H(A) - \sum_{j=1}^{s} p(b_j)\,H(A|b_j)\\
&= -\sum_{i=1}^{r} p(a_i)\log p(a_i) + \sum_{j=1}^{s}\sum_{i=1}^{r} p(b_j)\,p(a_i|b_j)\log p(a_i|b_j)\\
&= -\sum_{i=1}^{r}\left(\sum_{j=1}^{s} p(a_i, b_j)\right)\log p(a_i) + \sum_{i=1}^{r}\sum_{j=1}^{s} p(a_i, b_j)\log p(a_i|b_j)\\
&= \sum_{i=1}^{r}\sum_{j=1}^{s} p(a_i, b_j)\big(\log p(a_i|b_j) - \log p(a_i)\big)\\
&= \sum_{i=1}^{r}\sum_{j=1}^{s} p(a_i, b_j)\log\left(\frac{p(a_i, b_j)}{p(b_j)}\frac{1}{p(a_i)}\right).
\end{aligned}
$$

□

(ii)
$$I(A, B) = I(B, A)$$
und $$H(A, B) = H(A) + H(B) - I(A, B).$$ (3.4)

(iii) Die Transinformation der n-ten Erweiterung ist gleich der n-fachen Transinformation der Ausgangsquelle:

$$I(A^n, B^n) = nI(A, B).$$ (3.5)

Die Zusammenfassung von n Ein- und Ausgabesymbolen zu jeweils einem Wort läßt die Übertragungseigenschaften des Kanals unverändert, wenn keine Abhängigkeit unter den einzelnen im Wort enthaltenen Symbolen besteht.

(iv) $I(A, B) \geq 0$. Der Fall $I(A, B) = 0$ tritt ein, wenn die Ein- und Ausgabesymbole voneinander unabhängig sind, d.h. wenn $\forall i, j : p(a_i, b_j) = p(a_i)p(b_j)$ ist. Dann liefert die empfangene Zeichenfolge keinerlei Information über die gesendete.

Die Skizze in Abbildung 3.1 soll die Beziehung zwischen den Größen $H(A)$, $H(B)$, $H(A|B)$, $H(B|A)$, $I(A, B)$ und $H(A, B)$ verdeutlichen.

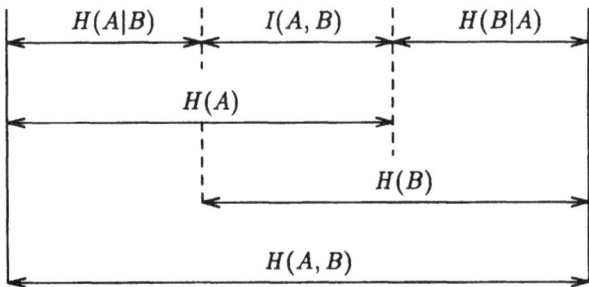

Abbildung 3.1: Entropie bei Ein- und Ausgabe eines Übertragungskanals

Am Beispiel des symmetrischen Binärkanals kann man die Abhängigkeit der Transinformation von den Wahrscheinlichkeiten für die Eingabesymbole und von den in der Kanalmatrix beschriebenen Übertragungseigenschaften verdeutlichen.

Definition 3.4 Der binäre Kanal mit $r = s = 2$ und $p(0|0) = p(1|1) = 1 - p$ und $p(0|1) = p(1|0) = p$ heißt *symmetrischer Binärkanal*. Dabei ist p die *Einzelfehlerwahrscheinlichkeit* bei der Übertragung eines Zeichens. Es wird angenommen, daß Einzelfehler voneinander unabhängig auftreten und auch unabhängig sind von der eingegebenen Folge.

Beispiel 3.3 Wir berechnen die Transinformation für den symmetrischen Binärkanal mit der Kanalmatrix

$$P = \begin{pmatrix} 1-p & p \\ p & 1-p \end{pmatrix}$$

und den Eingabewahrscheinlichkeiten $p(X=0) = w$, $p(X=1) = 1-w$.
Die Transinformation ist

$$I(A,B) = H(B) - H(B|A)$$

$$= H\big(w(1-p) + (1-w)p\big) + \sum_{i=1}^{2} p(a_i) \sum_{j=1}^{2} p(b_j|a_i) \log p(b_j|a_i)$$

$$= H\big(w(1-p) + (1-w)p\big) - \big(w\,H(1-p) + (1-w)\,H(p)\big)$$

$$= H\big(w(1-p) + (1-w)p\big) - H(p) \qquad \text{mit } H(p) \stackrel{def}{=} H(p, 1-p).$$

Betrachtet man die Transinformation in Abhängigkeit von den Eingabewahrscheinlichkeiten, so erreicht sie für $w = \frac{1}{2}$ ein Maximum, denn dann ist $H(B) = 1$ und $I(A,B) = 1 - H(p)$, während man $I(A,B) = 0$ für $w = 0$ oder $w = 1$ erhält.

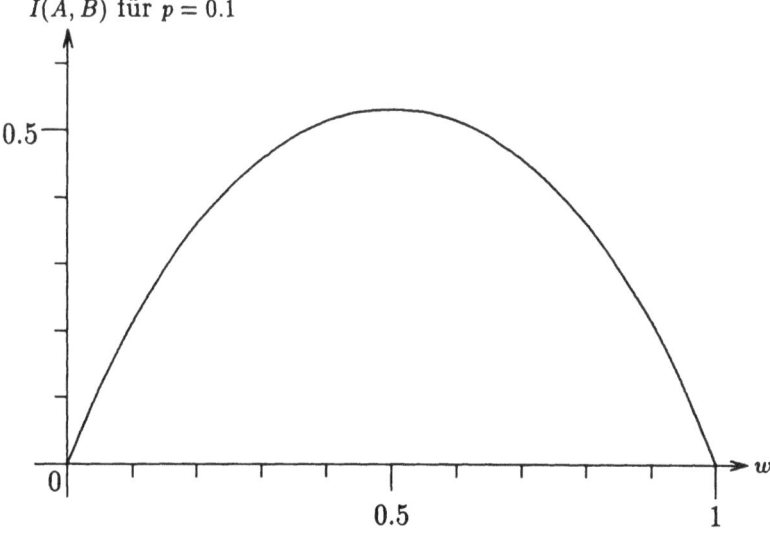

Abbildung 3.2: Die Transinformation des symmetrischen Binärkanals

Durch $1 - H(p)$ ist im Fall des symmetrischen Binärkanals also eine nur von der Fehlerwahrscheinlichkeit abhängige obere Schranke für die durch den Kanal übertragbare Information gegeben. Allgemein wird diese maximal erreichbare Transinformation als Kapazität des Kanals bezeichnet:

Definition 3.5

$$C = \max_{p(a_i)} I(A, B) \qquad \text{heißt die } \textit{Kapazität} \text{ eines Kanals.} \qquad \lrcorner$$

Die Kapazität eines Übertragungskanals wird also nur in Verbindung mit bestimmten Eingabewahrscheinlichkeiten voll ausgeschöpft. Die Bestimmung der Kapazität und der zugehörigen Eingabewahrscheinlichkeiten kann im allgemeinen als ein Optimierungsproblem mit einer konvexen Zielfunktion formuliert werden.

Beispiel 3.4 Als weitere Beispiele, die eine direkte Bestimmung der Kapazität erlauben, wird der symmetrische Übertragungskanal mit einer beliebigen Anzahl $r = s$ von Ein- und Ausgabesymbolen sowie der allgemeine Binärkanal betrachtet. Im Fall eines symmetrischen Übertragungskanals mit r Ein- und Ausgabesymbolen hat die Kanalmatrix die Form:

$$P = \begin{pmatrix} 1-p & \frac{p}{r-1} & \frac{p}{r-1} & \cdots & \frac{p}{r-1} \\ \frac{p}{r-1} & 1-p & \frac{p}{r-1} & \cdots & \frac{p}{r-1} \\ \frac{p}{r-1} & \frac{p}{r-1} & 1-p & \cdots & \frac{p}{r-1} \\ \vdots & \vdots & \vdots & \ddots & \vdots \\ \frac{p}{r-1} & \frac{p}{r-1} & \frac{p}{r-1} & \cdots & 1-p \end{pmatrix}$$

Für die Transinformation und die Kanalkapazität erhält man:

$$I(A, B) = H(B) - H(B|A)$$

$$= H(B) + \sum_{i=1}^{r} p(a_i) \underbrace{\sum_{j=1}^{r} p(b_j|a_i) \log p(b_j|a_i)}_{H(B|a_i)}$$

$$= H(B) + \sum_{i=1}^{r} p(a_i) \left(\sum_{\substack{j=1 \\ j \neq i}}^{r} p(b_j|a_i) \log p(b_j|a_i) + p(b_i|a_i) \log p(b_i|a_i) \right)$$

$$= H(B) + \sum_{i=1}^{r} p(a_i) \left((r-1)\frac{p}{r-1} \log \frac{p}{r-1} + (1-p)\log(1-p) \right)$$

$$= H(B) + p \log p - p \log(r-1) + (1-p)\log(1-p)$$

$$= H(B) - H(p) - p \log(r-1);$$

$$C = \max_{p(a_i)} \big(H(B) \big) - H(p) - p \log(r-1)$$

$$= \log r - p \log(r-1) - H(p).$$

(3.6)

Dabei wird $\max_{p(a_i)} H(B) = \log r$ für die Gleichverteilung $p(a_i) = 1/r$ erzielt, während die übrigen durch p und r bestimmten Terme von der Eingabe unabhängig sind.

Ein nicht symmetrischer Binärkanal sei durch die Kanalmatrix

$$P = \begin{pmatrix} p & 1-p \\ 1-q & q \end{pmatrix}$$

gegeben. Mit der Bezeichnung $p(A = 0) = w$ bzw. $p(A = 1) = 1 - w$ gilt dann:

$$p(B = 0) = wp + (1 - w)(1 - q)$$
$$= 1 - q + (p + q - 1)w$$

und $\quad I(A, B) = H(B) - H(B|A)$
$$= H(1 - q + (p + q - 1)w) - w\,H(p) - (1 - w)\,H(q).$$

Ein Maximum von $I(A, B)$ kann aus folgenden Bedingungen für die Ableitungen bestimmt werden, wobei o.B.d.A. durchgehend mit dem natürlichen Logarithmus gerechnet wird:

$$\frac{d\,I(A, B)}{d\,w} = -(p + q - 1)\,\log\Big(\frac{1 - q + (p + q - 1)w}{q - (p + q - 1)w}\Big) - H(p) + H(q) = 0$$

$$\frac{d^2\,I(A, B)}{d^2\,w} = -(p + q - 1)^2\,\Big(\frac{1}{p(B = 0)} + \frac{1}{p(B = 1)}\Big) < 0$$

$$\Rightarrow \quad \frac{1 - q + (p + q - 1)w}{q - (p + q - 1)w} = \exp\Big(\frac{H(p) - H(q)}{p + q - 1}\Big)$$

$$\Rightarrow \quad w = \frac{1}{p + q - 1}\Big(\frac{1}{1 + \exp(\frac{H(p) - H(q)}{p + q - 1})} - 1 + q\Big).$$

Die Kanalkapazität wird für den so bestimmten Wert von w erreicht.

Reihenschaltung von Übertragungskanälen

Für die Hintereinanderschaltung von mehreren Kanälen erhält man die in der Kanalmatrix dargestellten Übertragungseigenschaften der gesamten Strecke als Multiplikation der Matrizen der einzelnen Kanäle:

$$E_0 \xrightarrow{Q_1} E_1 \xrightarrow{Q_2} \cdots \xrightarrow{Q_{n-1}} E_{n-1} \xrightarrow{Q_n} E_n.$$

Es seien n Übertragungskanäle mit den Kanalmatrizen $Q_1, \cdots, Q_n$ gegeben. E_{i-1} sei die Eingabe des i-ten Kanals und E_i seine Ausgabe in der Reihenschaltung $E_{i-1} \xrightarrow{Q_i} E_i$.

Dann gilt für die Kanalmatrix Q der gesamten Übertragungstrecke $E_0 \xrightarrow{Q} E_n$:

$$Q = Q_1 Q_2 \cdot \ \cdots \ \cdot Q_n.$$

Sind zudem alle Kanäle $Q_1, \cdots, Q_n$ symmetrisch, so ergibt auch ihre Hintereinanderschaltung ein symmetrischen Kanal Q.

3.3   Entscheidungsregeln

Definition 3.6 Gegeben sei ein Kanal mit Eingabealphabet $A = \{a_1, \ldots, a_r\}$ und Ausgabealphabet $B = \{b_1, \ldots, b_s\}$. Eine *Entscheidungsregel* ordnet jedem Ausgabesymbol $b_j \in B$ *eindeutig* ein Eingabesymbol $D(b_j) \in A$ zu.   ⌋

Beispiel 3.5 Für einen Kanal, dessen Eingabe bei fehlerfreier Übertragung unverändert als Ausgabe erscheinen soll, wird die Entscheidungsregel $D(b_i) = a_i$ ($i = 1, \cdots, r$; $r = s$) verwendet.
Sei $A = \{0, 9\}$ und $B = \{0, 1, \cdots, 9)$, so ist z.B. $D(0) = \cdots = D(4) = 0$ und $D(5) = \cdots = D(9) = 9$ eine mögliche Entscheidungsregel.

Man beachte, daß in einer Entscheidungsregel nicht jedes Eingabezeichen auftreten muß. Die bei einer Entscheidungsregel getroffene Zuordnung kann im Fall von Übertragungsfehlern den Empfänger zu einer irreführenden Einschätzung der Eingabe verleiten.

Definition 3.7 Für eine Entscheidungsregel sei $p(E|b_j)$ die Wahrscheinlichkeit für eine falsche Zuordnung eines Eingabesymbols zum Ausgabesymbol b_j.
p_E bezeichnet die Fehlerwahrscheinlichkeit einer Entscheidungsregel.   ⌋

$$\text{Offenbar gilt:}\quad p(E|b_j) = 1 - p(D(b_j)|b_j) \quad\text{und}\quad p_E = \sum_j p(b_j)\, p(E|b_j). \quad (3.7)$$

Die Fehlerwahrscheinlichkeit p_E bei gegebener Entscheidungsregel ist:

$$
\begin{aligned}
p_E &= \sum_{j=1}^{s} p(E|b_j)p(b_j) \\
&= \sum_{j=1}^{s} p(b_j)\big(1 - p(D(b_j)|b_j)\big) \\
&= 1 - \sum_{j=1}^{s} p(b_j)p(D(b_j)|b_j) \\
&= 1 - \sum_{j=1}^{s} p(D(b_j))p(b_j|D(b_j)).
\end{aligned}
\qquad (3.8)
$$

Sind alle a-priori-Wahrscheinlichkeiten gleich, so gilt $p(D(b_j)) = 1/r$, $j = 1, \ldots, s$, und daher

$$p_E = 1 - \frac{1}{r} \sum_{j=1}^{s} p(b_j|D(b_j)).$$

Wir sind natürlich an solchen Entscheidungsregeln interessiert, für die die Fehlerwahrscheinlichkeit p_E möglichst klein wird.

Definition 3.8 Eine *optimale Entscheidungsregel* ordnet jedem Ausgabezeichen b_j das bzw. ein Eingabezeichen $D_{\text{opt}}(b_j)$ zu, für das die bedingte Wahrscheinlichkeit $p(D_{\text{opt}}(b_j)|b_j)$ maximal ist, d.h.

$$\forall \, b_j \in B: \qquad p(D_{\text{opt}}(b_j)|b_j) = \max_{a_i} p(a_i|b_j). \qquad (3.9) \, \rfloor$$

Wegen $p(a_i|b_j)p(b_j) = p(b_j|a_i)p(a_i)$ ist dies äquivalent zu

$$\forall \, b_j \in B, \, a_i \in A: \qquad p(b_j|D_{\text{opt}}(b_j))p(D_{\text{opt}}(b_j)) \geq p(b_j|a_i)p(a_i).$$

Die so gewonnene, nicht immer eindeutige Entscheidungsregel ist eine *Maximum-Likelihood-Regel*, d.h. man entscheidet sich für das Eingabezeichen, das bei gegebenem Ausgabezeichen mit größtmöglicher Warscheinlichkeit auftritt. Aus der Beziehung 3.8 folgt sofort:

Satz 3.1 Für eine optimale Entscheidungsregel ist die Fehlerwahrscheinlichkeit p_E minimal. $\rfloor$

Ob eine Entscheidungsregel optimal ist, hängt sowohl von den a-priori-Wahrscheinlichkeiten $p(a_i)$, als auch von der Kanalmatrix ab. Sind die Eingabesymbole gleichverteilt $p(a_i) = 1/r$, so erhalten wir:

$$p(b_j|D_{\text{opt}}(b_j)) \geq p(b_j|a_i).$$

In diesem Fall läßt sich also eine Entscheidungsregel schon aus der Kanalmatrix gewinnen. Man wählt hier in der j-ten Spalte der Matrix ein maximales Element aus. Das hierzu gehörige Eingabesymbol wird dann dem Ausgabezeichen b_j zugeordnet.

Beispiel 3.6 Gegegeben sei ein Kanal mit der Matrix:

$$P = \begin{pmatrix} 0.5 & 0.3 & 0.2 \\ 0.2 & 0.3 & 0.5 \\ 0.3 & 0.3 & 0.4 \end{pmatrix}$$

Bei gleichverteilten Eingabezeichen gelangt man zur Maximum-Likelihood-Regel:

$$
\begin{aligned}
D(b_1) &= a_1, && \text{da} && p(b_1|a_1) \geq p(b_1|a_3) \geq p(b_1|a_2), \\
D(b_2) &= a_1, && \text{oder auch } D(b_2) = a_2 \text{ oder } D(b_2) = a_3, \\
&&& \text{da} && p(b_2|a_1) = p(b_2|a_2) = p(b_2|a_3), \\
D(b_3) &= a_2, && \text{da} && p(b_3|a_2) \geq p(b_3|a_3) \geq p(b_3|a_1).
\end{aligned}
$$

Die Fehlerwahrscheinlichkeit ist bei dieser Entscheidungsregel:

$$p_E = 1 - \frac{1}{3}(0.5 + 0.3 + 0.5) = \frac{1.7}{3}.$$

3.4   Schranken der Fehlerwahrscheinlichkeit

Die folgende Abschätzung stellt einen Zusammenhang zwischen der Rückschlußentropie und der Fehlerwahrscheinlichkeit her.

Satz 3.2   *Ungleichung von Fano*
Hat das Eingabealphabet r Symbole, so gilt zwischen der Äquivokation und der Fehlerwahrscheinlichkeit die Beziehung:

$$H(A|B) \leq H(p_E) + p_E \log(r-1). \qquad (3.10) \, \rfloor$$

Beweis:

Es ist
$$1 - p_E = \sum_{j=1}^{s} p(D(b_j)|b_j) p(b_j) = \sum_{j=1}^{s} p(D(b_j), b_j).$$

Wegen $\sum_{i,j} p(a_i, b_j) = 1$ kann p_E in der Form

$$p_E = \sum_{\substack{i,j \\ a_i \neq D(b_j)}} p(a_i, b_j)$$

geschrieben werden. Für die Äquivokation folgt:

$$H(A|B) = \sum_{\substack{i,j \\ a_i \neq D(b_j)}} p(a_i, b_j) \log \frac{1}{p(a_i|b_j)} + \sum_{j=1}^{s} p(D(b_j), b_j) \log \frac{1}{p(D(b_j)|b_j)}.$$

Die rechte Seite der Fano'schen Ungleichung läßt sich dann umformen in:

$$H(p_E) + p_E \log(r-1) = p_E \log \frac{1}{p_E} + (1 - p_E) \log \frac{1}{1 - p_E} + p_E \log(r-1)$$

$$= p_E \log \frac{r-1}{p_E} + (1 - p_E) \log \frac{1}{1 - p_E}$$

$$= \sum_{\substack{i,j \\ a_i \neq D(b_j)}} p(a_i, b_j) \log \frac{r-1}{p_E} + \sum_{j=1}^{s} p(D(b_j), b_j) \log \frac{1}{1 - p_E}.$$

Die Subtrahieren der rechten Seite der Ungleichung von der linken ergibt:

$$H(A|B) - H(p_E) - p_E \log(r-1) = \sum_{\substack{i,j \\ a_i \neq D(b_j)}} p(a_i, b_j) \log \frac{p_E}{(r-1)p(a_i|b_j)}$$

$$+ \sum_{j=1}^{s} p(D(b_j), b_j) \log \frac{1 - p_E}{p(D(b_j)|b_j)}.$$

Unter Verwendung der Ungleichung $\log x \le (x-1)\log e$ folgt:

$$H(A|B) - H(p_E) - p_E \log(r-1) \le \left(\sum_{\substack{i,j \\ a_i \ne D(b_j)}} p(a_i, b_j)\left(\frac{p_E}{(r-1)p(a_i|b_j)} - 1 \right) \right.$$

$$\left. + \sum_{j=1}^{s} p(D(b_j), b_j)\left(\frac{1-p_E}{p(D(b_j)|b_j)} - 1 \right) \right) \log e$$

$$= \left(\frac{p_E}{r-1} \sum_{\substack{i,j \\ a_i \ne D(b_j)}} p(b_j) - \sum_{\substack{i,j \\ a_i \ne D(b_j)}} p(a_i, b_j) \right.$$

$$\left. + (1-p_E)\sum_{j=1}^{s} p(b_j) - \sum_{j=1}^{s} p(D(b_j), b_j) \right) \log e.$$

Die weitere Auswertung führt schließlich zu:

$$\sum_{\substack{i,j \\ a_i \ne D(b_j)}} p(b_j) = \sum_{\substack{i=1 \\ a_i \ne D(b_j)}}^{r} \sum_{j=1}^{s} p(b_j) = \sum_{\substack{i=1 \\ a_i \ne D(b_j)}}^{r} 1 = r - 1;$$

$$\sum_{\substack{i=1 \\ a_i \ne D(b_j)}}^{r} \sum_{j=1}^{s} p(a_i, b_j) = p_E; \qquad \sum_{j=1}^{s} p(D(b_j), b_j) = 1 - p_E.$$

und damit zur Bestätigung der Ungleichung von Fano:

$$H(A|B) - H(p_E) - p_E \log(r-1) \le (p_E - p_E + 1 - p_E - 1 + p_E)\log e = 0.$$

□

Die Ungleichung von Fano kann auch wie folgt plausibel gemacht werden:
$H(A|B)$ ist der Erwartungswert für die bei der Übertragung verlorengegangene Information oder die zusätzliche Information, die man im Mittel benötigt, um bei Kenntnis eines empfangenen Zeichens b_j auf das gesendete Eingangssignal schließen zu können.
Andererseits kann diese zusätzliche Information auch gewonnen werden, wenn zunächst Information darüber vorliegt, ob die Entscheidungsregel $D(b_j) = a_i$ das tatsächlich gesendete Eingabesymbol bestimmt oder nicht. Die Entropie $H(p_E)$ gibt den dafür im Mittel erforderlichen Informationsgehalt an.
Für den mit Wahrscheinlichkeit p_E auftretenden Fall, daß die Entscheidungsregel ein falsches Eingabesymbol zugeordnet hat, wird weitere Information notwendig, um aus den übrigen $r-1$ Eingabesymbolen das richtige zu rekonstruieren. Hierfür reicht ein Informationsgehalt von maximal $\log(r-1)$ aus. Dieser Maximalwert wird wiederum dann angenommen, wenn alle $r-1$ Eingabesymbole mit gleicher Wahrscheinlichkeit zur Ausgabe von b_j geführt haben.

Wir wenden uns nun dem Problem der Fehlerbehandlung im vorliegenden Modell des Übertragungskanals zu. Ziel ist es, durch eine Codierung der Eingabe und entsprechende *Decodierung* der Ausgabe die Fehlerrate des Übertragungskanals zu vermindern.

Für einen symmetrischen Kanal mit der Entscheidungsregel $D(b_i) = a_i$ sind Übertragungsfehler nur dann erkennbar, wenn bei der Eingabe nur ein Teil aller möglichen Eingabewörter genutzt wird, so daß die übrigen beim Empfang sofort als fehlerhaft einzustufen sind. Wenn im folgenden binäre Blockcodes der Länge n bei der Eingabe verwendet werden, so umfassen diese entsprechend nur eine Teilmenge der 2^n möglichen Binärwörter. Der zweite Satz von Shannon, der hier speziell für den symmetrischen Binärkanal formuliert wird, stellt einen Zusammenhang zwischen der Anzahl nutzbarer Codewörter und der damit erreichbaren Fehlerrate her.

Satz 3.3   *Zweiter Satz von Shannon*
Es wird ein symmetrischer Binärkanal mit Einzelfehlerwahrscheinlichkeit p und Kapazität $C = 1 - H(p) > 0$ betrachtet.
Von 2^n n-stelligen Eingabewörtern werden $M(n) < 2^n$ als Codewörter benutzt. Dann gibt es für jedes $\epsilon \in \mathbb{R}^+$ Blockcodes der Länge n mit

$$M(n) = \lfloor 2^{n(C-\epsilon)} \rfloor \tag{3.11}$$

Codewörtern, deren Fehlerwahrscheinlichkeiten $p_E(n)$ bei der Decodierung mit wachsendem n beliebig klein werden

$$\lim_{n \to \infty} p_E(n) = 0. \qquad\qquad \rfloor$$

Beweis:
Sei A_n der betrachtete Blockcode der Länge n. a und $\tilde{a}$ seien zwei verschiedene n-stellige Codewörter und b das bei Eingabe von a empfangene Binärwort, das im Mittel an np Stellen von a abweicht. Dabei hat jedes über den symmetrischen Binärkanal übertragene Zeichen die Fehlerwahrscheinlichkeit p.

Wir klammern den Fall $p = \frac{1}{2}$ ($\Rightarrow$ $C = 0$) aus und können uns zudem wegen $H(p) = H(1-p)$ auf den Fall $p < \frac{1}{2}$ beschränken.

Zum Decodieren wird folgende Entscheidungsregel benutzt:
Wenn es genau ein Codewort in A_n gibt, das von dem empfangenen Wort b an höchstens $\lfloor n(p+\delta) \rfloor$ Stellen abweicht, so wird b zu diesem Codewort decodiert. Dabei soll $\delta \in \mathbb{R}^+$ folgende Anforderungen erfüllen:

$$\delta \leq \frac{1}{2} - p \quad \text{und} \quad H_2(p+\delta) - H_2(p) < \epsilon. \tag{3.12}$$

Sonst sei die Decodierung beliebig. Bereits diese nicht in allen Fällen festgelegte Regel genügt, um eine geeignete Fehlerabschätzung zu erhalten.

Sei $S_k^n(b)$ die Menge aller n-stelligen Binärwörter, die sich an höchstens k Stellen von einem empfangenen Wort b unterscheiden. Dann gibt es offenbar zwei Fälle, die zu einer falschen Decodierung führen können:

1) Es wurden mehr als $\lfloor n(p+\delta) \rfloor$ Stellen bei der Übertragung verfälscht, d.h.
   $a \notin S_{\lfloor n(p+\delta) \rfloor}^n(b)$.

2) Neben a gibt es mindestens ein weiteres Codewort $\tilde{a}$, das sich an höchstens $\lfloor n(p+\delta) \rfloor$ Stellen von b unterscheidet $\exists \tilde{a} : \tilde{a} \in A_n/\{a\} \cap S^n_{\lfloor n(p+\delta) \rfloor}(b)$.

Für die Wahrscheinlichkeit $p_n(E|b)$ einer falschen Decodierung von b gilt, wenn $p_n(E1|b)$ bzw. $p_n(E2|b)$ die Wahrscheinlichkeiten für die beiden genannten Fehlerfälle sind:

$$1 - p_n(E|b) = (1 - p_n(E1|b))(1 - p_n(E2|b))$$
$$= 1 - p_n(E1|b) - p_n(E2|b) + p_n(E1|b)\,p_n(E2|b)$$
$$\Rightarrow \quad p_n(E|b) \leq p_n(E1|b) + p_n(E2|b).$$

Zur Abschätzung von $p_n(E1|b)$ kann man davon ausgehen, daß die Anzahl X von unabhängigen Übertragungsfehlern in den n Stellen eines Binärworts *binomialverteilt* ist mit Mittelwert $E(X) = np$ und Varianz $\sigma_X^2 = np(1-p)$. Damit führt die *Ungleichung von Tschebyschev* zur Fehlerabschätzung:

$$\forall k \in \mathbb{R}^+ : \ Prob(X \geq E(X) + k\sigma_X) \leq \frac{1}{k^2} \qquad (3.13)$$

$$\Rightarrow \quad p_n(E1|b) = Prob(X \geq n(p+\delta)) = Prob(X \geq E(X) + n\delta)$$

$$= Prob\left(X \geq E(X) + \sqrt{\frac{n\delta^2}{p(1-p)}}\,\sigma_X\right) \leq \frac{p(1-p)}{n\delta^2}$$

$$\Rightarrow \quad \lim_{n \to \infty} p_n(E1|b) = \lim_{n \to \infty} Prob(X \geq n(p+\delta)) = 0.$$

Für das Auftreten des zweiten Fehlerfalls ist die Art der Codierung entscheidend. Die gewünschte Abschätzung für $p_n(E2|b)$ kann überraschenderweise bereits durchgeführt werden, wenn man die von Shannon vorgeschlagenen *Zufallscodes* zugrundelegt, bei denen jedes n-stellige Binärwort mit gleicher Wahrscheinlichkeit als Codewort für die Kanaleingabe in Frage kommt.

Um einen Zufallscode zu erhalten kann man z.B. für jede Binärstelle eines Codeworts eine "faire" Münze werfen, so daß man den Code mit $M(n)$ n-stelligen Codewörtern durch $nM(n)$ Münzwürfe bestimmt. Dabei mag es sogar vorkommen, daß zwei verschiedenen Quellsymbolen jeweils das gleiche Codewort zugeordnet wird. Die Wahrscheinlichkeit für einen solchen Fall beträgt allerdings 2^{-n} und geht mit wachsendem n gegen Null.

Die Wahrscheinlichkeit, daß ein anderes Codewort $\tilde{a} \in A_n/\{a\}$ in der Menge $S^n_{\lfloor n(p+\delta) \rfloor}(b)$ des zur Eingabe a gehörigen Ausgabewortes b liegt, ist dann wegen der Gleichverteilungseigenschaft der Codewörter im Zufallscode:

$$Prob\{\tilde{a} \in S^n_{\lfloor n(p+\delta) \rfloor}(b)\} = \frac{|S^n_{\lfloor n(p+\delta) \rfloor}(b)|}{2^n}$$

Für die Anzahl $|S^n_{\lfloor \lambda n \rfloor}(b)|$ n-stelliger Binärwörter, die sich an nicht mehr als $\lfloor \lambda n \rfloor$ Stellen von b unterscheiden, wird eine Abschätzung durch folgenden Hilfssatz vorbereitet:

Lemma: Sei $0 \leq \lambda \leq \frac{1}{2}$. Dann gilt:

$$\sum_{0 \leq i \leq \lambda n} \binom{n}{i} \leq 2^{n H_2(\lambda)}. \qquad\qquad (3.14)\rfloor$$

Beweis: Es ist:

$$
\begin{aligned}
1 &= \left(\lambda + (1-\lambda)\right)^n \\
&= \sum_{0 \leq i \leq n} \binom{n}{i} \lambda^i (1-\lambda)^{n-i} \\
&\geq \sum_{0 \leq i \leq \lambda n} \binom{n}{i} \lambda^i (1-\lambda)^{n-i} \\
&= \sum_{0 \leq i \leq \lambda n} \binom{n}{i} (1-\lambda)^n \left(\frac{\lambda}{1-\lambda}\right)^i \\
&\geq \sum_{0 \leq i \leq \lambda n} \binom{n}{i} (1-\lambda)^n \left(\frac{\lambda}{1-\lambda}\right)^{\lambda n} \qquad \text{für } \lambda \leq \frac{1}{2} \Leftrightarrow \frac{\lambda}{1-\lambda} \leq 1 \\
&= \lambda^{n\lambda}(1-\lambda)^{n(1-\lambda)} \sum_{0 \leq i \leq \lambda n} \binom{n}{i} \\
&= 2^{-n H_2(\lambda)} \sum_{0 \leq i \leq \lambda n} \binom{n}{i}
\end{aligned}
$$

Der letzte Schritt benutzt die Beziehung:

$$H_2(\lambda) = -\lambda \log_2 \lambda - (1-\lambda)\log_2(1-\lambda) = -\log_2\left(\lambda^\lambda (1-\lambda)^{(1-\lambda)}\right).$$

Multiplikation mit $2^{n H_2(\lambda)}$ bestätigt nun die Behauptung des Lemmas.   □

Da es genau $\binom{n}{i}$ Binärwörter gibt, die an i Stellen von b verschieden sind, gilt (bei der Auswahl von δ in 3.12 wurde $p + \delta \leq \frac{1}{2}$ vorausgesetzt):

$$|S^n_{\lfloor n(p+\delta)\rfloor}(b)| = \sum_{0 \leq i \leq \lfloor n(p+\delta)\rfloor} \binom{n}{i} \leq 2^{n H_2(p+\delta)} \quad \Rightarrow$$

$$Prob\{\tilde{a} \in S^n_{\lfloor n(p+\delta)\rfloor}(b)\} \leq \frac{2^{n H_2(p+\delta)}}{2^n} = 2^{n(H_2(p+\delta)-1)}$$

Nun ist $p_n(E2|b)$ als die Wahrscheinlichkeit angegeben, daß mindestens eines von $M(n) - 1$ Codewörtern aus $A_n/\{a\}$ in die Menge $S^n_{\lfloor n(p+\delta)\rfloor}(b)$ fällt. Dann gilt:

$$
\begin{aligned}
p_n(E2|b) &\leq (M(n)-1)Prob\{\tilde{a} \in S^n_{\lfloor n(p+\delta)\rfloor}(b)\} \\
&\leq M(n)2^{n(H_2(p+\delta)-1)}.
\end{aligned}
$$

Gemäß der Behauptung des zweiten Satzes von Shannon sei $M(n) = 2^{n(C-\epsilon)}$.

$$\Rightarrow \quad p_n(E2|b) \leq 2^{n(C-\epsilon)} 2^{n(H_2(p+\delta)-1)}$$
$$= 2^{n(1-H_2(p)-\epsilon)} 2^{n(H_2(p+\delta)-1)}$$
$$= 2^{n(H_2(p+\delta)-H_2(p)-\epsilon)}.$$

Bei der Bestimmung von δ in Gleichung 3.12 wurde $H_2(p+\delta) - H_2(p) - \epsilon < 0$ gefordert, so daß unmittelbar folgt:

$$\lim_{n\to\infty} p_n(E2|b) = 0.$$

Damit sind beide Fehlerfälle abgeschätzt und man erhält insgesamt:

$$0 \leq \lim_{n\to\infty} p_n(E|b) \leq \lim_{n\to\infty} \big(p_n(E1|b) + p_n(E2|b) \big) = 0.$$

Diese Ungleichung gilt für jedes empfangene Wort b, so daß auch für die Fehlerwahrscheinlichkeit $p_E(n)$ der Decodierung insgesamt gilt:

$$\lim_{n\to\infty} p_E(n) = \lim_{n\to\infty} \sum_{b\in B^n} p(b) p_n(E|b) = 0.$$

$\square$

Der für die Codierungstheorie grundlegende zweite Satz von Shannon bestätigt, daß bei der Nachrichtenübertragung über einen fehleranfälligen Kanal bei geeigneter Codierung von Nachrichten durch den *Sender* und entsprechender Decodierung beim *Empfänger* die Fehlerrate beliebig klein gehalten werden kann. Die Aussage gilt für Blockcodes der Länge n, wobei die Wahrscheinlichkeit einer falschen Decodierung mit wachsender Codewortlänge n asymptotisch gegen Null strebt.
Der Beweis ist allerdings nicht konstruktiv, da von einem Zufallscode ausgegangen wird. Wir werden daher weiter der Frage nachgehen, auf welche Art man Codes konstruieren kann, mit deren Hilfe eine bestimmte Fehlerschranke unterschritten werden soll. Dabei ist auch der Gesichtspunkt einer möglichst einfachen Decodierung zu berücksichtigen.
Bevor wir dieses Problem in den nächsten Kapiteln aufgreifen, wird noch gezeigt, daß die Shannon'sche Schranke für die Anzahl $M(n)$ der nutzbaren Codewörter scharf ist.

Satz 3.4 Wird im zweiten Satz von Shannon für die Anzahl der Codewörter auf $M(n) = \lfloor 2^{n(C+\epsilon)} \rfloor$ erhöht, so gibt es keine Codes, für die die Fehlerwahrscheinlichkeit $p_E(n)$ bei der Decodierung mit wachsendem n gegen 0 strebt. $\lrcorner$

Beweis: Sei A^n die Menge der Codewörter und B^n die Menge der n-stelligen binären Ausgabewörter des Kanals.
Nehmen wir an, daß alle $M(n) = \lfloor 2^{n(C+\epsilon)} \rfloor$ Codewörter mit gleicher Wahrscheinlichkeit auftreten. Dann gilt:

$$I_2(A^n, B^n) \leq nC \quad \text{und} \quad H_2(A^n) = \log_2 \lfloor 2^{n(C+\epsilon)} \rfloor \geq n(C+\epsilon) - 1 \quad \Rightarrow$$

$$nC \geq I_2(A^n, B^n) = H_2(A^n) - H_2(A^n|B^n) \geq n(C + \epsilon) - 1 - H_2(A^n|B^n) \quad \Rightarrow$$
$$H_2(A^n|B^n) \geq n\,\epsilon - 1.$$

Aus der Fano'schen Ungleichung erhalten wir andererseits:

$$\begin{aligned}
H_2(A^n|B^n) &\leq H_2(p_E(n)) + p_E(n)\log_2(M(n) - 1) \\
&\leq H_2(p_E(n)) + p_E(n)\log_2(2^{n(C+\epsilon)}) \\
&= H_2(p_E(n)) + p_E(n)(n(C + \epsilon)) \\
&\leq 1 + p_E(n)n(C + \epsilon).
\end{aligned}$$

Damit gilt: $\qquad\qquad n\epsilon - 1 \leq H_2(A^n|B^n) \leq 1 + p_E(n)\,n\,(C + \epsilon)$

$$\Rightarrow \quad \lim_{n\to\infty} p_E(n) \geq \lim_{n\to\infty} \frac{n\,\epsilon - 2}{n\,(C + \epsilon)} = \frac{\epsilon}{C + \epsilon}. \qquad (3.15)$$

$\square$

Will man also Codes mit sehr kleiner Fehlerwahrscheinlichkeit entwerfen, so ist demnach die Anzahl der Codewörter durch die Kanalkapazität bzw. die Bitfehlerrate des symmetrischen Binärkanals beschränkt.

3.5   Übungen zu Kapitel 3

Übung 3.1
Für einen Übertragungskanal seien die Kanalmatrix und die Wahrscheinlichkeiten für die Eingabesymbole gegeben:

$$P = \big(p(b_j|a_i)\big) = \begin{pmatrix} 0.8 & 0.1 & 0.1 \\ 0.2 & 0.1 & 0.7 \\ 0.3 & 0.6 & 0.1 \end{pmatrix} \qquad \begin{aligned} p(a_1) &= 0.3 \\ p(a_2) &= 0.5 \\ p(a_3) &= 0.2 \end{aligned}$$

Berechnen Sie

a) $H(A)$ und $H(B|A)$;

b) die Wahrscheinlichkeiten $p(b_i)$ für die Ausgabezeichen und $H(B)$;

c) die bedingten Wahrscheinlichkeiten $p(a_i|b_j)$, sowie $H(A|B)$ und $I(A, B)$;

d) die Wahrscheinlichkeiten $p(a_i, b_j)$ sowie $H(A, B)$.

Übung 3.2
Überprüfen Sie die allgemeine Gültigkeit der Beziehungen:

$$I(A, B) = I(B, A) \qquad \text{und} \qquad H(A, B) = H(A) + H(B) - I(A, B).$$

Übung 3.3

a) Zwei symmetrische Binärkanäle Q_1, Q_2 mit Fehlerwahrscheinlichkeiten p_1 und p_2 sollen hintereinandergeschaltet werden:

$$A \longrightarrow \boxed{BSC\ Q_1} \longrightarrow B \longrightarrow \boxed{BSC\ Q_2} \longrightarrow C.$$

Zeigen Sie, daß die Reihenschaltung der beiden Kanäle Q_1 und Q_2 wieder einen symmetrischen Binärkanal mit Kanalmatrix $Q_{1,2}$ ergibt.
Welche Fehlerwahrscheinlichkeit und welche Kapazität hat der durch *Reihenschaltung* entstehende Kanal?

b) Berechnen Sie die Kapazität der Reihenschaltung von 2,3 bzw. allgemein n symmetrischen Binärkanälen mit jeweils gleicher Fehlerwahrscheinlichkeit p.

Übung 3.4

Alle Einzelkomponenten der folgenden Systeme sind symmetrische Binärkanäle mit derselben Fehlerwahrscheinlichkeit p $(0 < p < \frac{1}{2})$.

a) Um die Sicherheit einer Übertragung zu erhöhen, wird ein Zeichen gleichzeitig über 3 parallele Kanäle gesendet. Beim Empfang wird eine '1' (bzw. '0') angenommen, wenn die Mehrheit der Kanäle eine '1' (bzw. '0') ausgibt. Wie groß ist die Fehlerwahrscheinlichkeit dieser Parallelschaltung?

b) Geben Sie die Fehlerwahrscheinlichkeit der beiden folgenden Systeme an und entscheiden Sie, welches sicherer ist.

1) Die Reihenschaltung zweier Parallelschaltungen (gemäß a)

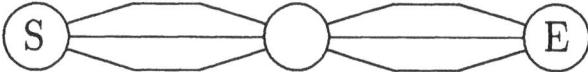

2) Die Parallelschaltung (gemäß a) von Reihenschaltungen aus zwei Kanälen.

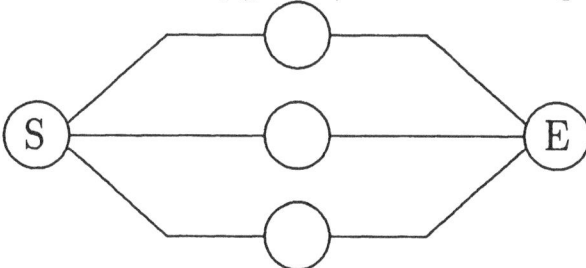

Übung 3.5

Zeichenfolgen aus einem Quellalphabet mit 4 Symbolen E, F, G und H sollen zur Übertragung über einen symmetrischen Binärkanal mit Einzelfehlerwahrscheinlichkeit $p = 0.01$ in 4-stellige Binärwörter codiert werden. Dabei sei $p(E) = p(F) = p(G) = p(H) = 1/4$.

a) Geben Sie eine optimale Entscheidungsregel für die 16 beim Empfang möglichen Bitkombinationen an für die Codierung

$$E \longrightarrow 0000, \ F \longrightarrow 0011, \ G \longrightarrow 1100, \ H \longrightarrow 1111$$

und berechnen Sie die Wahrscheinlichkeit p_E, daß die optimale Regel falsch decodiert.

b) Nach längerer Rechnung erhält man als Äquivokation für den Kanal und die angegebene Codierung $H(A \,|\, B) \approx 0.0425$ bit. Schätzen Sie damit die Fehlerwahrscheinlichkeit p_E mit Hilfe der Ungleichung von Fano ab.

c) Kann man die Fehlerwahrscheinlichkeit p_E durch eine andere Codierung der Quellzeichen in 4 Binärzeichen noch vermindern?

Übung 3.6
Berechnen Sie die Kapazität von unsymmetrischen Binärkanälen mit den angegebenen Kanalmatrizen und die zugehörigen a-priori-Wahrscheinlichkeiten, für die eine maximale Transinformation erreicht wird:

$$P = \begin{pmatrix} 0.6 & 0.4 \\ 0.3 & 0.7 \end{pmatrix}; \quad P = \begin{pmatrix} 0.6 & 0.4 \\ 0 & 1 \end{pmatrix} \quad \text{und} \quad P = \begin{pmatrix} 0.7 & 0.3 \\ 0.7 & 0.3 \end{pmatrix}.$$

Übung 3.7
Zur Übertragung über einen symmetrischen Binärkanal werden Zeichenfolgen, in denen 3 verschiedene Quellsymbole A, B, C mit gleicher Wahrscheinlichkeit $1/3$ auftreten, so codiert, daß je k Zeichen zu einem Quellwort zusammengefaßt und durch Binärwörter der Länge $2k$ dargestellt werden.

a) Wieviele Binärwörter der Länge $2k$ gibt es, die sich von einem Codewort an genau e Stellen unterscheiden?
   Geben Sie demzufolge eine Bedingung dafür an, daß für Quellwörter der Länge k ein zugehöriger Binärcode der Länge $2k$ möglich ist, der die Korrektur von bis zu e Fehlern erlaubt, d.h. es muß disjunkte Mengen von Binärwörtern zu jedem Codewort geben, die alle Wörter mit $\leq e$ Unterschieden zum Codewort enthalten.

b) Wie groß muß k mindestens sein, damit $e = 1,2,3$ oder 4 Fehler korrigierbar sind?

c) Berechnen Sie für $k = 1$ und die in b) ermittelten Werte von k die Wahrscheinlichkeit, daß mehr als die e korrigierbaren Fehler bei der Übertragung eines Codeworts auftreten für die Einzelfehlerwahrscheinlichkeiten $p = 0.001$, $p = 0.01$, $p = 0.03$ des Binärkanals (Einzelfehler sollen unabhängig voneinander auftreten können).

   Hinweis: Alle Wörter, die aus einem Codewort durch r Einzelfehler entstehen, sind beim symmetrischen Binärkanal gleich wahrscheinlich.

d) Interpretieren Sie die Ergebnisse im Zusammenhang mit dem 2. Satz von Shannon.

Kapitel 4

Algebraische Grundbegriffe für Codes

4.1 Gruppen, Ringe, Körper und Vektorräume

In diesem Kapitel werden Definitionen und Bezeichungsweisen eingeführt, die zur Beschreibung von Codes zur Fehlererkennung und -korrektur von grundlegender Bedeutung sind.

Definition 4.1 Eine *Gruppe* $(G, *)$ ist ein Paar, bestehend aus der Menge G der Elemente und einer zweistelligen Operation '$*$', so daß folgende Gesetze erfüllt sind:

(i) Sind $x, y \in G$, so ist auch $x * y \in G$, d.h. die Menge G ist bezüglich der Operation '$*$' abgeschlossen.

(ii) Für alle $x, y, z \in G$ gilt das Assoziativgesetz:
$$x * (y * z) = (x * y) * z.$$

(iii) Es gibt ein neutrales Element $e \in G$, so daß für alle $x \in G$ gilt:
$$e * x = x * e = x.$$

(iv) Zu jedem $x \in G$ gibt es ein inverses Element $x^{-1} \in G$, so daß
$$x * x^{-1} = e = x^{-1} * x.$$

(v) Gilt darüber hinaus für alle $x, y \in G$ das Kommutativgesetz:
$$x * y = y * x,$$

so heißt die Gruppe *kommutativ* oder *abelsch*.
Sind nur (i) und (ii) erfüllt, so ist $(G, *)$ eine *Halbgruppe*, sind (i) – (iii) erfüllt, so ist $(G, *)$ ein *Monoid*. ⌋

Beispiel 4.1 Sei $G = \{e, f, g\}$ und '$*$' durch die Verknüpfungstafel

$*$	e	f	g
e	e	f	g
f	f	g	e
g	g	e	f

gegeben. Dann ist $(G, *)$ eine kommutative Gruppe.

Eine Teilmenge $\mathbf{Z}_n = \{0, \ldots, n-1\}$ der ganzen Zahlen bildet zusammen mit der Addition modulo n ebenfalls eine kommutative Gruppe.

Definition 4.2 Es sei R eine Menge, in der zwei voneinander verschiedene Elemente (genannt '0' und '1') ausgezeichnet sind und auf der zwei zweistellige Operationen '+' und '·' definiert sind. $(R, +, \cdot, 0, 1)$ heißt *Ring (mit Eins)*, falls

 (i) $(R, +)$ eine abelsche Gruppe mit neutralem Element 0 ist,

 (ii) $(R, \cdot)$ eine Halbgruppe ist,

(iii) das Element '1' neutral bezüglich '·' ist und

(iv) für alle $x, y, z \in R$ die Distributivgesetze gelten

$$x \cdot (y + z) = x \cdot y + x \cdot z$$
$$(x + y) \cdot z = x \cdot z + y \cdot z.$$

Ist die Operation '·' kommutativ, so heißt der Ring kommutativ.

Ist $(R \setminus \{0\}, \cdot)$ ebenfalls eine abelsche Gruppe, so ist $(R, +, \cdot, 0, 1)$ ein *Körper*. Ist $(R \setminus \{0\}, \cdot)$ eine nicht kommutative Gruppe, so spricht man von einem *Schiefkörper*. Ein Körper mit endlich vielen Elementen heißt *Galoisfeld* mit der Bezeichnungsweise GF(n), wobei n die Anzahl der Elemente angibt.   ⌋

Beispiel 4.2

 (i) Die Menge der $n \times n$ Matrizen bilden zusammen mit der üblichen Matrizenaddition und der Matrizenmultiplikation einen Ring. Das Nullelement des Ringes ist die Nullmatrix, das Einselement ist die $n \times n$ Einheitsmatrix. Dieser Ring ist für $n > 1$ nicht kommutativ, da für $n \times n$ Matrizen A, B im allgemeinen $A \cdot B \neq B \cdot A$ ist. In diesem Ring gibt es Elemente, die ungleich dem Nullelement sind und deren Produkt Null ist:

$$\begin{pmatrix} 1 & -1 \\ 1 & -1 \end{pmatrix} \cdot \begin{pmatrix} 1 & 1 \\ 1 & 1 \end{pmatrix} = \begin{pmatrix} 0 & 0 \\ 0 & 0 \end{pmatrix}.$$

Solche Elemente nennt man *Nullteiler*. Ist ein kommutativer Ring nullteilerfrei, so nennt man ihn *Integritätsbereich*.

(ii) Die ganzen Zahlen mit der üblichen Addition und Multiplikation bilden einen kommutativen Ring mit Einselement 1, der kein Körper ist.

(iii) Die Mengen der rationalen, reellen und komplexen Zahlen mit der üblichen Addition und Multiplikation, also $(\mathbb{Q}, +, \cdot, 0, 1), (\mathbb{R}, +, \cdot, 0, 1), (\mathbb{C}, +, \cdot, 0, 1)$ sind Körper.

(iv) Die Menge $\mathbb{Z}_n = \{0, 1, \ldots, n-1\}$ bildet mit der Addition und Multiplikation modulo n einen Ring und genau dann, wenn n eine Primzahl ist, einen Körper. Für z.B. $n = 4$ sind '+' und '$\cdot$' durch folgende Verknüpfungstafeln gegeben:

+	0	1	2	3		$\cdot$	0	1	2	3
0	0	1	2	3		0	0	0	0	0
1	1	2	3	0		1	0	1	2	3
2	2	3	0	1		2	0	2	0	2
3	3	0	1	2		3	0	3	2	1

$(\mathbb{Z}_4, +, \cdot, 0, 1)$ ist dann kein Körper, da das Element 2 kein multiplikatives Inverses besitzt. Ein Galoisfeld mit 4 Elementen erhält man dagegen für die wie folgt gegebenen Verknüpfungen '+' und '$\cdot$' :

+	0	1	2	3		$\cdot$	0	1	2	3
0	0	1	2	3		0	0	0	0	0
1	1	0	3	2		1	0	1	2	3
2	2	3	0	1		2	0	2	3	1
3	3	2	1	0		3	0	3	1	2

Der Körper $(\mathbb{Z}_2, +, \cdot, 0, 1) = GF(2)$ ist für die Codierungstheorie wegen der gebräuchlichen binären Zahlendarstellung besonders wichtig. Für ihn sind Addition und Multiplikation durch die *Bool'schen Funktionen* gegeben:

+	0	1		$\cdot$	0	1
0	0	1		0	0	0
1	1	0		1	0	1

Definition 4.3 Es sind zwei Körper $K_1 = (M_1, +, \cdot, 0, 1)$ und $K_2 = (M_2, +, \cdot, 0, 1)$ mit $M_1 \subseteq M_2$ gegeben. Dann ist K_1 ein *Teilkörper* von K_2 und umgekehrt K_2 ein *Erweiterungskörper* von K_1, wenn die Operationen '+' und '$\cdot$' für die Elemente von M_1 in beiden Körpern identisch sind. ⏌

Definition 4.4 Ein *Vektorraum* über einem Körper $K = (M, +, \cdot, 0, 1)$ ist gegeben durch eine Menge V von Vektoren, die als n-Tupel $\mathbf{v} = (a_1, \cdots, a_n) \in V$ mit $a_i \in M$ dargestellt werden und die zweistelligen Operationen Vektoraddition '+': $V \times V \to V$ und skalare Multiplikation '$\cdot$': $M \times V \to V$. Dabei ist '+' eine abelsche Gruppe, deren neutrales Element als Nullvektor $\mathcal{O}$ bezeichnet wird, und '$\cdot$' besitzt für alle $a, b \in M$ und $\mathbf{v}, \mathbf{w} \in V$ die Eigenschaften:

(i) $(a \cdot b) \cdot \mathbf{v} = a \cdot (b \cdot \mathbf{v})$;

(ii) $(a + b) \cdot \mathbf{v} = a \cdot \mathbf{v} + b \cdot \mathbf{v}$;

(iii) $a \cdot (\mathbf{v} + \mathbf{w}) = a \cdot \mathbf{v} + a \cdot \mathbf{w}$.

Die Menge V der Vektoren ist gegenüber der Vektoraddition und der Skalarmultiplikation abgeschlossen.

Eine Summe $\sum_{i=1}^{n} a_i \cdot \mathbf{v}_i$ mit $a_i \in K$ und $\mathbf{v}_i \in V$ wird als *Linearkombination* der Vektoren $\mathbf{v}_i$ bezeichnet. Eine Menge von Vektoren $\mathbf{v}_1, \cdots, \mathbf{v}_n$ heißt *linear unabhängig*, wenn gilt:

$$\sum_{i=1}^{n} a_i \cdot \mathbf{v}_i = \mathcal{O} \quad \Leftrightarrow \quad a_1 = \cdots = a_n = 0$$

Eine Menge von linear unabhängigen Vektoren bildet eine *Basis* des Vektorraums, wenn alle Elemente von V durch Linearkombinationen aus den Vektoren der Basis erzeugt werden können. Die Anzahl solcher Basisvektoren ist die *Dimension* des Vektorraums.

Eine Teilmenge der Basisvektoren erzeugt dann einen *Untervektorraum* mit entsprechend kleinerer Dimension, dessen Vektoren in einer Teilmenge von V liegen.

Das *Skalarprodukt* zweier Vektoren $\mathbf{v} = (v_1, \cdots, v_n)$ und $\mathbf{w} = (w_1, \cdots, w_n)$ ist definiert durch:

$$\mathbf{v} \cdot \mathbf{w} = \sum_{i=1}^{n} v_i \cdot w_i.$$

Das Ergebnis ist ein Element des Körpers K.

Zwei Vektoren $\mathbf{v}$ und $\mathbf{w}$ sind *orthogonal*, wenn $\mathbf{v} \cdot \mathbf{w} = 0$ ist. Entsprechend sind zwei Vektorräume orthogonal, wenn jeder Vektor des einen Vektorraums orthogonal zu jedem Vektor des anderen ist.   ⌡

Bevor wir uns nun den endlichen Körpern zuwenden, die für die Codierungstheorie grundlegend sind, seien zunächst einige ihrer wichtigsten Eigenschaften ohne Beweis aufgeführt. Eine ausführlichere Darstellung dieses Themas wird z.B. in [AmTr74], [PeWe72] oder [MWSl77] angeboten.

Satz 4.1 Die Anzahl n der Elemente eines Galoisfeldes GF(n) ist immer Potenz einer Primzahl $n = q^m$.

Galoisfelder GF(n) mit gleicher Anzahl n von Elementen sind isomorph.   ⌡

Die letztgenannte Eigenschaft berechtigt erst dazu, von **dem** Galoisfeld GF(n) zu sprechen.

Definition 4.5 Eine Gruppe heißt *zyklisch*, wenn alle ihre Elemente als Potenzen eines Elements darstellbar sind.

Ein solches *erzeugendes Element* heißt auch *primitives Element*.

Die *Ordnung* ord(α) eines Elements α ist die kleinste Potenz $k > 0$, so daß $\alpha^k = 1$ ist.   ⌡

Satz 4.2 Die multiplikative Gruppe $(K \backslash \{0\}, \cdot)$ eines Galois-Feldes GF(q^m) $= (K, +, \cdot, 0, 1)$ ist zyklisch. Es gibt darin also immer ein primitives Element α, das die Ordnung $q^m - 1$ hat.   ⌡

4.2 Polynome und endliche Körper

Definition 4.6 Es sei $K = (M, +, \cdot, 0, 1)$ ein Körper, L ein Teilkörper von K, x eine Variable mit Wertebereich M und $x^0 = 1, x, x^2, \ldots, x^n$ die Folge der Potenzen von x. Eine Linearkombination

$$p(x) = a_n x^n + a_{n-1} x^{n-1} + \ldots + a_1 x + a_0 = \sum_{i=0}^{n} a_i x^i$$

der Potenzen mit Koeffizienten $a_i \in L$ heißt *Polynom p über dem Körper L*.

Dabei ist $a_n \neq 0$ der *Leitkoeffizient* und n der *Grad* des Polynoms (Schreibweise $\deg(p)$), außer für das Nullpolynom $p(x) = 0$, dem der Grad $-\infty$ zugeordnet wird. Ein Polynom wird durch seine Koeffizienten $a_n, \cdots, a_0$ eindeutig bestimmt. ⌟

Mit der wie üblich erklärten Addition und Multiplikation bilden die Polynome einen kommutativen Ring, den Polynomring über dem Körper L.

Addition (Sei o.B.d.A. $n \geq m$):

$$(a_n x^n + \ldots + a_1 x + a_0) + (b_m x^m + \ldots + b_1 x + b_0)$$
$$= a_n x^n + \ldots + a_{m+1} x^{m+1} + (a_m + b_m) x^m + \ldots + (a_1 + b_1) x + (a_0 + b_0)$$
$$= \sum_{k=m+1}^{n} a_k x^k + \sum_{k=0}^{m} (a_k + b_k) x^k.$$

Multiplikation:

$$(a_n x^n + \ldots + a_1 x + a_0) \cdot (b_m x^m + \ldots + b_1 x + b_0)$$
$$= a_n b_m x^{n+m} + (a_{n-1} b_m + a_n b_{m-1}) x^{n+m-1} + \ldots + (a_0 b_1 + a_1 b_0) x + a_0 b_0$$
$$= \sum_{k=0}^{n+m} \left(\sum_{i=\max(0, k-m)}^{\min(k,n)} a_i b_{k-i} \right) x^k.$$

Als weitere Operation kann man bei Polynomen die *Division mit Rest* durchführen. Das Ergebnis kann durch einen Divisionsalgorithmus eindeutig bestimmt werden, wie es im folgenden Satz formuliert ist, auf dessen einfachen Beweis verzichtet wird.

Satz 4.3 Es seien f und p Polynome mit $p \neq 0$. Dann gibt es eindeutig bestimmte Polynome q und r, so daß

$$f = q \, p + r \quad \text{mit} \quad \deg(r) < \deg(p). \qquad ⌟$$

Definition 4.7 Bei der Division von Polynomen f und p mit $p \neq 0$ bezeichne $f \bmod p$ das *Restpolynom*: [1]

$$f \bmod p = r \quad \Longleftrightarrow \quad f = q \, p + r \quad \text{und} \quad \deg(r) < \deg(p). \qquad ⌟$$

---

[1]'mod' wird hier in Sinne einer zweistelligen Operation benutzt, die den Rest bei der Division von Polynomen liefert und wird ebenso auf ganze Zahlen angewendet.

Beispiel 4.3 Sei $K = \mathrm{GF}(2)$, $f = x^5 + x^4 + x^2 + 1$ und $p = x^2 + 1$, so erhält man ('+' und '−' sind gleichbedeutend in $\mathrm{GF}(2)$):

$$(x^5 + x^4 \qquad + x^2 \qquad + 1\ ) : (x^2 + 1) = \underbrace{x^3 + x^2 + x}_{q} \ \text{Rest}\ \underbrace{x + 1}_{r}$$

$$
\begin{array}{l}
\underline{x^5 \quad\ + x^3} \\
\quad\ x^4 + x^3 + x^2 \quad\ + 1 \\
\quad\ \underline{x^4 \qquad\ + x^2} \\
\qquad\ x^3 \qquad\qquad + 1 \\
\qquad\ \underline{x^3 \qquad + x} \\
\qquad\qquad\quad x\ + 1
\end{array}
$$

$f = x^5 + x^4 + x^2 + 1$ fällt also bei Rechnung modulo $p = x^2 + 1$ in dieselbe Restklasse wie $r = x + 1$.

Definition 4.8 Ist der Rest bei der Division gleich Null, also $f = q\,p$, so nennen wir p einen *Teiler* von f mit der Schreibweise $p|f$ (und ebenso $q|f$).
Ein *größter gemeinsamer Teiler* (ggT) g zweier von Null verschiedener Polynome f_1, f_2 ist durch folgende beiden Eigenschaften charakterisiert:

   (i) $g|f_1$ und $g|f_2$,

   (ii) aus $h|f_1$ und $h|f_2$ folgt $h|g$.   ⏌

Ist $p = \sum_{i=0}^{n} a_i\, x^i$ ein Teiler von f, so ist für jedes Körperelement $\lambda \in K/\{0\}$ auch

$$\lambda p = \lambda \sum_{i=0}^{n} a_i\, x^i = \sum_{i=0}^{n} (\lambda\, a_i)\, x^i$$

ein Teiler von f, da $f = q\,p \quad \Leftrightarrow \quad f = (\lambda^{-1} q)(\lambda p)$. Wenn p ein ggT zweier Polynome ist, so ist ebenfalls λp $(\forall \lambda \in K/\{0\})$ ein ggT dieser Polynome wobei die für die Existenz verschiedener ggT notwendige Beziehung $\lambda p|p \wedge p|\lambda p$ erfüllt ist.
Allerdings gibt es einen eindeutigen ggT mit Leitkoeffizient $a_n = 1$.

Zur Berechnung eines ggT dient der schon von den natürlichen Zahlen her bekannte Euklid'sche Algorithmus:

Man bestimmt aus f_1 und f_2 durch wiederholte Division mit Rest die Polynome

$$f_i = f_{i-2} \bmod f_{i-1} \qquad \text{für } i = 3, \cdots, n+1$$

bis $f_{n+1} = 0$ ist. Dann ist f_n ein ggT von f_1 und f_2.

Satz 4.4 Ist g ein ggT von f_1 und f_2, so existieren Polynome h_1, h_2 mit

$$g = h_1 f_1 + h_2 f_2.$$ ⏌

Zum Beweis des Satzes beachte man die Äquivalenz gemäß Def. 4.7:

$$f_{i-2} \bmod f_{i-1} = f_i \iff f_{i-2} = q_i f_{i-1} + f_i \text{ mit } \deg(f_i) < \deg(f_{i-1}).$$

In diesen Gleichungen kann man die Polynome f_i für $i = 3, \cdots, n$ substituieren durch die Polynome f_1 und f_2, wobei Terme, die aus $q_3, \cdots, q_n$ gebildet werden, als Faktoren auftreten, bis man schließlich für $g = f_n$ den gewünschten Ausdruck erhält:

$$f_3 = f_1 - q_3 f_2;$$
$$f_4 = f_2 - q_4 f_3 = (1 + q_4 q_3) f_2 - q_4 f_1;$$
$$\vdots \qquad \vdots$$
$$f_n = f_{n-2} - q_n f_{n-1} = h_2 f_2 + h_1 f_1.$$

□

Als Reste bei der Division durch ein Polynom p sind offenbar alle Polynome, deren Grad kleiner als $\deg(p)$ ist, möglich. Die Division modulo eines bestimmten Polynoms p gemäß Def. 4.7 führt gleichzeitig eine Einteilung der Polynome in *Restklassen* bezüglich des Polynoms p ein. Die zu r gehörige Restklasse enthält alle Polynome f mit einer Darstellung $f = q\,p + r$.

Betrachtet man nur die Polynome, deren Grad kleiner ist als $\deg(p)$, über einem Körper K mit den Operationen Addition $f + g$ und Multiplikation *modulo p* $(f\,g) \bmod p$, so erhält man wegen der Abgeschlossenheit der Operationen in dieser Menge von Polynomen einen Ring. Wenn zu jedem Polynom f ein multiplikatives Inverses f^{-1} mit $(f\,f^{-1}) \bmod p = 1$ existiert, so handelt es sich definitionsgemäß um einen Körper. Zur Überprüfung dieser Eigenschaft dient eine Folgerung aus dem Satz 4.4.

Lemma 4.1: Es seien f, p Polynome, $\deg(p) \geq 1$. Genau dann existiert ein Polynom h mit

$$(f\,h) \bmod p = 1,$$

wenn 1 ein ggT von f und p ist. ⌋

Beweis: Für den Fall, daß 1 ein ggT von f und p ist, gibt es nach Satz 4.4 zwei Polynome h, und $\tilde{h}$ mit:

$$1 = h\,f + \tilde{h}\,p = (h\,f + \tilde{h}\,p) \bmod p = (f\,h) \bmod p.$$

Andernfalls ist der Grad des ggT von f und p mindestens 1. Sei also $f = f_1 t$ und $p = p_1 t$ mit $\deg(t) \geq 1$.

$$\Rightarrow (f\,h) \bmod p = (f_1 t\,h) \bmod (p_1 t) = \big((f_1 h) \bmod p_1\big)t \neq 1.$$

□

Entscheidend für die Körpereigenschaft ist also, ob das Polynom p, das zur Bildung der Reste zugrundegelegt wird, durch Polynome kleineren Grades teilbar ist und somit faktorisiert werden kann.

Definition 4.9 Ein Polynom p vom Grad ≥ 1 heißt *irreduzibel* (sonst *reduzibel*) über einem Körper L, wenn es keinen Teiler vom Grad ≥ 1 über dem Körper L hat.   ⌋

Satz 4.5 Für jede Primzahl q und jeden Grad $n \in \mathbb{N}$ gibt es irreduzible Polynome über GF(q) vom Grad n.   ⌋

Man beachte, daß irreduzible Polynome möglicherweise über einem Erweiterungskörper reduzibel sind. So ist z.B. $x^2 + 1$ über dem Körper der reellen Zahlen irreduzibel, jedoch über dem komplexen Zahlenkörper reduzibel:
$x^2 + 1 = (x-\text{i})(x+\text{i})$ mit $\text{i} = \sqrt{-1}$.
Zusammenfassend erhält man:

Satz 4.6 Zu einem Polynom p mit $\deg(p) \geq 1$ über einem Körper K bilden alle Polynome mit kleinerem Grad zusammen mit der Addition und der Multiplikation modulo p einen Ring und genau dann, wenn p irreduzibel ist, einen Körper.   ⌋

Zu einem irreduziblen Polynom p über einem endlichen Körper GF(n) erhält man dann den Erweiterungskörper der Polynome vom Grad $< \deg(p)$, in den die Elemente von GF(n) als Polynome vom Grad 0 eingebettet sind. Der mit Hilfe des Polynoms p konstruierte Erweiterungskörper hat $n^{\deg(p)}$ Elemente und ist somit eine Darstellung des GF($n^{\deg(p)}$).

4.3 Erweiterungskörper über GF(2)

Wegen der vorrangigen Verwendung von Binärzeichen zur Speicherung und Übertragung von Daten beschränken wir uns nun auf die Betrachtung von Körpern mit 2^n Elementen, obwohl die hier vorgestellte Theorie auch auf allgemeine Galoisfelder übertragbar ist.

Eine Darstellungsweise des Körpers GF(2^n) sind dann die Polynome vom Grad $< n$ über GF(2) mit den Operationen Addition sowie Multiplikation modulo eines irreduziblen Polynoms vom Grad n. Gemäß Satz 4.5 gibt es zu jedem Grad irreduzible Polynome. Um ein solches zu finden, kann man die 2^n Polynome vom Grad n in irgendeiner Reihenfolge auf Teilbarkeit durch Polynome von kleinerem Grad überprüfen, ähnlich wie bei der Suche nach Primzahlen.
Es gibt systematischere und weniger aufwendige Bestimmungsmethoden für irreduzible Polynome, z.B. das auch von den Primzahlen her bekannte *Sieb des Eratostenes*. Ausführliche Tabellen von irreduziblen Polynomen sind u.a. in [PeWe72] angegeben.

Von den beiden Körperoperationen für Polynome kommt die Addition, anders als die Multiplikation ohne modulo-Rechnung aus, da der Grad des Ergebnisses nicht höher als der Grad der Summanden sein kann.

Beispiel 4.4 Für die Rechnung im GF(2) gilt: $+1 = -1$ und $2x = 0$.

Addition: $\big((x^3 + x^2 + 1) + (x^2 + x)\big) \bmod (x^4 + x + 1) = x^3 + x + 1$.

Multipl.: $\big((x^2 + 1)(x^2 + x + 1)\big) \bmod (x^3 + x + 1)$

$= (x^4 + x^3 + x + 1) \bmod (x^3 + x + 1)$

$= \big((x + 1)(x^3 + x + 1) + (x^2 + x)\big) \bmod (x^3 + x + 1) = x^2 + x$.

Nun ist es allerdings notwendig, eine direkte Identifikation zwischen Körperelementen des GF(2^n) und ihrer möglichen Darstellung als Polynome zu vermeiden. Spätestens dann, wenn Körperelemente des GF(2^n) als Stellen zur Auswertung in ein Polynom eingesetzt werden, ist eine klare Unterscheidung unumgänglich. Für die Elemente des Galoisfeldes wird daher eine vektorielle Schreibweise benutzt.

Definition 4.10 Die Elemente des GF(2^n) werden durch n-stellige binäre Vektoren $(a_{n-1}, a_{n-2}, \cdots, a_0)$ mit $a_i \in \{0, 1\}$ bezeichnet.
Die Verknüpfungen '+' und '·' sind nach wie vor durch die Addition und die Multiplikation von Polynomen modulo eines irreduziblen Polynoms gegeben mit Hilfe der isomorphen Zuordnung $(a_{n-1}, a_{n-2}, \cdots, a_0) \leftrightarrow \sum_{i=0}^{n-1} a_i\, x^i$ zwischen der vektoriellen und polynomiellen Darstellung. ⌡

In vektorieller Schreibweise erhält man entsprechend zum Beispiel 4.4:

Addition: $(1101) + (0110) = (1011);$ $x^3 + x^2 + 1 \leftrightarrow (1101);$ $\cdots$
Multiplikation: $(101) \cdot (111) = (110).$

Die Addition wird in der vektoriellen Schreibweise durch die Addition in den einzelnen Komponenten des Vektors über GF(2) (d.h. modulo 2) ausgeführt.

Die Multiplikation hängt dagegen vom zugrundegelegten irreduziblen Polynom $p(x)$ ab. Dabei sind ebensoviele Varianten denkbar, wie es irreduzible Polynome vom Grad n gibt, die aber alle auf isomorphe Darstellungen des GF(2^n) führen, siehe Satz 4.1. Für die Durchführung der Multiplikation ist also immer ein zugehöriges irreduzibles Polynom anzugeben.

Es wird nun, zunächst anhand von Beispielen die für die Multiplikation vorteilhafte Repräsentation der Elemente des GF(2^n) in Form einer zyklischen Liste vorgestellt.

Beispiel 4.5 Wir berechnen die Polynomreste der Potenzen x^i bei Division durch das irreduzible Polynom $p(x) = x^3 + x + 1$ und mit $x \leftrightarrow (010)$ gleichzeitig die

Potenzen des Elements $(010) \in GF(2^3)$.

$$x^0 \bmod p = 1 \qquad\qquad (010)^0 = (001)$$
$$x^1 \bmod p = x \qquad\qquad (010)^1 = (010)$$
$$x^2 \bmod p = x^2 \qquad\qquad (010)^2 = (100)$$
$$x^3 \bmod p = x + 1 \qquad\qquad (010)^3 = (011)$$
$$x^4 \bmod p = x^2 + x \qquad\qquad (010)^4 = (110)$$
$$x^5 \bmod p = x^2 + x + 1 \qquad\qquad (010)^5 = (111)$$
$$x^6 \bmod p = x^2 + 1 \qquad\qquad (010)^6 = (101)$$
$$x^7 \bmod p = 1 \qquad\qquad (010)^7 = (001) = (010)^0$$

Man sieht, daß sich bei endlich vielen verschiedenen Elementen zwangsläufig ein *Zyklus* ergibt ($x^7 = x^0 = 1$; $x^8 = x^1$; $\cdots$; $x^{14} = x^7 = 1$; $\cdots$), dessen Länge der Ordnung des Elements (010) entspricht (siehe Def. 4.5). Der Zyklus durchläuft hier alle Körperelemente außer der Null. Die Körperelemente der multiplikativen Gruppe des $GF(2^3)$ sind damit eineindeutig den Potenzen von (010) zugeordnet und durch ihren Exponenten in dieser Darstellung charakterisiert.

Den Exponenten des Produkts zweier Elemente ($\neq 0$) erhält man dann als Summe der Exponenten der Faktoren modulo der *Zykluslänge* $(2^3 - 1) = 7$. Der Multi-plikationsaufwand für zwei Elemente des $GF(2^n)$ vereinfacht sich damit durch die Umwandlung von der *vektoriellen* in die *Potenzendarstellung*.

Beispiel 4.6

$$(110) \cdot (011) = (010)^4 \cdot (010)^3 = (010)^{7 \bmod 7} = (001) \quad \text{oder}$$
$$(101) \cdot (111) = (010)^6 \cdot (010)^5 = (010)^{11 \bmod 7} = (110).$$

Leider ist nicht für jedes irreduzible Polynom $p(x)$ das Element $(0 \cdots 010)$ bei Rech-nung modulo $p(x)$ ein *primitives Element*, das mit seinen Potenzen alle anderen Elemente ($\neq 0$) erzeugt. Dies wird hier am Beispiel eines irreduziblen Polynoms vom Grad 4 belegt $p(x) = x^4 + x^3 + x^2 + x + 1$:

Beispiel 4.7

$$x^0 \bmod p = 1 \qquad\qquad (0010)^0 = (0001)$$
$$x^1 \bmod p = x \qquad\qquad (0010)^1 = (0010)$$
$$x^2 \bmod p = x^2 \qquad\qquad (0010)^2 = (0100)$$
$$x^3 \bmod p = x^3 \qquad\qquad (0010)^3 = (1000)$$
$$x^4 \bmod p = x^3 + x^2 + x + 1 \qquad (0010)^4 = (1111)$$
$$x^5 \bmod p = 1 \qquad\qquad (0010)^5 = (0001) = (0010)^0$$

Man erkennt, daß hier die Zykluslänge nur 5 ist und keineswegs alle $2^4 - 1 = 15$ von Null verschiedene Elemente des $GF(2^4)$ Potenzen von (0010) sind.

Dafür findet man andere Körperelemente, deren Potenzen die maximale Zykluslänge 15 bei Rechnung modulo $p(x)$ durchlaufen. Ein solches primitives Element ist z.B. $\alpha = (0011)$:

Beispiel 4.8

$\alpha^0 = (0001)$	$\alpha^4 = (1110)$	$\alpha^8 = (1001)$	$\alpha^{12} = (0010)$
$\alpha^1 = (0011)$	$\alpha^5 = (1101)$	$\alpha^9 = (0100)$	$\alpha^{13} = (0110)$
$\alpha^2 = (0101)$	$\alpha^6 = (1000)$	$\alpha^{10} = (1100)$	$\alpha^{14} = (1010)$
$\alpha^3 = (1111)$	$\alpha^7 = (0111)$	$\alpha^{11} = (1011)$	$\alpha^{15} = (0001)$

Auch hier läßt sich die Multiplikation modulo $p(x)$ für den Körper $GF(2^4)$ mit Hilfe des primitiven Elements α auf eine Addition der Exponenten in der Potenzendarstellung modulo 15 zurückführen:

$$\text{z.B.:} \quad (1101) \cdot (1011) = \alpha^5 \cdot \alpha^{11} = \alpha^{16 \bmod 15} = (0011)$$

$$\text{oder} \quad (0101) / (1100) = \alpha^2 / \alpha^{10} = \alpha^{-8 \bmod 15} = \alpha^7 = (0111).$$

Im folgenden Schritt konstruieren wir das sogen. *Minimalpolynom* zum Element $\alpha \in GF(2^4)$. Ein Minimalpolynom $p_\alpha^{min}(x)$ ist ein Polynom über GF(2) von kleinstmöglichem Grad mit $p_\alpha^{min}(\alpha) = 0$.
Da die Vektoren $\alpha^0 = (0001)$, $\alpha^1 = (0011)$, $\alpha^2 = (0101)$ und $\alpha^3 = (1111)$ linear unabhängig sind, während $\alpha^4 + \alpha^3 + \alpha^0 = (0000)$ ist, erhält man das Minimalpolynom $p_\alpha^{min}(x) = x^4 + x^3 + 1$ vom Grad 4.

Mit $p_\alpha^{min}(x)$ liegt ein Polynom vor, das ein primitives Element α als Nullstelle hat und demnach auch als *primitives Polynom* bezeichnet wird.

Beispiel 4.9 Rechnet man im Galoisfeld $GF(2^4)$ modulo des primitiven Polynoms $p_\alpha^{min}(x) = x^4 + x^3 + 1$, so erhält man für die Potenzen von $\beta = (0010)$:

$\beta^0 = (0001)$	$\beta^4 = (1001)$	$\beta^8 = (1110)$	$\beta^{12} = (0011)$
$\beta^1 = (0010)$	$\beta^5 = (1011)$	$\beta^9 = (0101)$	$\beta^{13} = (0110)$
$\beta^2 = (0100)$	$\beta^6 = (1111)$	$\beta^{10} = (1010)$	$\beta^{14} = (1100)$
$\beta^3 = (1000)$	$\beta^7 = (0111)$	$\beta^{11} = (1101)$	$\beta^{15} = (0001)$

Diese Darstellung des $GF(2^4)$ ist *isomorph* zu der im vorangegangenen Beispiel, wobei der Isomorphismus ψ durch die Zuordnung der primitiven Elemente $\psi(\alpha) = \beta$ gegeben ist.

Wenn die Multiplikation in einem Galoisfeld $GF(2^n)$ modulo eines primitiven Polynoms erfolgt, so ist das durch den Vektor $(0 \cdots 010) \leftrightarrow x$ dargestellte Element zwangsläufig ein primitives Element.
Diese Eigenschaft macht primitive Polynome zu bevorzugten Kandidaten für die Rechnung in Galoisfeldern, da man im Gegensatz zu anderen irreziblen, aber nicht primitiven Polynomen (siehe Beispiel 4.7) stets das primitive Element mit

der einfachen Darstellung $\beta = (0 \cdots 010)$ zur Erzeugung der zyklischen Gruppe heranziehen kann.

Wir verallgemeinern nun die in den letzten Beispielen angedeutete Vorgehensweise, die zur Konstruktion eines primitiven Polynoms geführt hat.
Eine wichtige Rolle spielt die Unterscheidung zwischen primitiven und nicht primitiven Elementen, für deren Anzahl folgende Beziehung gilt:

Satz 4.7 Die Anzahl der primitiven Elemente des Galoisfeldes $GF(2^n)$ ist $\phi(2^n - 1)$. Dabei gibt die sogen. *Euler'sche ϕ-Funktion* $\phi(m)$ die Anzahl aller natürlichen Zahlen $i < m$ an, wobei i und m den größten gemeinsamen Teiler 1 haben. ⌋

Beweis: Gemäß Satz 4.2 gibt es ein primitives Element α im $GF(2^n)$. Ein beliebiges Element $\beta \neq 0$ hat dann die Darstellung $\beta = \alpha^j$ mit $0 \leq j < 2^n - 1$ und es gilt:

$$\beta^k = \left(\alpha^j\right)^k = \alpha^{j\,k} = \alpha^{j\,k \bmod (2^n-1)} \qquad\qquad \text{sowie}$$

$$\beta^k = 1 = \alpha^0 \quad \Leftrightarrow \quad (j\,k) \bmod (2^n - 1) = 0.$$

Genau dann, wenn j und $2^n - 1$ *teilerfremd* sind, folgt $\beta^k \neq 1$ für $0 < k < 2^n - 1$, so daß ein solches Element β die Ordnung $2^n - 1$ hat und primitiv ist. Ansonsten hat β die Ordnung $(2^n - 1)/l$, wobei l der größte gemeinsame Teiler von j und $2^n - 1$ ist. □

Definition 4.11 Ein Element $\alpha \in GF(2^n)$ heißt *Nullstelle* oder *Wurzel* eines Polynoms q über $GF(2)$, falls $q(\alpha) = 0$ ist. ⌋

Beispiel 4.10 Wir überprüfen, ob das Element $\alpha = (011) = (010)^3 \in GF(2^3)$ Nullstelle des Polynoms $q(x) = x^4 + x^2 + x + 1$ ist, wobei die Multiplikation in $GF(2^3)$ modulo $p(x) = x^3 + x + 1$ wie im Beispiel 4.5 durchgeführt wird:

$$q(\alpha) = \alpha^4 + \alpha^2 + \alpha + 1 = (010)^{3\cdot4} + (010)^{3\cdot2} + (010)^3 + (001)$$
$$= (010)^5 + (010)^6 + (011) + (001)$$
$$= (111) + (101) + (011) + (001) = (000).$$

Definition 4.12 Ein Polynom p vom Grad n über $GF(2)$ heißt primitiv, wenn es ein primitives Element $\alpha \in GF(2^n)$ als Wurzel hat. ⌋

Satz 4.8 Für ein Polynom $p(x)$ über $GF(2)$ gilt $p(x^2) = p^2(x)$.
Wenn ein Element $\alpha \in GF(2^n)$ eine Wurzel eines Polynoms $p(x)$ ist, dann sind auch die Elemente α^2, α^4, α^8, $\cdots$ Wurzeln des Polynoms. ⌋

Beweis:

Es sei $\qquad p(x) = a_n\,x^n + \cdots + a_1\,x + a_0 \qquad (a_n = 1).$

Dann ist $\qquad p^2(x) = \sum_{i=0}^{n} a_i\,x^i \left(a_i\,x^i + 2 \sum_{\substack{j=0 \\ j\neq i}}^{n} a_j\,x^j \right)$

$$= \sum_{i=0}^{n} a_i^2\,x^{2i} = \sum_{i=0}^{n} a_i \left(x^2\right)^i = p(x^2).$$

Aus $p(\alpha) = 0$ folgt damit $p(\alpha^2) = p^2(\alpha) = 0$ und weiter
$p(\alpha^4) = p^2(\alpha^2) = 0;\ p(\alpha^8) = p^2(\alpha^4) = 0;\ \cdots$ $\qquad\qquad\qquad\qquad$ □

Beispiel 4.11 Wir greifen noch einmal das Polynom $q(x) = x^4 + x^2 + x + 1$ aus
dem letzten Beispiel auf. Mit $\alpha = (011)$ sind bei Rechnung nach wie vor modulo
$p(x) = x^3 + x + 1$ auch

$$\alpha^2 = (010)^6 = (101) \qquad\qquad \text{und}$$
$$\alpha^4 = (010)^{12} = (111) \qquad\qquad (\alpha^8 = \alpha)$$

weitere Nullstellen von $q(x)$. Zudem findet man die Nullstelle $(001) = 1$. Damit ist $q(x)$ im Galoisfeld $GF(2^3)$ vollständig faktorisierbar, d.h. ein Produkt von
Polynomen vom Grad 1:

$$q(x) = (x - 1)(x - \alpha)(x - \alpha^2)(x - \alpha^4) = (x - 1)(x^3 + x + 1).$$

Mit $x^3 + x + 1 = (x - \alpha)(x - \alpha^2)(x - \alpha^4)$ ist auch das Polynom $x^3 + x + 1$ im Galoisfeld $GF(2^3)$ faktorisiert, während dieses Polynom dagegen im $GF(2)$ irreduzibel
ist. Dieser Unterschied zwischen einem Körper und seinem Erweiterungskörper
entspricht der bekannten Erweiterung der reellen Zahlen in die komplexen Zahlen,
die ebenfalls zur vollständigen Faktorisierbarkeit von Polynomen führt.

Satz 4.9 Ein *primitives Polynom* $p(x)$ vom Grad n hat im Galoisfeld $GF(2^n)$
n primitive Elemente als Nullstellen und $p(x)$ ist irreduzibel in $GF(2)$ (für $n \geq 2$).

Beweis: Definitionsgemäß hat $p(x)$ ein primitives Element $\alpha \in GF(2^n)$ als Wurzel.
Nach Satz 4.8 hat $p(x)$ dann die Wurzeln $\alpha,\ \alpha^2,\ \alpha^4,\ \cdots,\ \alpha^{2^{(n-1)}}$. Dies sind
wegen $2^{(n-1)} < 2^n - 1$ genau n verschiedene Elemente des $GF(2^n)$. Erst für
$\alpha^{2^n} = \alpha^{2^n \bmod (2^n - 1)} = \alpha$ erhält man kein neues Element in dieser Folge.
Schon im Beweis des Satzes 4.7 wurde gezeigt, daß $\beta = \alpha^j$ genau dann primitiv
ist, wenn j und $2^n - 1$ teilerfremd sind, was für $j = 2^i$ offensichtlich zutrifft.
Man erhält $p(x) = (x - \alpha)(x - \alpha^2) \cdots (x - \alpha^{2^{(n-1)}})$. Da $p(x)$ den Grad n hat,
kann es keine weiteren Nullstellen in $GF(2^n)$ geben und, da keine der aufgeführten
Nullstellen in $GF(2)$ liegt, ist $p(x)$ irreduzibel in $GF(2)$. $\qquad\qquad\qquad$ □

Wenn die Multiplikation im Galoisfeld modulo eines primitiven Polynoms $p(x)$ vom
Grad n erfolgt, so ist das Element $(0 \cdots 010)$ als Nullstelle von $p(x)$ ein primitives

Element und erzeugt die zyklische multiplikative Gruppe des GF(2^n). Wegen $(0\cdots010) \leftrightarrow x$ und $p(x) \bmod p(x) = 0$ gilt trivialerweise $p\big((0\cdots010)\big) = 0$. Daher eignen sich die primitiven Polynome vom Grad n in besonderer Weise zur Darstellung der Multiplikation im Galoisfeld GF(2^n).

Definition 4.13 Das *Minimalpolynom* eines Elements $\alpha \in$ GF(2^n) ist das Polynom kleinsten Grades über GF(2), welches α als Wurzel hat (abgesehen vom Nullpolynom). ⌋

Satz 4.10 Es sei $\alpha \in$ GF(2^n) und f das Minimalpolynom von α. Dann gilt:

(i) $\deg(f) \le n$;

(ii) f ist irreduzibel;

(iii) Ist g ein Polynom über GF(2) und $g(\alpha) = 0$, so ist f ein Teiler von g.

Beweis:

(i) Mit $\alpha^0, \cdots, \alpha^n$ sind $n+1$ jeweils n-stellige Vektoren gegeben. Diese sind zwangsläufig linear abhängig, d.h. $\exists \lambda_0, \cdots, \lambda_n \in \{0,1\} : \sum_{i=0}^{n} \lambda_i \alpha^i = 0$ und α ist damit Nullstelle eines Polynoms mit Koeffizienten λ_i vom Grad $\le n$ über GF(2).

(ii) Aus $f = h_1 h_2$ mit $1 \le \deg(h_1) < \deg(f)$ würde $f(\alpha) = h_1(\alpha) h_2(\alpha) = 0$ folgen, also $h_1(\alpha) = 0$ oder $h_2(\alpha) = 0$, was im Widerspruch zur Minimalität von $\deg(f)$ steht.

(iii) Eine Division mit Rest ergibt $g = q\,f + r$ mit $\deg(r) < \deg(f)$. Aus $g(\alpha) = 0$ folgt $(q\,f + r)(\alpha) = 0 \Rightarrow r(\alpha) = 0$. Dann widerspricht $r \neq 0$ wegen $\deg(r) < \deg(f)$ erneut der Minimalität von $\deg(f)$. □

Satz 4.11 Die primitiven Polynome vom Grad n sind die Minimalpolynome der primitiven Elemente des GF(2^n). Es gibt $\phi(2^n - 1)/n$ primitive Polynome vom Grad n. ⌋

Man erhält für $n = 2, 3, \cdots, 12$ folgende Anzahl von primitiven (P_n) und irreduziblen (I_n) Polynomen:

n	2	3	4	5	6	7	8	9	10	11	12
$2^n - 1$	3	7	15	31	63	127	255	511	1023	2047	4095
$\phi(2^n - 1)$	2	6	8	30	36	126	128	432	600	1936	1728
$P_n = \phi(2^n-1)/n$	1	2	2	6	6	18	16	48	60	176	144
I_n	1	2	3	6	9	18	30	56	99	186	335

Beweis: Das Minimalpolynom eines primitiven Elements α hat gemäß Satz 4.8 als weitere Wurzeln $\alpha^2, \cdots, \alpha^{2^{(n-1)}}$ und stimmt überein mit dem primitiven Polynom

$p(x) = (x - \alpha) \cdots (x - \alpha^{2^{(n-1)}})$. Die Minimalpolynome der primitiven Elemente $\alpha, \alpha^2, \cdots, \alpha^{2^{(n-1)}}$ sind dann offensichtlich identisch, so daß ein primitives Polynom gleichzeitig Minimalpolynom seiner n Wurzeln ist. Da die Anzahl der primitiven Elemente durch die Euler'sche ϕ-Funktion $\phi(2^n - 1)$ gegeben ist, gibt es $\phi(2^n - 1)/n$ primitive Polynome vom Grad n. □

Definition 4.14 Zu einem Polynom $p(x)$ ist das *reziproke Polynom* $\overline{p}(x)$ wie folgt definiert:

$$\overline{p}(x) = x^{\deg(p)} p(x^{-1}).$$ ⌋

Zu einem primitiven Polynom p ist auch das zugehörige reziproke Polynom primitiv. Denn ist x bezüglich $p(x)$ primitiv, so auch x^{-1}. Dabei durchläuft x^{-1} denselben Zyklus wie x in umgekehrter Richtung. Wegen der Symmetrie zwischen $p(x)$ und $\overline{p}(x)$ sind x und x^{-1} auch primitiv bezüglich $\overline{p}(x)$, wobei die Koeffizienten der durchlaufenen Elemente jeweils spiegelbildlich angeordnet sind.

Zum Abschluß des Kapitels wird noch eine Tabelle mit primitiven Polynomen vom Grad 2, $\cdots$, 32 angegeben. Vollständige Tabellen aller primitiven Polynome bis zum Grad 10 findet man z.B. in [LiCo83] oder [PeWe72].

$x^2 + x + 1$	$x^9 + x^4 + 1$	$x^{16} + x^{12} + x^3 + x + 1$
$x^3 + x + 1$	$x^{10} + x^3 + 1$	$x^{17} + x^3 + 1$
$x^4 + x + 1$	$x^{11} + x^2 + 1$	$x^{18} + x^7 + 1$
$x^5 + x^2 + 1$	$x^{12} + x^6 + x^4 + 1$	$x^{19} + x^5 + x^2 + x + 1$
$x^6 + x + 1$	$x^{13} + x^4 + x^3 + x + 1$	$x^{20} + x^3 + 1$
$x^7 + x^3 + 1$	$x^{14} + x^{10} + x^6 + x + 1$	$x^{24} + x^7 + x^2 + x + 1$
$x^8 + x^4 + x^3 + x^2 + 1$	$x^{15} + x + 1$	$x^{32} + x^{22} + x^2 + x + 1$

4.4 Übungen zu Kapitel 4

Übung 4.1
Bestimmen Sie alle irreduziblen Polynome vom Grad 5 über GF(2).

Übung 4.2
Zeigen Sie folgenden Zusammenhang zwischen einem Polynom $f(u)$ vom Grad n und dem dazu reziproken Polynom $f^{-1}(u) = u^n f(u^{-1})$.

a) $\qquad (f g)^{-1}(u) = f^{-1}(u) g^{-1}(u).$

Wenn $f(u)$ nicht durch u teilbar ist, dann gilt:

b) $f(u)$ ist irreduzibel $\iff$ $f^{-1}(u)$ ist irreduzibel;

c) $f(u)\,|\,u^p - 1 \iff f^{-1}(u)\,|\,u^p - 1$ $(p \in \mathbb{N})$;

d) $f(u)$ ist primitiv $\iff$ $f^{-1}(u)$ ist primitiv.

Übung 4.3

Die Elemente des Galoisfeldes $GF(2^4)$ können als Zeilenvektoren entsprechend den Resten bei der Division durch das primitive Polynom $p(x) = x^4 + x^3 + 1$ dargestellt werden oder, außer dem Nullelement 0, als Potenzen $\alpha^0, \cdots, \alpha^{14}$ des primitiven Elements α mit Zeilenvektordarstellung $\alpha = (0010)$.

Erstellen Sie eine Tabelle für die Zuordnung zwischen beiden Darstellungen. Entscheiden Sie, ob folgende Behauptungen zutreffen:

a) $\dfrac{(\alpha^7)^7}{\alpha^4 + (\alpha^3)^5} = \dfrac{\alpha^{49}}{\alpha^4 + \alpha^{15}} = \dfrac{\alpha^4}{\alpha^4 + 0} = 1.$

b) $(x + a)/(x - a) = 1 \Rightarrow a = 0.$ $x, a, b, c \in GF(2^4)$

c) $(a + b)^{2^n} = a^{2^n} + b^{2^n};$ $n \in \mathbb{N}_0.$

d) Die Gleichung $x^2 = a$ hat eine eindeutige Lösung $x = \sqrt{a}$.

e) Eine quadratische Gleichung $x^2 + a\,x + b = 0$ hat die Lösungen

$x = -(a \pm \sqrt{a^2 - 4\,b})/2.$

f) Die kubische Gleichung $(x - a)(x - b)(x - c) = 0$ hat nur die drei Lösungen $x = a, b, c$.

g) $x^{15} - 1 = \prod_{i=0}^{14} (x - \alpha^i).$

Übung 4.4

a) Bestimmen Sie die Minimalpolynome zu den Elementen α^2 und α^5 mit $\alpha = (0010)$ bei Rechnung modulo $p(x) = x^4 + x^3 + 1$.

b) Man zeige, daß die Anzahl der primitiven Elemente des Galoisfeldes $GF(2^n)$ durch n teilbar ist.

Übung 4.5

Bestimmen Sie die Vektordarstellung des Elements α^{527} im Galoisfeld $GF(2^{10})$ bei Rechnung modulo $G(u) = u^{10} + u^3 + 1$ mit $\alpha = (0 \cdots 010)$.

Hinweis: Man kann die Vektordarstellung von α^{2i} durch eine Polynommultiplikation modulo $G(u)$ aus der von α^i berechnen.

Kapitel 5

Lineare und zyklische Codes

5.1 Binäre Blockcodes

5.1.1 Hamming-Distanz, Fehlererkennung und -korrektur

Wir befassen uns nun mit der Konstruktion von Codes, die zur Erkennung oder zur Korrektur von Übertragungsfehlern geeignet sind. Es werden die bei der digitalen Nachrichtenübertragung vorrangig verwendeten binären Blockcodes betrachtet, deren Codewörter eine feste Länge n haben.

Die Erkennung und auch Korrektur von Fehlern ist möglich, wenn ein Code nur eine kleine Teilmenge aller n-stelligen Binärwörter umfaßt. Wird bei einer Nachrichten-Übertragung ein Wort empfangen, das nicht zum vom *Sender* benutzten Code gehört, so liegt offenbar ein Übertragungsfehler vor.

Beim Empfang eines Codeworts geht man dagegen von einer korrekten Übertragung aus. Der *Empfänger* kann also Fehler nur dann erkennen, wenn ein Codewort nicht in ein anderes Codewort verfälscht wird.

Wird ein Fehler erkannt, so kann der Empfänger eine Wiederholung der betroffenen Nachricht anfordern, wenn das zum Datenaustausch benutzte Protokoll diese Möglichkeit vorsieht, oder er muß eigenständig eine Fehlerkorrektur vornehmen, wenn der Code dazu geeignet ist. In vielen Fällen ist die Wiederholung einer Nachricht jedoch ausgeschlossen, z.B. wenn Meßwerte von einem Meßgerät ohne Datenspeicher übertragen werden oder wenn eine Kommunikation unter Realzeitbedingungen abläuft, so daß Wiederholungen etwa bei Sprach- oder Videoübertragungen eine zu große zeitliche Verzögerungen mit sich bringen würden. Auch wenn nicht duplizierte, verfälschte Daten von einem Datenträger abgerufen werden, können nur fehlerkorrigierende Codes zur Datensicherung eingesetzt werden.

Eine Codierung zur Datensicherung nimmt Abstriche von einer maximalen Effizienz bzw. Übertragungsrate in Kauf, um die Redundanz zur Absicherung gegen Übertragungsfehler ausnutzen zu können.

Zu diesem Zweck kann man eine vorliegende binär dargestellte Nachricht in Blöcke von je m Nachrichtenbits aufteilen. Ein *Codewort* wird dann aus diesen k *Nachrich-tenstellen* oder *Datenstellen* und weiteren $m = n - k$ *Kontrollstellen* zusammenge-setzt. Die Kontrollstellen werden dazu aus den Nachrichtenstellen bestimmt. Diese Art der Codierung führt auf die *systematischen Codes*, wenn der Nachrichtenteil ohne Veränderung in das Codewort aufgenommen wird. Die Kontrollstellen stehen dabei üblicherweise am Ende des Codeworts. Zwei verschiedene Codewörter eines systematischen Codes unterscheiden sich also immer in ihren ersten k Stellen, die den Nachrichtenteil bilden.

Definition 5.1 Ein Blockcode der Länge n mit k $(< n)$ Nachrichtenstellen wird als (n, k)-*Code* bezeichnet. [1]
Ein *voller* binärer (n, k)-Code hat 2^k Codewörter. Der Quotient k/n heißt *Infor-mationsrate* des Codes.   ⌋

Definition 5.2 Sind $X = (x_1 \ldots x_n)$ und $Y = (y_1 \ldots y_n)$ Binärwörter, dann heißt

$$d(X, Y) = \sum_{i=1}^{n} \big((x_i + y_i) \bmod 2 \big) \qquad (5.1)$$

der *(Hamming-)Abstand* oder die *(Hamming-)Distanz* von X und Y. Das *Gewicht* $w(X)$ eines Binärwortes X ist sein Abstand zum Nullwort $\mathcal{O} = (0 \cdots 0)$:

$$w(X) = d(X, \mathcal{O}). \qquad (5.2)$$

Die *Minimaldistanz* h eines Codes C ist die minimale Distanz zwischen zwei Co-dewörtern:

$$h = \min_{\substack{X, Y \in C \\ X \neq Y}} d(X, Y). \qquad (5.3)⌋$$

Die Distanz zweier Binärwörter ist also die Anzahl der Stellen, an denen sich die Binärwörter unterscheiden und das Gewicht die Anzahl der Einsen in einem Binärwort.

Definition 5.3 Die Summe $Z = X + Y$ zweier n-stelliger Binärwörter wird durch stellenweise Addition modulo 2 gebildet $(X, Y, Z \in \{0, 1\}^n)$:

$$z_i = (x_i + y_i) \bmod 2 \qquad \text{für } i = 1, \cdots, n. \qquad (5.4)⌋$$

Es ist leicht einzusehen, daß die Hamming-Distanz folgende Eigenschaften hat, wobei i) – iii) die Distanz als eine *Metrik* ausweisen.

Eigenschaften von $d(X, Y)$:

i) $d(X, Y) = 0 \quad \Leftrightarrow \quad X = Y$;

ii) $d(X, Y) = d(Y, X)$;

iii) $d(X, Y) \le d(X, Z) + d(Z, Y)$;

iv) $d(X, Y) = d(X + Z, Y + Z)$;

v) $d(X, Y) = d(X + Y, 0) = w(X + Y)$.

---

[1] In diesem und den folgenden Kapiteln dienen die Buchstaben n, k und m zur Bezeichnung der Anzahl der Stellen, der Nachrichtenstellen und der Kontrollstellen eines Blockcodes.

Beispiel 5.1 Der Code mit den Codewörtern $(0\,0\,0)$, $(0\,1\,1)$, $(1\,1\,0)$ hat die Minimaldistanz 2, denn seine Codewörter haben jeweils die Distanz 2.

Der Code mit den Wörtern

$$(0\,0\,0\,0) \quad (0\,0\,1\,1) \quad (0\,1\,0\,1) \quad (0\,1\,1\,0)$$
$$(1\,0\,0\,1) \quad (1\,0\,1\,0) \quad (1\,1\,0\,0) \quad (1\,1\,1\,1)$$

hat Distanzen 2 und 4 und daher die Minimaldistanz 2. Es handelt sich um einen systematischen Code mit 3 Nachrichten- und einer Kontrollstelle, die so bestimmt wird, daß die Anzahl der Einsen im Codewort gerade ist (Paritätskontrollbit).

Wenn man annimmt, daß ein Codewort eines Codes mit der Minimaldistanz h bei einer Übertragung an weniger als h Stellen verfälscht wird, so kann das verfälschte Wort kein anderes Codewort sein und man kann beim Empfang feststellen, daß ein Fehler vorliegt. Neben der Fehlererkennung ist für $h \geq 3$ auch eine Fehlerkorrektur

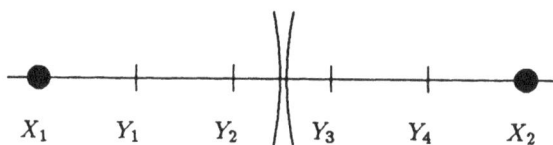

Abbildung 5.1: Korrigierkugeln für einen Code mit Minimaldistanz $h = 5$

für eine begrenzte Anzahl verfälschter Stellen möglich. Für einen Code mit der Minimaldistanz $h = 5$ zeigt die vereinfachende Skizze (Abb. 5.1) zwei Codewörter X_1 und X_2 mit dem Minimalabstand 5, sowie 4 "dazwischenliegende" Binärwörter, so daß zwei benachbarte Wörter sich jeweils an einer Stelle unterscheiden sollen. Aus der Dreiecksungleichung für die Distanz $d(X, Y)$ folgt:

$$h \leq d(X_1, X_2) \leq d(X_1, Y) + d(Y, X_2) \quad \Leftrightarrow \quad d(X_2, Y) \geq h - d(X_1, Y),$$

d.h. ein Wort mit Abstand 1 (bzw. 2) von X_1 hat mindestens den Abstand $h - 1 = 4$ (bzw. $h - 2 = 3$) von einem anderen Codewort X_2.

Zu jedem Codewort kann man dann eine Menge von Binärwörtern mit nur wenigen abweichenden Stellen bestimmen, denen dieses Codewort bei einer Korrektur zugeordnet wird, wenn man davon ausgeht, daß Übertragungsfehler mit wachsender Zahl abweichender Stellen unwahrscheinlicher werden.

Definition 5.4 Die Menge $K_X^{(r)} = \{Y \mid d(X, Y) \leq r\}$ von Binärwörtern bildet eine *Korrigierkugel* oder einen *Korrigierbereich* um das Codewort X mit Radius r. Der *Überdeckungsradius* eines Codes ist der kleinstmögliche Radius ρ, so daß alle Binärwörter in einer der Korrigierkugeln $K_X^{(\rho)}$ um ein Codewort liegen.

$$\rho = \max_{Y \in \{0,1\}^n} \left(\min_{X \in C} d(Y, X) \right)$$

ρ ist die maximale Distanz eines Binärworts Y zum nächstliegenden Codewort. ⏐

Für einen Code mit der Minimaldistanz h sind alle Korrigierkugeln vom Radius $r < h/2$ disjunkt. Bei Fehlern mit weniger als $h/2$ betroffenen Stellen kann das ursprüngliche Codewort als das Codewort mit kleinstmöglichem Abstand zum empfangenen Wort rekonstruiert werden. Im Beispiel mit $h = 5$ sind die Korrigierkugeln von verschiedenen Codewörtern für $r = 2$ disjunkt und die darin befindlichen Wörter lassen sich eindeutig korrigieren. Werden bei der Übertragung eines Codeworts X bis zu zwei Stellen verfälscht, so liegt das empfangene Wort Y noch in der Korrigierkugel um X und kann korrigiert werden.

Die Decodierung eines empfangenen Binärworts zum Codewort mit kleinstmöglichem Hamming-Abstand entspricht bei der Übertragung über einen symmetrischen Binärkanal gleichzeitig einer *Maximum-Likelihood-Decodierung*. Hier sind Verfälschungen unwahrscheinlicher, wenn mehr abweichende Einzelstellen auftreten, d.h. wenn der Hamming-Abstand zwischen dem gesendeten und dem empfangenen Wort größer ist.

Für die Fehlererkennungs- und -korrektureigenschaften eines Codes ist unter Benutzung eines symmetrischen Binärkanals die Minimaldistanz die entscheidende Größe, wobei zusammenfassend gilt:

Satz 5.1 Ein Blockcode mit der Minimaldistanz h ermöglicht die Fehlererkennung für bis zu $h-1$ verfälschte Stellen, und die Korrektur von bis zu $\lfloor \frac{h-1}{2} \rfloor$ fehlerhaften Stellen. Umgekehrt hat ein Code, der die Korrektur von bis zu e fehlerhaften Stellen erlaubt, eine Minimaldistanz $h \geq 2e + 1$.   ⌋

5.1.2 Schranken für Blockcodes

Es werden einige Abschätzungen vorgenommen für die Anzahl der Codewörter von (n, k)-Codes bei gegebener Minimaldistanz, sowie für die Stellenzahl bei vollen Codes.

In einem n-stelligen Blockcode entspricht die Anzahl aller Binärwörter, die von einem bestimmten Codewort den Abstand i haben der Anzahl $\binom{n}{i}$ von Kombinationsmöglichkeiten verschiedener i-elementiger Teilmengen (von abweichenden Stellen) aus einer n-elementigen Menge (von Stellen des Blockcodes).

Man erhält ein Binärwort (das Codewort selbst) vom Abstand $i = 0$, n Wörter mit einer abweichenden Stelle, $n(n-1)/2$ Wörter mit $i = 2$ Abweichungen ...

Damit läßt sich die Größe eines Korrigierbereichs als Anzahl aller Wörter vom Abstand $\leq e$ bestimmen:

$$|K_X^{(e)}| = \sum_{i=0}^{e} \binom{n}{i}.$$

Ein n-stelliger Blockcode, der in der Lage ist e Fehler zu korrigieren, verfügt über disjunkte Korrigierbereiche $K_X^{(e)}$ zu jedem Codewort X. Es kann damit höchstens $2^n / |K_X^{(e)}| = 2^n / \sum_{i=0}^{e} \binom{n}{i}$ Codewörter in einem solchen Code geben. Umgekehrt gibt es gemäß der Definition des Überdeckungsradius ρ mindestens $2^n / \sum_{i=0}^{\rho} \binom{n}{i}$ Codewörter.

Für einen vollen (n, k)-Code mit seinen 2^k Codewörtern gewinnt man dann folgende Schranken der Anzahl $m = n - k$ der Kontrollstellen:

Satz 5.2 Für die Anzahl m der Kontrollstellen eines vollen (n, k)-Codes, der die Korrektur von bis zu e Fehlern erlaubt, gilt:

$$2^n / \sum_{i=0}^{\rho} \binom{n}{i} \leq 2^k \leq 2^n / \sum_{i=0}^{e} \binom{n}{i} \quad \text{oder} \quad \log_2 \sum_{i=0}^{e} \binom{n}{i} \leq m \leq \log_2 \sum_{i=0}^{\rho} \binom{n}{i}.$$

$$(5.5) \rfloor$$

Es folgen weitere, einfach herzuleitende Schranken.

Satz 5.3 *Singleton-Schranke*
Für die Minimaldistanz h eines vollen (n, k)-Codes gilt: $h \leq m + 1 = n - k + 1$. $\rfloor$

Es genügt hierzu, sich zu vergewissern, daß es immer zwei Codewörter gibt, die sich an einer Nachrichtenstelle und höchstens m Kontrollstellen unterscheiden.

Satz 5.4 *Plotkin-Schranke*
Für einen Blockcode C der Länge n mit $|C| > 1$ Codewörtern gilt:

$$h \leq \frac{n \, |C|}{2 \, (|C| - 1)}.$$
$\rfloor$

Beweis:
Zur Herleitung wird die Tatsache genutzt, daß die Minimaldistanz nicht größer sein kann als die mittlere Distanz zwischen zwei Codewörtern. Zunächst wird die Summe D_C aller Distanzen zwischen den Codewörtern abgeschätzt. Es gilt:

$$D_C = \sum_{X \in C} \sum_{Y \in C} d(X, Y) = \sum_{X \in C} \sum_{Y \in C} \sum_{i=1}^{n} ((x_i + y_i) \bmod 2)$$

mit $X = (x_1, \cdots, x_n)$ und $Y = (y_1, \cdots, y_n)$.
Sei $d_i(X)$ die Anzahl von Codewörtern, die sich von X an der i-ten Stelle unterscheiden. Dann kann D_C aus den stellenweisen Unterschieden bestimmt werden: $D_C = \sum_{X \in C} \sum_{i=1}^{n} d_i(X)$.
Sei weiterhin A_i die Anzahl von Codewörtern, deren i-te Stelle 1 ist, bzw. $|C| - A_i$ die Anzahl von Codewörtern, deren i-te Stelle 0 ist, so folgt:

$$\sum_{X \in C} d_i(X) = \sum_{X \in C \wedge x_i = 1} d_i(X) + \sum_{X \in C \wedge x_i = 0} d_i(X)$$

$$= A_i \, (|C| - A_i) + (|C| - A_i) \, A_i = 2 \, A_i \, (|C| - A_i) \leq \frac{|C|^2}{2}.$$

Man erhält: $\quad D_C = \sum_{i=1}^{n} \sum_{X \in C} d_i(X) = \sum_{i=1}^{n} 2 \, A_i \, (|C| - A_i) \leq \frac{n \, |C|^2}{2}.$

Wegen $\forall X \neq Y : \; h \leq d(X, Y)$ folgt:

$$|C| \, (|C| - 1) \, h \leq \sum_{X \in C} \sum_{\substack{Y \in C \\ Y \neq X}} d(X, Y) = \sum_{X, Y \in C} d(X, Y) = D_C$$

und hieraus direkt die Plotkin-Schranke.   □

Die Schranke wird für *äquidistante Codes* erreicht, in denen alle Codewörter gleichen Abstand haben. Durch die Plotkin-Schranke kann die Minimaldistanz h von Binärcodes nur im Bereich $> n/2$ abgeschätzt werden. Sie ist daher für Codes mit einer hohen Informationsrate bedeutungslos.

Während die beiden letztgenannten oberen Schranken für h die Existenz von Codes außerhalb der Schranken ausschließen, sichert die folgende untere Schranke die Existenz eines Codes innerhalb der Schranke zu.

Satz 5.5 *Gilbert-Varshamov-Schranke*
Es gibt einen n-stelligen Blockcode mit der Minimaldistanz h und einer Anzahl $|C| \geq 2^n / \sum_{i=0}^{h-1} \binom{n}{i}$ von Codewörtern. [2]   ⌋

Zur Konstruktion eines solchen Codes ist zu beachten, daß zu jedem Codewort insgesamt $\sum_{i=0}^{h-1} \binom{n}{i}$ Wörter im Abstand $< h$ als Codewörter nicht mehr in Frage kommen. Da aber alle übrigen Wörter einen Abstand $\geq h$ haben, kann man offenbar mindestens solange neue Codewörter zu einem Code mit Minimalabstand h hinzunehmen, bis die im Satz genannte Anzahl erreicht ist.

5.1.3 Perfekte und quasi-perfekte Codes

Definition 5.5 Ein Blockcode heißt *perfekt* oder *dichtgepackt*, wenn jedes n-stellige Wort in genau einem Korrigierbereich vom Radius e um ein Codewort liegt.   ⌋

Für einen perfekten e-Fehler-korrigierenden Code sind die Korrigierkugeln vom Radius e sowohl disjunkt als auch überdeckend ($\rho = e$), so daß die Ungleichung (5.5) mit Gleichheitszeichen gilt. Perfekte Codes haben eine ungerade Minimaldistanz $h = 2e + 1$.

Beispiel 5.2 Es wird ein 1-Fehler-korrigierender Code mit $k = 4$ Nachrichtenstellen betrachtet. Dann ist die Minimaldistanz $h \geq 3$, und es muß gelten:

$$m \geq \log_2 (1 + (4 + m)).$$

Für $m = 3$ ist dies mit Gleichheit erfüllt.

Allgemein muß ein 1-Fehler-korrigierender Code mit k Nachrichtenstellen

$$m \geq \log_2 (1 + k + m) \tag{5.6}$$

Kontrollstellen haben. Dichtgepackte Codes mit m Kontrollstellen erhält man dann für $k = 2^m - m - 1$ mit einer Gesamtstellenzahl $n = k + m = 2^m - 1$.

Die Konstruktion von perfekten 1-Fehler-korrigierenden Codes führt auf die Hamming-Codes, die zu Beginn des nächsten Kapitels beschrieben werden.

---

[2]Man vergleiche die verwandte Version für lineare Codes, siehe Satz 5.9.

Allerdings lassen sich weitere perfekte binäre Codes an den Fingern einer Hand abzählen. Außer dem für die Fehlerbehandlung bedeutungslosen Code, der alle 2^n n-stelligen Binärwörter enthält, sind die e-Fehler-korrigierenden *Wiederholungscodes* mit ungerader Länge mit $n = h = 2e + 1$ zu nennen, die aus den beiden Codewörtern $(0\cdots0)$ und $(1\cdots1)$ bestehen, sowie die eben erwähnten 1-Fehler-korrigierenden Hamming-Codes und schließlich der binäre *Golay-Code*. Bei letzterem handelt es sich um einen 3-Fehler-korrigierenden $(23, 12)$-Code, für den die Ungleichung (5.5) ebenfalls mit Gleichheitszeichen erfüllt ist: $\sum_{i=0}^{3} \binom{23}{i} = 2^{11}$.
Es ist erwiesen, daß es darüber hinaus keine perfekten Binärcodes gibt [Lint92], [Tiet73]. Ansonsten muß man sich mit einer abgeschwächten Form annähernd optimaler Eigenschaften für Codes zufrieden geben, wofür folgendes Kriterium eingeführt wird:

Definition 5.6 Ein e-Fehler-korrigierender Blockcode heißt *quasi-perfekt*, wenn sein Überdeckungsradius $\rho = e + 1$ ist. ⌡

Für quasi-perfekte Codes ist die Decodierung eines empfangenen Wortes zum Codewort mit minimaler Distanz nur für die Wörter eindeutig, deren minimale Distanz $\leq e$ ist. Dagegen gibt es Wörter mit der minimalen Distanz $e + 1$ zum nächstliegenden Codewort, die in mehreren und somit nicht disjunkten Korrigierkugeln vom Radius $e + 1$ liegen.

5.2 Lineare Codes

Definition 5.7 Ein *linearer Blockcode* C enthält für je zwei Codewörter auch ihre Summe gemäß Def. 5.3 als Codewort: $X, Y \in C \Rightarrow X + Y \in C$. ⌡

Ein linearer Code wird auch *Gruppencode* genannt, da er mit der Summenbildung die Gruppenaxiome erfüllt:

(i) Nach Definition ist der Code abgeschlossen.

(ii) Es gilt das Assoziativgesetz: $\forall X, Y, Z \in C : (X + Y) + Z = X + (Y + Z)$.

(iii) Aus $X + X = \mathcal{O}$ folgt die Existenz des neutralen Elements $\mathcal{O} = (0\cdots0)$ und des inversen Elements $-X = X$.

Die Codewörter eines linearen Codes lassen sich weiterhin als n-stellige Vektoren auffassen. Die Axiome des zugrundeliegenden Vektorraums (siehe Def. 4.4) sind für Binärzeichen über dem Körper GF(2) leicht zu verifizieren.
Ein linearer (n, k)-Code bildet dann einen k-dimensionalen Untervektorraum des Vektorraums aller n-stelligen Wörter. Zu seiner Darstellung kann man eine Basis bestehend aus k linear unabhängigen Codewörtern heranziehen, aus denen alle 2^k Codewörter durch Linearkombinationen dargestellt werden können.
Ein linearer Code ist insofern äquivalent zu einem vollen systematischen (n, k)-Blockcode, als man durch Vertauschen von Stellen bewirken kann, daß die ersten m Codewortstellen linear unabhängig und damit als Nachrichtenstellen anzusehen sind.

5.2.1 Generator- und Prüfmatrix

Definition 5.8 Ein linearer (n, k)-Code C ist durch k linear unabhängige Codewörter, den sogen. Generatorwörtern $G_1, \dots, G_k \in C$ gegeben, aus denen die *Generatormatrix* G gebildet wird:

$$G = \begin{pmatrix} g_{11} & \cdots & g_{1n} \\ \vdots & \ddots & \vdots \\ g_{k1} & \cdots & g_{kn} \end{pmatrix} \quad \text{mit} \quad G_i = (g_{i1}, \cdots, g_{in}) \quad \text{für } i = 1, \cdots, k.$$

Jedes Codewort X hat dann eine Darstellung als **Linearkombination**

$$X = \lambda_1 G_1 + \lambda_2 G_2 + \dots + \lambda_k G_k, \quad \lambda_i \in \{0, 1\}$$
$$\text{oder} \quad X = (\lambda_1, \lambda_2, \dots, \lambda_k)\, G. \tag{5.7}$$

Beispiel 5.3 Ein linearer $(5,2)$-Code mit der Generatormatrix G hat die angegebenen $2^k = 4$ Codewörter:

λ_1	λ_2			Codewort				
0	0	$\mathcal{O}$		(0	0	0	0	0)
0	1	G_2		(1	0	1	0	1)
1	0	G_1		(1	1	0	1	1)
1	1	$G_1 + G_2$		(0	1	1	1	0)

$$G = \begin{pmatrix} 11011 \\ 10101 \end{pmatrix};$$

Für systematische Codes ist es stets möglich, unabhängige Generatorwörter $G_1, \dots, G_k$ so zu wählen, daß die Generatormatrix G als linke Teilmatrix die $k \times k$-Einheitsmatrix hat. Im vorigen Beispiel muß man dazu die Wörter G_2 und $G_1 + G_2$ übernehmen und man erhält die äquivalente Generatormatrix G^{Std}:

$$G^{Std} = (E_{k \times k} | \tilde{G}_{k \times m}) = \begin{pmatrix} 10 & 101 \\ 01 & 110 \end{pmatrix}.$$

Die *Standardform* der Generatormatrix ist eindeutig und hat den Vorteil, daß man zu gegebenen Nachrichtenstellen $x_1, \cdots, x_k \in \{0, 1\}$ das zugehörige Codewort $X = \sum_i x_i G_i$ direkt als Linearkombination angeben kann.

Definition 5.9 Eine *Prüfmatrix* H, auch *Prüfschema* oder *Kontrollmatrix* genannt, für einen linearen Code mit der $k \times n$-Generatormatrix G ist eine $m \times n$-Matrix, deren Zeilenvektoren linear unabhängig sind und für die gilt: [3]

$$G H^T = \mathcal{O} \qquad (\mathcal{O} \text{ steht hier für die } k \times m \text{ Nullmatrix}). \tag{5.8}$$

Die Zeilenvektoren der Generator- bzw. Prüfmatrix sind damit Basis von zueinander orthogonalen Vektorräumen. Ebenso wie die Generatormatrix läßt sich auch die Prüfmatrix eines systematischen Codes in eine eindeutige *Standardform* überführen, die als rechte Teilmatrix die $m \times m$-Einheitsmatrix enthält:

$$H^{Std} = (\tilde{H}_{m \times k} | E_{m \times m}).$$

---

[3]Der hochgestellte Index T dient zur Bezeichnung der durch Vertauschung von Zeilen und Spalten transponierten Matrix. Zu einem Zeilenvektor X bezeichnet X^T den Spaltenvektor mit denselben Komponenten.

Satz 5.6 X ist genau dann ein Codewort, wenn $H X^T = \mathcal{O}$ ist.   ⌋

Beweis: Es ist $G H^T = (H G^T)^T = \mathcal{O}$.
Für jedes Generatorwort G_i $(i = 1, \cdots, k)$ gilt damit $H G_i^T = \mathcal{O}$. Die Generator-
worte bilden also eine Basis der k-dimensionalen Lösungsmenge von $H X^T = \mathcal{O}$,
die sich aus den Linearkombinationen der Generatorwörter, und damit gerade den
Codewörtern zusammensetzt.   □

Die Prüfmatrix trägt also ihren Namen zurecht und dient zur Überprüfung der Zugehörigkeit eines Wortes zu einem Code. Auch zur Berechnung der Kontrollstellen
$x_{k+1}, \cdots, x_{k+m}$ aus den Nachrichtenstellen $x_1, \cdots, x_k$ kann man die Prüfmatrix
heranziehen. Sind h_{ij} $(i = 1, \ldots, m; j = 1, \ldots, n)$ die Einträge der Prüfmatrix in
der Standardform, so gilt:

$$x_{k+i} = h_{i1} x_1 + h_{i2} x_2 + \ldots + h_{ik} x_k. \tag{5.9}$$

Ein linearer Code wird also durch seine Generator- und ebenso durch die Prüfmatrix vollständig beschrieben. Für die Überführung der Generatormatrix G in die
zugehörige Prüfmatrix H und umgekehrt gilt, wenn beide Matrizen in der jeweiligen Standardform vorliegen:

$$G = (E_{k \times k} | \tilde{G}_{k \times m}); \quad H = (\tilde{H}_{m \times k} | E_{m \times m}); \quad \Rightarrow \quad \tilde{H}_{m \times k} = (\tilde{G}_{k \times m})^T. \tag{5.10}$$

($E_{n \times n}$: $n \times n$-Einheitsmatrix)
Die Bedingung $G H^T = 0$ ist für diese Beziehung einfach zu verifizieren.

Beispiel 5.4 Es wird ein (7,4)-Code betrachtet mit

$$G = \begin{pmatrix} 1 & 0 & 0 & 0 & | & 1 & 1 & 1 \\ 0 & 1 & 0 & 0 & | & 1 & 1 & 0 \\ 0 & 0 & 1 & 0 & | & 1 & 0 & 1 \\ 0 & 0 & 0 & 1 & | & 0 & 1 & 1 \end{pmatrix} = (E_{4 \times 4} | \tilde{G}_{4 \times 3}) \quad \Rightarrow$$

$$H = ((\tilde{G}_{4 \times 3})^T | E_{3 \times 3}) = \begin{pmatrix} 1 & 1 & 1 & 0 & | & 1 & 0 & 0 \\ 1 & 1 & 0 & 1 & | & 0 & 1 & 0 \\ 1 & 0 & 1 & 1 & | & 0 & 0 & 1 \end{pmatrix}$$

Für die Kontrollstellen eines Codeworts $X = (x_1, \cdots, x_7) \in C$ folgt dann aus
$H X^T = \mathcal{O}$:

$$x_5 = x_1 + x_2 + x_3,$$
$$x_6 = x_1 + x_2 + x_4,$$
$$x_7 = x_1 + x_3 + x_4.$$

So ist z.B. $X = (1111111)$ ein Codewort, denn $H X^T = (000)^T = \mathcal{O}$, während
$Y = (1111100)$ dagegen kein Codewort ist, da $H Y^T = (011)^T \neq \mathcal{O}$.

Abschließend ist noch darauf hinzuweisen, daß die Prüfmatrix gleichzeitig als Generatormatrix einen neuen linearen Codes erzeugt.

Definition 5.10 Der *duale Code* $\overline{C}$ eines linearen (n, k)-Codes C ist ein linearer $(n, n - k)$-Code, dessen Generatormatrix mit der Prüfmatrix des Codes C übereinstimmt. ⌋

Wie die Zeilenvektoren der Generator- und Prüfmatrix, so sind auch die durch einen Code und seinen dualen Code aufgespannten Vektorräume zueinander *orthogonal*. Die Zuordnung zwischen einem Code und seinem dualen Code ist natürlich umkehrbar, d.h. ein linearer Code ist der duale Code seines dualen Codes.

5.2.2 Fehlerkorrektur nach Syndromen

Die Prüfmatrix ist das entscheidende Instrument bei der Fehlerkorrektur für lineare Codes, da sie es erlaubt, die Zugehörigkeit eines Wortes zum Code zu überprüfen und allgemein Wörter aufgrund von Fehlermustern in Klassen einzuteilen.

Definition 5.11 Ist X ein Codewort und $\tilde{X}$ ein Wort, das durch Verfälschung einzelner Stellen aus X hervorgeht, so bezeichnen wir mit $F = \tilde{X} + X$ das *Fehlermuster*, das an jeder verfälschten Stelle eine '1' aufweist. Durch Überprüfen von $\tilde{X}$ mit der Prüfmatrix erhält man das *Fehlersyndrom* S:

$$S = (s_1 \cdots s_k)^T = H\,\tilde{X}^T = (h_{ij})\,(\tilde{x}_1 \cdots \tilde{x}_n)^T \tag{5.11}$$

$$\text{wobei} \quad s_i = \Big(\sum_{j=1}^{n} h_{ij}\,\tilde{x}_j\Big) \bmod 2 \qquad \text{für } i = 1, \ldots, m. \qquad ⌋$$

Satz 5.7 Das Fehlersyndrom S ist für lineare Codes nur vom Fehlermuster F abhängig und $S = \mathcal{O}$ gilt genau dann, wenn das Fehlermuster ein Codewort ist. ⌋

Beweis: $H\,(\tilde{X})^T = H\,(X + F)^T = H\,X^T + H\,F^T = H\,F^T$
wobei $\quad H\,X^T = \mathcal{O}$ da $X \in C$ $\quad$ und $\quad H\,F^T = \mathcal{O} \Leftrightarrow F \in C.$ $\qquad$ □

Anhand der Syndrome erhält man eine Klasseneinteilung der 2^n n-stelligen Binärwörter, die alle als Fehlermuster in Frage kommen, in 2^m Klassen mit jeweils übereinstimmendem Syndrom.
Gleichzeitig liefert das Fehlersyndrom für ein empfangenes Wort eines linearen Codes alle verfügbare Information über mögliche Verfälschungen, so daß zur Decodierung allein das Fehlersyndrom zugrunde gelegt wird.

Definition 5.12 Zur Decodierung wird jedem Syndrom S ein *Korrekturmuster* K aus der Klasse seiner zugehörigen Fehlermuster zugeordnet, so daß $H\,K^T = S$ ist. ⌋

Bei der Korrektur wird ein Wort dann an den Stellen geändert, an denen das zum Syndrom gehörige Korrekturmuster den Wert 1 hat.

Für eine Maximum-Likelihood-Decodierung wählt man zu jedem Syndrom ein Korrekturmuster mit möglichst wenigen Einsen, also mit minimalem Gewicht, da unter der Annahme eines symmetrischen Binärkanals die Wahrscheinlichkeit für das Auftreten eines Fehlermusters mit wachsendem Gewicht abnimmt.

Für kurze Linearcodes verschafft das sogen. *Standardschema* einen kompletten Überblick über die Decodierung nach Syndromen.

Es besteht aus einer $2^m \times 2^k$-Matrix, in der alle verschiedenen n-stelligen Wörter aufgelistet sind.

In der ersten Zeile des Standardschemas stehen die Codewörter $C_1, \cdots, C_{2^k}$ beginnend mit $C_1 = (0 \cdots 0)$ und ansonsten in beliebiger Reihenfolge. Die erste Spalte enthält die Korrekturmuster $K_1, \cdots, K_{2^m}$ für die Syndrome. Das Wort $Y_{i,j}$ an der Position (i, j) entspricht der Summe $Y_{i,j} = K_i + C_j$. Zur Decodierung des Wortes $Y_{i,j}$ wird das am Anfang der Zeile stehende Korrekturmuster K_i hinzuaddiert, so daß man das in der zugehörigen Spalte oben aufgeführte Codewort C_j erhält.

Die Zeilen des Standardschemas bestimmen die Klasseneinteilung der Wörter nach verschiedenen Syndromen mit der Klasse der Codewörter mit Syndrom $\mathcal{O}$ in der ersten Zeile. Die Spalten bestimmen dagegen eine Einteilung der Wörter in Klassen, die bei der Decodierung auf dasselbe Codewort führen.

Beispiel 5.5 Generator- und Prüfmatrix eines (6,3)-Codes seien wie folgt gegeben:

$$G = \begin{pmatrix} 1 & 0 & 0 & 1 & 0 & 1 \\ 0 & 1 & 0 & 0 & 1 & 1 \\ 0 & 0 & 1 & 1 & 0 & 0 \end{pmatrix} \quad \Rightarrow \quad H = \begin{pmatrix} 1 & 0 & 1 & 1 & 0 & 0 \\ 0 & 1 & 0 & 0 & 1 & 0 \\ 1 & 1 & 0 & 0 & 0 & 1 \end{pmatrix}$$

Dazu erhält man das Standardschema:

S_0 :	000000	100101	010011	001100	110110	101001	011111	111010
S_1 :	100000	000101	110011	101100	010110	001001	111111	011010
S_2 :	010000	110101	000011	011100	100110	111001	001111	101010
S_3 :	001000	101101	011011	000100	111110	100001	010111	110010
S_4 :	000010	100111	010001	001110	110100	101011	011101	111000
S_5 :	000001	100100	010010	001101	110111	101000	011110	111011
S_6 :	110000	010101	100011	111100	000110	011001	101111	001010
S_7 :	100010	000111	110001	101110	010100	001011	111101	011000

mit den Syndromen:

S_0	S_1	S_2	S_3	S_4	S_5	S_6	S_7
$\begin{pmatrix} 0 \\ 0 \\ 0 \end{pmatrix}$	$\begin{pmatrix} 1 \\ 0 \\ 1 \end{pmatrix}$	$\begin{pmatrix} 0 \\ 1 \\ 1 \end{pmatrix}$	$\begin{pmatrix} 1 \\ 0 \\ 0 \end{pmatrix}$	$\begin{pmatrix} 0 \\ 1 \\ 0 \end{pmatrix}$	$\begin{pmatrix} 0 \\ 0 \\ 1 \end{pmatrix}$	$\begin{pmatrix} 1 \\ 1 \\ 0 \end{pmatrix}$	$\begin{pmatrix} 1 \\ 1 \\ 1 \end{pmatrix}$

Wenn ein linearer Code in der Lage ist e Einzelfehler zu korrigieren, so müssen alle Fehlermuster vom Gewicht $\leq e$ Korrekturmuster sein und daher auf unterschiedliche Syndrome führen, bei deren Erscheinen eine Korrektur mit dem zugehörigen Fehlermuster vorgenommen wird.

Im Beispiel haben die Einzelfehler an der 3. und 4. Position dasselbe Syndrom S_3. Sie können nicht unterschieden werden, was eine eindeutige Korrektur von Einzelfehlern verhindert.

Für einen perfekten linearen Code mit Hamming-Abstand $h = 2e + 1$ besteht dagegen eine bijektive Abbildung zwischen den Syndromen und den Fehlermustern vom Gewicht $\leq e$.

Ein e-Fehler-korrigierender quasi-perfekter Code hat als Korrekturmuster alle Wörter vom Gewicht $\leq e$ und zusätzlich einige Wörter vom Gewicht $e + 1$.

Die Zuordnung zwischen den Syndromen und Korrekturmustern gestattet die Korrektur eines gegebenen linearen Codes anhand einer Decodiertabelle. Dieses allgemeine Korrekturverfahren ist allerdings nur dann anwendbar, wenn der Umfang der Tabelle nicht zu groß ausfällt (siehe Abschn. 5.4, Abb. 5.7).

5.2.3 Bestimmung der Minimaldistanz

Satz 5.8 Die Minimaldistanz h eines linearen Codes C ist gleich dem minimalen Gewicht eines Codeworts $X \in C \setminus \{\mathcal{O}\}$

$$h = \min_{X \in C \setminus \{\mathcal{O}\}} w(X). \qquad (5.12)$$

Die Minimaldistanz ist ferner gleich der minimalen Anzahl von Spalten in der Prüfmatrix, die voneinander linear abhängig sind.   ⌡

Beweis: Ausgehend von Def. 5.2 erhält man:

$$h = \min_{\substack{X,Y \in C \\ X \neq Y}} d(X,Y) = \min_{\substack{X,Y \in C \\ X \neq Y}} d(X + X, Y + X) = \min_{Z \in C \setminus \{\mathcal{O}\}} d(\mathcal{O}, Z).$$

Ist ferner X_{min} ein Codewort von minimalem Gewicht g_{min}, d.h. X_{min} hat g_{min} Einsen an den Stellen $s_1, \cdots, s_{g_{min}}$, so folgt aus $H X_{min}^T = \mathcal{O}$, daß die Summe der s_1-ten, $\cdots, s_{g_{min}}$-ten Spalte von H den Nullvektor ergibt. Diese g_{min} Spalten sind also linear abhängig. Wenn andererseits außer dem Nullwort kein Codewort vom Gewicht $< g_{min}$ existiert, so müssen alle Linearkombinationen von weniger als g_{min} Spalten der Prüfmatrix H vom Nullvektor verschieden sein.   □

Im Beispiel 5.4 sind offenbar je zwei Spalten der Prüfmatrix linear unabhängig, so daß $h = 3$ ist. Im Beispiel 5.5 erhält man $h = 2$.

Satz 5.9 *Gilbert-Varshamov-Schranke für lineare Codes*
Es gibt einen linearen (n, k)-Code mit der Minimaldistanz h, wenn gilt:

$$2^m = 2^{n-k} \geq \sum_{j=0}^{h-2} \binom{n-1}{j}. \qquad (5.13)\rfloor$$

Beweis: Die Existenz eines solchen Codes ist durch die Konstruktion einer Prüfmatrix nachweisbar, in der gemäß dem Kriterium des vorigen Satzes je $h-1$ Spalten linear unabhängig sind.

Zu $i-1$ Spalten, unter denen alle Kombinationen aus $h-1$ Spalten linear unabhängig sind, kann man eine weitere Spalte hinzufügen, ohne diese Eigenschaft zu beeinträchtigen, wenn die neue Spalte keine Linearkombination von $\leq h-2$ der bisherigen Spalten ist. Nun gibt es je $\binom{i-1}{j}$ Linearkombinationen aus j bisherigen Spalten, so daß insgesamt $\sum_{j \leq h-2} \binom{i-1}{j}$ solche Linearkombinatinen für die neue Spalte ausscheiden.

Solange dieser Wert die Anzahl 2^m der verschiedenen Spalten mit m Komponenten nicht übersteigt, kann man noch eine Spalte anfügen und damit die Stellenzahl des konstruierten Codes mit der Minimaldistanz h erweitern, so daß man zum angegebenen Kriterium gelangt. □

Damit ist gleichzeitig ein Weg aufgezeigt, um die Prüfmatrix eines linearen Codes mit einer vorgegebenen Stellenzahl und Minimaldistanz durch Markieren von auszuschließenden und Suchen nach verbleibenden Spalten zu konstruieren. Es kann sofort die Standardform angestrebt werden. Der Speicherplatz- und Rechenzeitaufwand wächst allerdings mit 2^m und spätestens bei $m = 24$ ist die Platzanforderung von 1 MByte überschritten. Weiterhin sichert dies zwar die Fähigkeit des Codes, eine gewisse Anzahl von Fehlerstellen korrigieren zu können, aber es ist damit noch kein einfaches Korrekturverfahren gefunden.

5.3 Zyklische Binär-Codes

Definition 5.13 Ein linearer Code heißt *zyklisch*, wenn die zyklische Verschiebung X_Z eines Codeworts X ebenfalls zum Code gehört:

$$X = (x_1, x_2, \cdots, x_n) \in C \quad \Rightarrow \quad X_Z = (x_2, x_3, \cdots, x_n, x_1) \in C. \qquad (5.14)\rfloor$$

Es ist klar, daß zyklische Verschiebungen eines Codeworts um eine beliebige Stellenzahl als mehrfache Verschiebung um eine Stelle mit eingeschlossen sind. Für den Umgang mit zyklischen Codes ist die *Polynomdarstellung* von Binärwörtern vorteilhaft.

Definition 5.14 Zu einem n-stelligen Binärwort $X = (x_1, \cdots, x_n)$ erhält man die Polynomdarstellung $X(u)$ vom Grad $n-1$:

$$X(u) = x_1 u^{n-1} + x_2 u^{n-2} + \ldots + x_{n-1} u + x_n = \sum_{i=1}^{n} x_i u^{n-i}. \qquad (5.15)\rfloor$$

Ein zyklischer Code ist in einfacher und prägnanter Weise durch ein *Generatormuster* bestimmt in Form einer Bitfolge, die mit einer '1' beginnt und endet. Ihre Polynomdarstellung $G(u)$ wird entsprechend als *Generatorpolynom* bezeichnet. Der Grad des Generatorpolynoms, der um 1 kleiner ist als die Länge des Musters, stimmt mit der Anzahl m der Kontrollstellen des zyklischen Codes überein. Die Länge n des Codes hängt ebenfalls vom Generatorpolynom ab.

Beispiel 5.6 Das Generatormuster sei 1011. Dazu kann man die folgende Generatormatrix für die Stellenzahl $n = 7$ angeben, deren Zeilen man durch Verschieben des Musters an jeweils verschiedene Positionen und Auffüllen mit Nullen erhält.

$$G = \begin{pmatrix} 0\,0\,0\,1\,0\,1\,1 \\ 0\,0\,1\,0\,1\,1\,0 \\ 0\,1\,0\,1\,1\,0\,0 \\ 1\,0\,1\,1\,0\,0\,0 \end{pmatrix}$$

Neben den Generatorwörtern $G_1, \cdots, G_4$ sind auch die übrigen zyklischen Verschiebungen des Musters Codewörter, nämlich (0110001), (1100010) und (1000101).
Für ein gegebenes Generatormuster ist diese Eigenschaft jedoch nicht für jede beliebige Stellenzahl erfüllt. So gibt es zum vorliegenden Muster für $n = 6$ oder $n = 8$ keine zyklischen Codes.

Satz 5.10 Ein zyklischer Code C ist eindeutig bestimmt durch sein *Generatorpolynom* $G(u)$. Die Anzahl seiner Kontrollstellen ist der Grad von $G(u)$ und es gelten folgende beiden Eigenschaften für die Polynomdarstellung $X(u)$ eines Codeworts und die Stellenzahl n:

$$X \in C \quad \Leftrightarrow \quad X(u) \bmod G(u) = 0 \qquad\qquad (5.16)$$

$$\text{und} \quad (u^n + 1) \bmod G(u) = 0. \qquad\qquad (5.17)\rfloor$$

Beweis:
Durch die Eigenschaft (5.14) erhält man aus dem Generatorpolynom $G(u)$ eine Basis von zyklisch verschobenen Generatorwörtern für den Code, z.B. mit den Polynomdarstellungen $G_i(u) = u^{i-1} G(u)$ für $i = 1, \cdots, k$, womit ein n-stelliger linearer Code eindeutig bestimmt ist. Für die Codewörter wird (5.16) wie folgt bestätigt:

$$X \in C \quad \Leftrightarrow \quad X = \lambda_1 G_1 + \cdots + \lambda_k G_k$$
$$\Leftrightarrow \quad X(u) = \lambda_1 G_1(u) + \cdots + \lambda_k G_k(u) = (\lambda_1 + \lambda_2 u + \cdots + \lambda_k u^{k-1}) G(u).$$

Weiterhin betrachten wir ein Codewort $X = (x_1, \cdots, x_n)$ und seine zyklische Verschiebung $X_Z = (x_2, \cdots, x_n, x_1)$. In Polynomdarstellung gilt:

$$X_Z(u) = x_1 + \sum_{i=2}^{n} x_i\, u^{n-i+1} = x_1(1 + u^n) + \sum_{i=1}^{n} x_i u^{n-i+1}$$
$$= x_1(1 + u^n) + u\, X(u)$$
$$\Rightarrow \quad X_Z(u) \bmod G(u) = \big(x_1(1 + u^n)\big) \bmod G(u).$$

Somit ist (5.17) eine notwendige und hinreichende Bedingung dafür, daß jede zyklische Verschiebung eines Codeworts insbesondere für $x_1 = 1$ wieder ein Codewort ergibt. □

Es gibt also genau dann einen zyklischen (n, k)-Code, wenn das Polynom $u^n + 1$ einen Teiler vom Grad k hat, der als Generatorpolynom benutzt werden kann.

Weiterhin bilden die Reste von u^i für $i = 0, \cdots, n-1$ eine zyklische Gruppe bezüglich der Polynommultiplikation bei Rechnung modulo $G(u)$. Die Stellenzahl n des Codes entspricht damit der Ordnung des Elements u in der zyklischen Gruppe (vergl. Def.4.5). Für ein primitives Generatorpolynom vom Grad m beträgt daher die Stellenzahl $n = 2^m - 1$.

Zwar sind auch zyklische Codes möglich, deren Stellenzahl n ein Vielfaches der Ordnung beträgt. Die Minimaldistanz solcher Codes ist jedoch nicht größer als 2, da $u^n + 1$ dann ein Codewortpolynom mit zugehörigem Gewicht 2 ist. Solche Codes sind daher nicht zur Fehlerkorrektur geeignet und finden keine weitere Beachtung.

Teilt man ein Codewort X auf in den Nachrichtenteil $N = (x_1, \cdots, x_k)$ und die Kontrollstellen $K = (x_{k+1} \cdots, x_n)$ so folgt aus dem Satz 5.10 für die Polynomdarstellungen $N(u)$ von N und $K(u)$ von K

$$X(u) = N(u)\, u^m + K(u) \quad \Rightarrow \quad (N(u)\, u^m) \bmod G(u) = K(u). \qquad (5.18)$$

Man erhält also die Kontrollstellen durch eine Polynomdivision modulo $G(u)$ aus den Nachrichtenstellen.

Beispiel 5.7 Bestimmung der Kontrollstellen für einen zyklischen Code:

(i) Im Beispiel 5.6 eines zyklischen (7,4)-Codes mit Generatorpolynom

$$G(u) = u^3 + u + 1 \text{ sei } N = (1001) \text{ bzw. } N(u) = u^3 + 1. \text{ Man erhält:}$$

$$K(u) = (N(u)\, u^m) \bmod G(u) = (u^6 + u^3) \bmod (u^3 + u + 1) = u^2 + u$$

$$X(u) = N(u)\, u^m + K(u) = u^6 + u^3 + u^2 + u.$$

Das vollständige Codewort lautet also $X = (1001\ 110)$.

(ii) Es sei $G(u) = u^5 + u^3 + u^2 + 1$.

Zunächst wird die Stellenzahl des zyklischen Codes bestimmt, d.h. die Ordnung von u in der zyklischen multiplikativen Gruppe bei Rechnung modulo $G(u)$. Dazu kann man die Bitfolge $1000\cdots$, die ein Polynom u^i darstellt, soweit durch das Generatormuster dividieren, bis als Rest $0\cdots01$ übrigbleibt:

$$100\ 00000\ 00000\ /\ 101101 = \cdots$$

$$\underline{101\ 101}$$
$$1\ 101$$
$$\underline{1\ 01101}$$
$$11001$$
$$\underline{10110\ 1}$$
$$1111\ 1$$
$$\underline{1011\ 01}$$
$$100\ 11$$
$$\underline{101\ 101}$$
$$1\ 011$$
$$\underline{1\ 01101}$$
$$1 \quad \Rightarrow \quad u^{12} \bmod G(u) = 1 \quad \Rightarrow \quad n = 12$$

Zur Nachricht $N = (0110110)$ erhält man dann die Kontrollstellen

$$K(u) = \left((u^5 + u^4 + u^2 + u)\,u^5\right) \bmod (u^5 + u^3 + u^2 + 1) = u^4 + u^3 + u^1 + u^0$$

und als Codewort (0110110 11011).

5.3.1 Prüfmatrizen für zyklische Codes

Wir schildern zwei Verfahren zur Gewinnung von Prüfmatrizen, wobei die Vorgehensweise einerseits zeilenweise und andererseits spaltenweise orientiert ist.

Für die spaltenweise Konstruktion nutzen wir den Zusammenhang (5.10) zwischen Generator- und Prüfmatrix in Standardform.

Sei G_i das i-te Wort in der Standard-Generatormatrix mit Nachrichtenteil N_i und Kontrollstellen K_i, so gilt für deren Polynomdarstellungen:

$$G_i(u) = N_i(u)\,u^m + K_i(u) \quad \text{und} \quad N_i(u) = u^{(n-m)-i} \quad \text{mit } N_i = (0\cdots010\cdots0)$$

$$\Rightarrow \quad K_i(u) = (N_i(u)\,u^m) \bmod G(u) = u^{n-i} \bmod G(u).$$

Da die Spalten der Prüfmatrix durch Transposition gemäß (5.10) aus dem Kontrollteil der Generatormatrix gewonnen werden, ist dann $K_i(u)$ gleichzeitig die Polynomdarstellung des i-ten Spaltenvektors der Standard-Prüfmatrix. Dies trifft zunächst nur für die 1-te bis m-te Spalte zu, darüber hinaus jedoch ebenfalls für die letzten k Spalten, in denen in der Standardform die $k \times k$-Einheitsmatrix steht.

Satz 5.11 Ein zyklischer Code sei durch das Generatorpolynom $G(u)$ gegeben und habe die Prüfmatrix H in Standardform

$$H = (h_{ij}) = (\tilde{H}_{m \times k} \,|\, E_{m \times m}) = \begin{pmatrix} h_{11} & \cdots & h_{1k} & 1 & 0\cdots & 0 \\ \vdots & \ddots & \vdots & & \ddots & \\ h_{m1} & \cdots & h_{mk} & 0 & \cdots 0 & 1 \end{pmatrix}$$

Dann stimmt die Polynomdarstellung $h_j(u)$ des j-ten Spaltenvektors $(h_{1j} \cdots h_{mj})^T$ überein mit dem Polynomrest von u^{n-j}, also

$$h_j(u) = h_{1j} u^{m-1} + \cdots + h_{(m-1)j} u + h_{mj} = u^{n-j} \bmod G(u) \quad 1 \le j \le n. \quad (5.19)]$$

Beispiel 5.8 Im Beispiel $G(u) = u^5 + u^3 + u^2 + 1$ mit $n = 12$ erhält man die Prüfmatrix:

Spaltennummer	1	2	3	4	5	6	7	8	9	10	11	12
$u^4 \cdot$	1	0	1	1	1	1	0	1	0	0	0	0
$+u^3 \cdot$	0	1	0	1	1	1	1	0	1	0	0	0
$u^i \bmod G(u) = \quad +u^2 \cdot$	1	0	0	1	0	0	1	0	0	1	0	0
$+u^1 \cdot$	1	1	1	1	0	1	0	0	0	0	1	0
$+u^0 \cdot$	0	1	1	1	1	0	1	0	0	0	0	1
Potenz von u	u^{11}	u^{10}	u^9	u^8	u^7	u^6	u^5	u^4	u^3	u^2	u^1	u^0

Es wird hier ein unmittelbarer Bezug deutlich zur zyklischen Darstellung der multiplikativen Gruppe eines Galoisfeldes $GF(2^k)$ im Abschnitt 4.3. Ebenso wie dort die Körperelemente durch die Reste der Potenzen eines primitiven Elements dargestellt wurden, so erhält man hier die Spalten der Prüfmatrix als Reste von u^{n-j} mod $G(u)$ in umgekehrter Reihenfolge.

Ein zyklischer Code mit Standard-Prüfmatrix H führt auf einen einfachen Zusammenhang zwischen den Polynomdarstellungen $\tilde{X}(u) = \sum_{i=1}^n \tilde{x}_i u^{n-i}$ eines empfangenen Wortes und $S(u) = \sum_{i=1}^m s_i u^{m-i}$ des zugehörigen Syndroms:

$$S(u) = \sum_{j=1}^n \tilde{x}_j h_j(u) = \sum_{j=1}^n \tilde{x}_j u^{n-j} \bmod G(u) = \tilde{X}(u) \bmod G(u). \quad (5.20)$$

Wenn eine Zerlegung $G(u) = G_1(u) \cdots G_r(u)$ des Generatorpolynoms in teilerfremde Faktoren vorliegt, also insbesondere, wenn $G_1(u), \cdots, G_r(u)$ verschiedene irreduzible Polynome sind, so kann man die Prüfmatrix in unabhängige Teilmatrizen zu jedem Faktor aufspalten.

Die Stellenzahl n des Codes ist dabei das kleinste gemeinsame Vielfache der Zykluslängen $n_1, \cdots, n_r$ von $G_1(u), \cdots, G_r(u)$. Ein Codewortpolynom $X(u)$ muß dann ein Vielfaches jedes einzelnen Faktors sein, d.h. es gilt:

$$X(u) \bmod G(u) = 0 \quad \Leftrightarrow \quad X(u) \bmod G_1(u) = \cdots = X(u) \bmod G_r(u) = 0.$$

Für teilerfremde Faktoren sind die r Bedingungen unabhängig und können einzeln in r unabhängigen Teilmatrizen überprüft werden.

Die i-te solche Teilmatrix hat $\deg(G_i(u))$ Zeilen, die jeweils die Überprüfung von $X(u) \bmod G_i(u) = 0$ gewährleisten. In jeder Teilmatrix können dann die Spalten, wie eben erläutert, durch die Potenzreste von $u^{n-j} \bmod G_i(u)$ bestimmt werden. Sei H_i die Standard-Prüfmatrix eines durch $G_i(u)$ erzeugten zyklischen Codes, so hat die durch Aufspaltung in Teilmatrizen konstruierte Prüfmatrix H die Struktur:

$$H = \overbrace{\begin{pmatrix} H_1 & \cdots & H_1 \\ \vdots & & \vdots \\ H_r & \cdots & H_r \end{pmatrix}}^{n/n_1\text{-mal}}_{\underbrace{\qquad\qquad}_{n/n_r\text{-mal}}} \tag{5.21}$$

Beispiel 5.9 Das Generatorpolynom $G(u) = u^5 + u^3 + u^2 + 1$ hat die teilerfremden Faktoren $G_1(u) = u^2 + u + 1$ und $G_2(u) = u^3 + u^2 + u + 1$. Eine Aufstellung der Prüfmatrix H getrennt nach den beiden Faktoren ergibt folgende, zum vorigen Beispiel äquivalente Prüfmatrix:

$$H = \begin{pmatrix} 1\,1\,0\,1\,1\,0\,1\,1\,0\,1\,1\,0 \\ 1\,0\,1\,1\,0\,1\,1\,0\,1\,1\,0\,1 \\ \hline 1\,1\,0\,0\,1\,1\,0\,0\,1\,1\,0\,0 \\ 1\,0\,1\,0\,1\,0\,1\,0\,1\,0\,1\,0 \\ 1\,0\,0\,1\,1\,0\,0\,1\,1\,0\,0\,1 \end{pmatrix} = \begin{pmatrix} H_1 & H_1 & H_1 & H_1 \\ \hline H_2 & H_2 & H_2 \end{pmatrix}$$

Dabei hat $G_1(u)$ die Zykluslänge 3 mit H_1 als zugehöriger Standard-Prüfmatrix und $G_2(u)$ hat die Zykluslänge $n_2 = 4$ mit der Prüfmatrix H_2. Als Stellenzahl des Codes wird $n = \text{kgV}(3,4) = 12$ bestätigt.
Im nächsten Kapitel findet man hierzu die weiteren Beispiele 6.2, 6.5 und 6.6.

Eine ganz andere Bestimmungsweise der Prüfmatrix von zyklischen Codes nimmt die Tatsache zum Ausgangspunkt, daß auch der durch die Prüfmatrix erzeugte duale Code wieder zyklisch ist.
Wenn man einen linearen Code durch Vertauschen von Stellen modifiziert, so erhält man die Generator- und Prüfmatrix des derart veränderten Codes durch Vertauschen der zu den Stellen gehörigen Spalten. Auch eine zyklische Verschiebung, die naturgemäß einen zyklischen Code in sich selbst überführt, ist eine Vertauschung von Stellen, so daß man durch zyklische Verschiebung von Spalten der Generator- und Prüfmatrix wieder zu äquivalenten Generator- und Prüfmatrizen des Codes gelangt.
Die anschließenden Ausführungen zeigen, daß das für den Aufbau der Prüfmatrix grundlegende Generatorpolynom des dualen Codes im wesentlichen durch die Polynomdivision $(u^n + 1)/G(u)$ berechnet werden kann.

Definition 5.15 Wir bezeichnen zwei Polynome vom Grad k bzw. m als zueinander *orthogonal*, wenn ihr Produkt $u^{k+m} + 1$ ergibt.   ⌟

Satz 5.12 Das Generatorpolynom $G(u)$ eines zyklischen (n, k)-Codes ist orthogonal zum reziproken Polynom $H^{(-1)}(u)$ des Generatorpolynoms $H(u)$ des dualen Codes, d.h. $H^{(-1)}(u) = (u^n + 1)/G(u)$.   ⌟

Beweis: Sei $G(u) = g_k u^k + \cdots + g_0$ und $H(u) = h_m u^m + \cdots + h_0$. Die Koeffizienten g_i und h_i seien fortgesetzt durch $g_i = 0$ für $i \notin \{0, \cdots, k\}$ und $h_i = 0$ für $i \notin \{0, \cdots, m\}$.

Die Vektoren $\mathbf{g} = (0 \cdots 0 \, g_k \cdots g_0)$ und $\mathbf{h} = (0 \cdots 0 \, h_m \cdots h_0)$ und ihre sämtlichen zyklischen Verschiebungen sind für duale zyklische Codes definitionsgemäß zueinander orthogonal und somit gilt:

$$\sum_i g_{i+l} \, h_i = 0 \qquad \text{für} \quad l \in \{k-1, \cdots, 1-m\}.$$

Der Fall $l > 0$ entspricht einer Linksverschiebung des Vektors $\mathbf{h}$ und $l < 0$ einer Linksverschiebung des Vektors $\mathbf{g}$ um l Stellen. Zudem gilt:

$$\sum_i g_{i+k} \, h_i = g_k \, h_0 = 1 \qquad \text{und} \qquad \sum_i g_{i-m} \, h_i = g_0 \, h_m = 1,$$

da jedes Generatormuster mit einer '1' beginnt und endet ($g_k = g_0 = h_m = h_0 = 1$).

Mit $\quad H^{(-1)}(u) = u^m H(u^{-1}) = h_0 u^m + \cdots + h_m \qquad$ folgt

$$G(u) \, H^{(-1)}(u) = (g_k u^k + \cdots + g_0)(h_0 u^m + \cdots + h_m)$$

$$= \sum_{l=0}^{k+m} u^l \left(\sum_i g_{l-m+i} h_i \right)$$

$$= \sum_{l=0}^{k+m} u^l \cdot \begin{cases} 0 & \text{falls } l - m \in \{k-1, \cdots, 1-m\} \\ 1 & \text{falls } l = k + m \text{ oder } l = 0 \end{cases} = u^{k+m} + 1.$$

$\square$

Demnach sind zwei Schritte nötig, um von einem gegebenen Generatorpolynom $G(u)$ zum Generatorpolynom $H(u)$ des dualen Codes zu gelangen:

(i) Eine Polynomdivision: $H^{(-1)}(u) := (u^n + 1)/G(u)$.
Schon vom Satz 5.10 her ist bekannt, daß $G(u)$ ein Teiler von $u^n + 1$ ist.

(ii) Die spiegelbildliche Vertauschung der Koeffizienten $h_i := h_{m-i}^{(-1)}$.

Beispiel 5.10 $G(u) = u^{10} + u^8 + u^5 + u^4 + u^2 + u + 1$ beschreibe als Generatorpolynom einen zyklischen $(15, 5)$-Code.
Man erhält dazu das orthogonale Polynom

$$H^{(-1)}(u) = (u^{15} + 1)/G(u) = u^5 + u^3 + u + 1 \qquad \Rightarrow$$

$$H(u) = u^5 + u^4 + u^2 + 1.$$

Die zyklischen Verschiebungen des entsprechenden Musters 110101 ergeben die Prüfmatrix:

$$H = \begin{pmatrix} 0\,0\,0\,0\,0\,0\,0\,0\,0\,1\,1\,0\,1\,0\,1 \\ 0\,0\,0\,0\,0\,0\,0\,0\,1\,1\,0\,1\,0\,1\,0 \\ \vdots \qquad\qquad \vdots \qquad\qquad \vdots \\ 1\,1\,0\,1\,0\,1\,0\,0\,0\,0\,0\,0\,0\,0\,0 \end{pmatrix}$$

5.4 Schaltwerke zur (De-)Codierung

5.4.1 Kontrollstellen und Syndromgenerierung

Bei vorliegender Standard-Prüfmatrix eines systematischen linearen Codes können die Gleichungen (5.9) und (5.11) direkt in Schaltungen zur Bestimmung der Kontrollstellen und des Syndroms umgesetzt werden.

Die Schaltung für die Kontrollstellen $x_{k+1} \cdots x_{k+m}$ nimmt die Datenstellen $x_1 \cdots x_k$ als Eingänge. Jede Kontrollstelle wird durch eine EXOR-Verknüpfung (Addition-modulo-2) bestimmt, wobei die Einsen in einer Zeile der Prüfmatrix die zu berücksichtigenden Datenstellen anzeigen.

Beispiel 5.11 Für einen systematischen (15,11)-Code mit der Prüfmatrix

$$H = (\tilde{H}_{k \times m} | E_{m \times m}) = \begin{pmatrix} 1 & 0 & 0 & 1 & 1 & 0 & 1 & 0 & 1 & 1 & 1 & 1 & 0 & 0 & 0 \\ 1 & 1 & 0 & 1 & 0 & 1 & 1 & 1 & 1 & 0 & 0 & 0 & 1 & 0 & 0 \\ 0 & 1 & 1 & 0 & 1 & 0 & 1 & 1 & 1 & 1 & 0 & 0 & 0 & 1 & 0 \\ 0 & 0 & 1 & 1 & 0 & 1 & 0 & 1 & 1 & 1 & 1 & 0 & 0 & 0 & 1 \end{pmatrix}$$

ergibt sich Abb. 5.2 als entsprechende Schaltung zur Kontrollstellenbestimmung. Diese Anordnung wird im folgenden als *Schaltmatrix* bezeichnet mit der schemati-

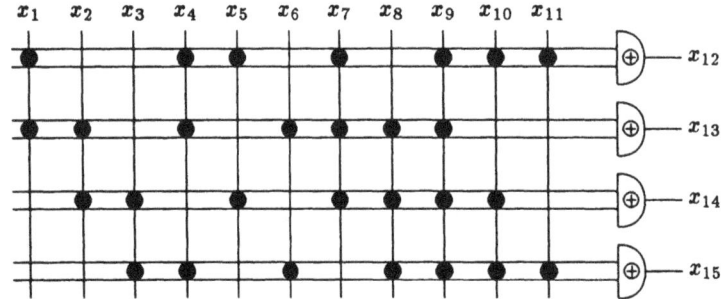

Abbildung 5.2: Schaltmatrix

schen Darstellung in Abb. 5.3. Entsprechend der Codierungsschaltung kann auch die Bestimmung des Syndroms $S = (s_1 \cdots s_m)^T$ bei der Decodierung durch eine Schaltmatrix erfolgen (Abb. 5.4). Da die letzten m Spalten der Standard-Prüfmatrix H eine Einheitsmatrix bilden, weist die Schaltung zur Syndromgenerierung im Vergleich zur Kontrollstellenbestimmung eine Erweiterung um einen zusätzlichen Eingang in jeder zeilenweisen EXOR-Verknüpfung auf.

Neben der EXOR-Verknüpfung werden in weiteren Schaltungen auch UND- und ODER-Bausteine sowie Inverter zur Realisierung von Bool'schen Schaltfunktionen

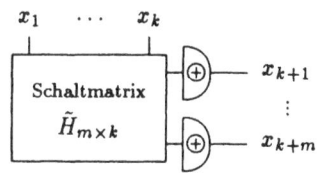

Abbildung 5.3: Schematische Darstellung der Schaltmatrix

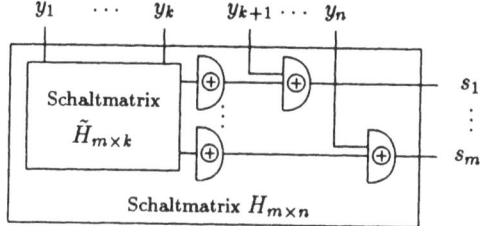

Abbildung 5.4: Schaltmatrix zur Decodierung

verwendet. Eine Invertierung $\neg x = 1 - x$ wird durch einen Punkt am zugehörigen Ein- oder Ausgang des Schaltelements gekennzeichnet, vergleiche Abb. 5.5. Für die Schaltelemente ist hier eine beliebige Anzahl von Eingängen vorgesehen. Ihre Realisierung wird jedoch mit wachsender Anzahl aufwendiger. Geht man von gleichartigen Bausteinen mit je r Eingängen aus, so ist für insgesamt $n > r$ Eingänge eine mehrstufige Schaltung notwendig mit $s = \lceil \log_r n \rceil$ Stufen. Mit der Stufenzahl wächst gleichzeitig auch die Signallaufzeit der Schaltung linear.

Im Beispiel benötigt man eine 2-stufige Schaltung für jede Stelle des Syndroms bei drei zur Verfügung stehenden Eingängen pro EXOR-Gatter, siehe Abbildung 5.6 für die erste Stelle $s_1 = \text{EXOR}(y_1, y_4, y_5, y_7, y_9, y_{10}, y_{11}, y_{12})$. Nachdem das Fehlersyndrom ermittelt ist, kann die Fehlererkennung für einen linearen Code allgemein mit dem einfachen Test $S \overset{?}{=} 0$ durchgeführt werden, so daß eine ODER-Verknüpfung für die Fehleranzeige $E = \text{ODER}(s_1, \cdots, s_m)$ genügt.

Decodiertabellen

Mit der Zuordnung von Korrekturmustern zu den Syndromen (siehe Abschnitt 5.2.2) ist im Prinzip auch ein allgemeines Verfahren zur Korrektur linearer Codes gegeben.
Dazu kann das Syndrom als Adresse in einem Speicher aufgefaßt werden, unter der das zugehörige Korrekturmuster abgelegt ist, so daß die Korrektur mit

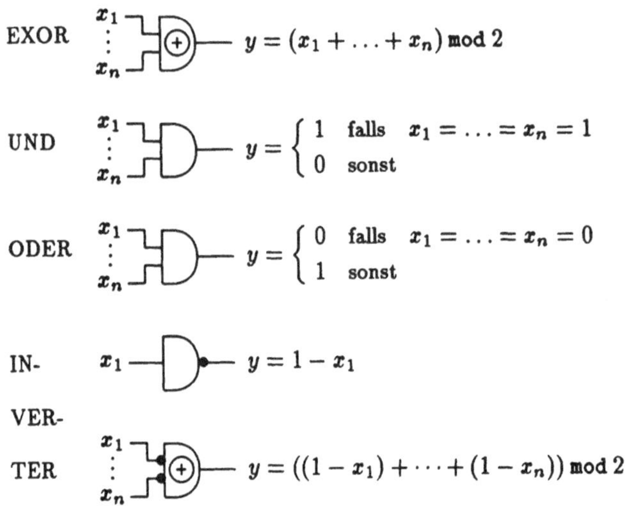

EXOR $\quad x_1 \atop \vdots \atop x_n$ $y = (x_1 + \ldots + x_n) \bmod 2$

UND $\quad x_1 \atop \vdots \atop x_n$ $y = \begin{cases} 1 & \text{falls} \quad x_1 = \ldots = x_n = 1 \\ 0 & \text{sonst} \end{cases}$

ODER $\quad x_1 \atop \vdots \atop x_n$ $y = \begin{cases} 0 & \text{falls} \quad x_1 = \ldots = x_n = 0 \\ 1 & \text{sonst} \end{cases}$

IN-

VER- $\quad x_1$ $y = 1 - x_1$

TER $\quad x_1 \atop \vdots \atop x_n$ $y = ((1 - x_1) + \cdots + (1 - x_n)) \bmod 2$

Abbildung 5.5: Elementare Schaltfunktionen

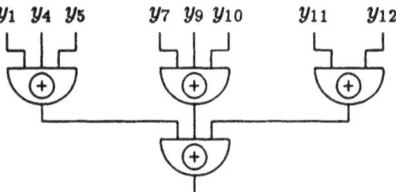

Abbildung 5.6: Schaltnetz zur Syndrombestimmung

Hilfe eines Speicherzugriffs durchzuführen ist. Allerdings sind die mit dieser einfachen Vorgehensweise verbundenen Speicherplatzanforderungen für Codes mit
vielen Kontrollstellen so umfangreich, daß sie auch mit moderner Speichertech-
nik oft nicht realisierbar sind. Für m Kontrollstellen müssen 2^m verschiedene
n-bit-Korrekturmuster abgespeichert werden. Wenn nur die Fehlermuster vom
Gewicht $\leq e$ korrigiert werden sollen, so kann man statt des gesamten Korrekturmusters jeweils direkt die zu ändernden Stellen auflisten, wozu jeweils $e \lceil \log_2 n \rceil$
bit notwendig sind. Aber auch dann ist ein Adressraum der Größe 2^m erforderlich.

Im Rahmen der algebraischen Codierungstheorie wurden eine Reihe von Codes
entwickelt, die eine einfache Decodierung ohne großen Speicherbedarf ermöglichen.

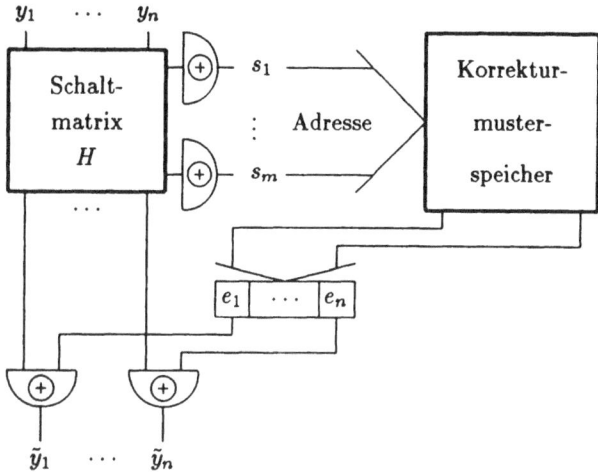

Abbildung 5.7: Decodiertabelle

Einige dieser Codes werden im nächsten Kapitel beschrieben, wobei auch ihre speziellen Decodierungsschaltungen erläutert werden.

5.4.2   Schieberegister für zyklische Codes

Codierungs- und Decodierungsschaltungen für zyklische Codes können in der eben für lineare Codes beschriebene Weise erstellt werden. Daneben bietet sich die Verwendung von rückgekoppelten Schieberegistern an. Diese bestehen aus einer Reihe binärer Speicherelemente, die mit jedem Takt eine zyklische Verschiebung ihres Inhalts vornehmen. Während bisher alle Stellen eines Eingabeworts parallel in einer Schaltung miteinander verknüpft wurden, arbeiten die Schieberegister im Gegensatz dazu sequentiell mit den Steuerungsimpulsen eines Taktgebers. Zu jeder Taktzeit wird dementsprechend nur eine Stelle ein- oder ausgegeben, wobei die Ausgabe in manchen Fällen noch einige Takte nach der Eingabe andauert oder zeitversetzt zur Eingabe verläuft.

Die Kontrollstellenbestimmung

Es sei $G(u) = u^m + g_{m-1} u^{m-1} + \cdots + g_1 u + 1$ das Generatorpolynom des zyklischen Codes ($g_i \in$GF(2)). Das zu diesem Polynom gehörige Schieberegister besteht aus m binären Speicherstellen. Die i-te Stelle übernimmt im nächsten Takt den Wert der $(i-1)$-ten Stelle unter zusätzlicher Addition des Eingangssignals (E) für diejenigen Stellen mit $g_i = 1$.

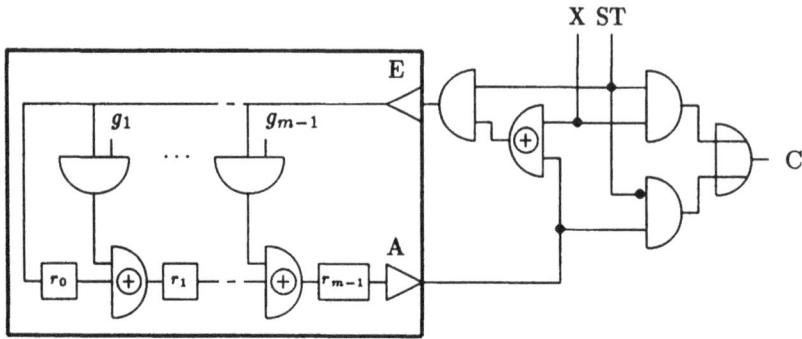

Abbildung 5.8: Codierung mit Schieberegister

Der aktuelle Inhalt eines Schieberegisters zu einer Zeit t sei in polynomieller Schreibweise $R_t(u)$ $(t \in \mathbb{N}_0)$ dargestellt:

$$R_t(u) = r_{m-1}\, u^{m-1} + \cdots + r_1\, u + r_0 \qquad r_i \in \{0,1\}.$$

Wenn der Ausgang (A) des Schieberegisters direkt zu seinem Eingang (E) rückgekoppelt wird, so entspricht die Verschiebung des Registerinhalts in jedem Takt einer Multiplikation mit u bei Rechnung modulo $G(u)$:

$$R_{t+1}(u) = \big(u\, R_t(u)\big) \bmod G(u) \qquad \text{für } E = A.$$

Ausgehend von $R_0(u) = 1 = u^0$ durchlaufen die Registerinhalte dann den Zyklus der Polynomreste $R_t(u) = u^t \bmod G(u)$. Ist $G(u)$ ein primitives Polynom, so erhält man einen Zähler für die zyklische multiplikative Gruppe des Galoisfeldes $GF(2^m)$, der alle $2^m - 1$ verschiedenen Registerinhalte außer $R_t(u) = 0$ in einem Zyklus durchläuft.

Die Kontrollstellenberechnung mit einem Schieberegister wird in zwei Phasen abgewickelt, wobei zunächst für k Takte am Kontrolleingang ST der Wert 1 anliegt, während in der zweiten Phase m Takte mit $ST = 0$ folgen.

In der ersten Phase werden die Datenstellen $x_1, \cdots, x_k$ eingelesen und erscheinen gleichzeitig am Ausgang C. Das Register ist zu Beginn leer. Im Verlauf der Eingabephase führt die Schaltung auf die Registerinhalte:

$$R_0(u) = 0;$$
$$R_1(u) = x_1 u^m \bmod G(u);$$
$$R_2(u) = (x_1 u^{m+1} + x_2 u^m) \bmod G(u);$$

$$\vdots \qquad\qquad \vdots$$

$$R_k(u) = \left(\sum_{i=1}^{k} x_i u^{m+k-i} \right) \bmod G(u)$$
$$= (u^m N(u)) \bmod G(u) = K(u) \qquad \text{vergl. (5.18)}.$$

Danach enthält das Register die gesuchten Kontrollstellen $x_{k+1}, \cdots, x_{k+m}$ mit der Polynomdarstellung $K(u) = \sum_{i=1}^{m} x_{k+i} \, u^{m-i}$.

In den folgenden m Takten der zweiten Phase werden die Kontrollstellen nacheinander ausgegeben, während das Register durch Nachschieben von Nullen wieder gelöscht wird.

Beispiel 5.12 Es sei $G(u) = u^4 + u^3 + 1$ und $N = (1\ 10000\ 00000)$. Man erhält dazu folgende Registerinhalte und Ausgaben:

Takt t	ST	X	C	$(r_3 \cdots r_0)$
1	1	1	1	(1001)
2	1	1	1	(0010)
3	1	0	0	(0100)
4	1	0	0	(1000)
5	1	0	0	(1001)
6	1	0	0	(1011)
7	1	0	0	(1111)
8	1	0	0	(0111)
9	1	0	0	(1110)
10	1	0	0	(0101)
11	1	0	0	(1010)
12	0		1	(0100)
13	0		0	(1000)
14	0		1	(0000)
15	0		0	(0000)

Es bleibt noch zu erwähnen, daß an Stelle des Generatorpolynoms $G(u)$ auch das dazu orthogonale Polynom $H(u)$ für den Aufbau der Schaltwerke verwendet werden kann. Das Schieberegister weist dann soviele Speicherstellen auf, wie der Code Datenstellen hat.

Syndromgenerierung

Die Berechnung des Fehlersyndroms für den durch $G(u)$ erzeugten zyklischen Code soll anhand der Standard-Prüfmatrix erfolgen. Sei $Y = (y_1, \cdots, y_n)$ das empfangene Wort, das aus einem Codewort X und einer überlagerten Verfälschung F entstanden ist. Für die Polynomdarstellung des Syndroms S gilt dann:

$$
\begin{aligned}
S(u) &= Y(u) \bmod G(u) = \big(X(u) + F(u)\big) \bmod G(u) = F(u) \bmod G(u) \\
&= (y_1 u^{n-1} + \cdots + y_n) \bmod G(u) = (f_1 u^{n-1} + \cdots + f_n) \bmod G(u).
\end{aligned}
\tag{5.22}
$$

Die schon zur Kontrollstellenberechnung eingesetzte Schaltung in Abb. 5.8 kann hier ebenso zur Syndromerzeugung genutzt werden, wenn die Eingabephase mit dem Steuersignal $ST = 1$ auf n Takte erweitert wird. Ausgehend vom Leerzustand $R_0(u) = 0$ ist der Registerinhalt nach der Eingabe:

$$R_n(u) = \left(\sum_{i=1}^{n} y_i u^{m+n-i} \right) \bmod G(u)$$

$$= \left(u^m \sum_{i=1}^{n} y_i u^{n-i} \right) \bmod G(u) = (u^m S(u)) \bmod G(u).$$

Beispiel 5.13 Wir betrachten wieder den Code mit $G(u) = u^4 + u^3 + 1$ und es sei $Y(u) = u^{14} + u^{13} + u^3$ und damit $S(u) = u$. Abb. 5.9 zeigt die zugehörige Schaltung zur Syndromgenerierung. Der Registerinhalt $R_n(u) = u^m S(u) \bmod G(u)$

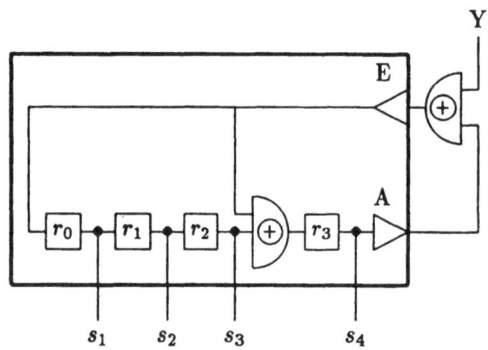

Abbildung 5.9: Schaltung zur Syndromgenerierung

stellt das Syndrom zwar nur indirekt dar, eignet sich jedoch ebensogut als Ausgangspunkt für die Decodierung wie die direkte Darstellung.
Die direkte Darstellung erhält man mit der in Abbildung 5.10 angegebenen Schaltung, wobei die Eingabe Y nur zur niedrigsten Stelle r_0 des Registers addiert wird. Die Schaltungen in Abb. 5.9 und Abb. 5.10 führen dann im i-ten Takt unterschiedliche Operationen aus, nämlich:

$$R_i(u) = u\,R_{i-1}(u) + y_i\,u^m \qquad \text{in Abbildung 5.9 und}$$
$$R_i(u) = u\,R_{i-1}(u) + y_i \qquad \text{in Abbildung 5.10.}$$

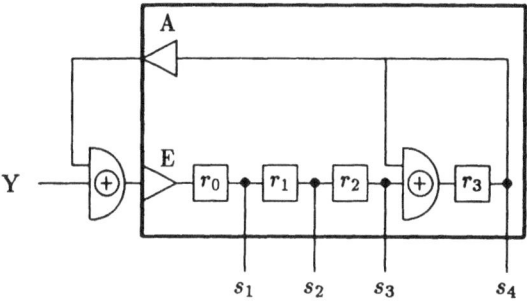

Abbildung 5.10: Syndromgenerierung in direkter Darstellung

Die Registerinhalte zum betrachteten Beispiel 5.13 sind für die beiden Varianten in der folgenden Tabelle gegenübergestellt.

Takt t	Y	$(r_3 \cdots r_0)$ in Abb. 5.9	$(r_3 \cdots r_0)$ in Abb. 5.10
1	1	(1001)	(0001)
2	1	(0010)	(0011)
3	0	(0100)	(0110)
$\vdots$	$\vdots$	$\vdots$	$\vdots$
11	0	(1010)	(1111)
12	1	(0100)	(0110)
13	0	(1000)	(1100)
14	0	(1001)	(0001)
15	0	(1011)	(0010)

Eine sequentielle Einzelfehler-Korrekturschaltung

Die Abbildung 5.11 zeigt den Aufbau einer Schaltung zur Decodierung eines zyklischen Codes, die eine Korrektur von Einzelfehlern durchführt. Die Schaltung arbeitet in zwei Phasen mit einer Dauer von je n Taktzeiten. In der ersten Phase erfolgt mit der Steuerung $\mathrm{ST} = 1$ die Eingabe des Wortes $Y = (y_1, \cdots, y_n)$ und in der zweiten Phase bei $\mathrm{ST} = 0$ die gegebenenfalls korrigierte Ausgabe $\hat{Y}$.
Während der Eingabephase wird das Wort Y in das Schieberegister $(q_n, \cdots, q_1)$ aufgenommen. Die Stellen werden mit jedem Takt ohne Rückkopplung weitergereicht, so daß nach n Takten $q_i = y_i$ $(i = 1, \cdots, n)$ gilt. Gleichzeitig wird im Register R das Syndrom wie in Abb. 5.9 berechnet und es enthält am Ende der Eingabe das Ergebnis $R_n(u) = \left(u^m\, S(u)\right) \bmod G(u)$.
Wenn Y ein Codewort ist, so ist $R_n(u) = 0$. In der Ausgabephase bleibt dann das Register R leer und die Stellen des Wortes Y erscheinen nacheinander unverändert am Ausgang.

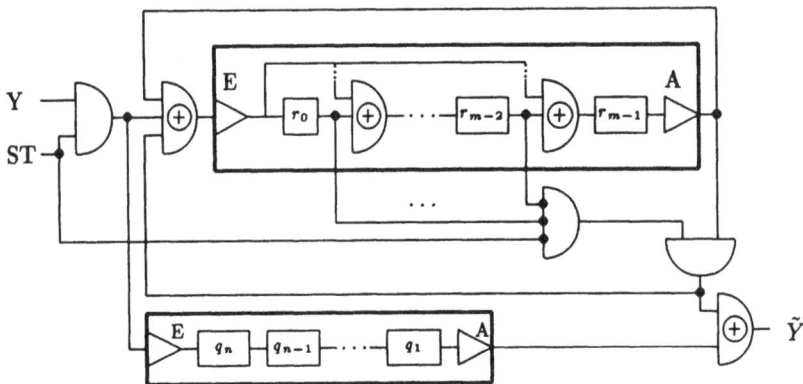

Abbildung 5.11: Sequentielle Decodierschaltung

Wenn Y durch eine Verfälschung an einer Stelle l von einem Codewort abweicht, so gilt $F(u) = u^{n-l}$ und gemäß (5.22) folgt für das Syndrom:

$$S(u) = F(u) \bmod G(u) = u^{n-l} \bmod G(u) = u^{-l} \bmod G(u).$$

Der Registerinhalt von R ist dann zu Beginn der Ausgabe $R_n(u) = u^{m-l} \bmod G(u)$ und wird danach fortgeführt durch:

$$R_{n+i}(u) = u^{m-l+i} \bmod G(u) \qquad \text{für } 0 \le i < l.$$

Die zu korrigierende l-te Stelle kommt im $(n+l-1)$-ten Takt zur Ausgabe. Gleichzeitig gilt:

$$R_{n+l-1}(u) = u^{m-1} \bmod G(u) = u^{m-1}.$$

Der Registerinhalt u^{m-1} dient daher als Anzeige dafür, daß die gerade auszugebende Stelle korrigiert werden soll, zumal alle Registerinhalte in den vorangehenden Takten der Ausgabephase wegen der zyklischen Fortschaltung im Register R von u^{m-1} verschieden sind. Im angegebenen Schaltbild überprüft demgemäß ein Detektor, ob $(r_0 \cdots r_{m-1}) = (0 \cdots 01)$ ist. Daraufhin wird die aktuelle Ausgabe y_l geändert in $\neg y_l$. Noch im gleichen Takt, in dem diese Fehlerkorrektur erfolgt, wird das Register R durch Nachschieben einer Null gelöscht und bleibt bis zur nächsten Eingabe leer:

$$R_{n+i}(u) = 0 \qquad \text{für } i \ge l.$$

Im Beispiel 5.13 des durch $G(u) = u^4 + u^3 + 1$ erzeugten Codes unterscheidet sich ein empfangenes Wort $Y = (11001\ 00000\ 01010)$ an der Stelle $l = 5$ vom Codewort $C = (11000\ 00000\ 01010)$. Das Register R startet dann mit einem Registerinhalt $R_n(u) = u^{m-l} \bmod G(u) = u^{14} \bmod G(u)$ im ersten Ausgabetakt und fährt zyklisch mit $R_{n+i}(u) = u^{14+i} \bmod G(u)$ fort, bis $R_{n+4}(u) = u^{14+4} \bmod G(u) = u^3 = u^{m-1}$ erreicht wird, was zur Korrektur des vermuteten Fehlers an der fünften Stelle führt.

Man beachte, daß das Fehlersyndrom von der zugrundegelegten Prüfmatrix abhängt, so daß die hier vorgestellten Schaltungen zur Syndromberechnung und Fehlerkorrektur nur für die Standard-Prüfmatrix des zyklischen Codes verwendbar sind.

Wenn das Generatorpolynom in mehrere Faktoren zerlegbar ist und die Prüfmatrix in Standard-Prüfmatrizen zu den einzelnen Faktoren aufgeteilt ist, so kann eine entsprechende Schaltung für die Syndromgenerierung mit einem rückgekoppelten Schieberegister für jeden Faktor aufgebaut werden.

5.5   Übungen zu Kapitel 5

Übung 5.1

In *Breitband-ISDN*-Kommunikationsnetzen ist eine paketisierte Datenübertragung vorgesehen. Jedes Datenpaket umfasst 53 Byte (1 *Byte* = 8 bit; auch als *Oktett* bezeichnet), von denen 5 Byte als Steuerungsinformation den sogen. *Header* bilden. Ein Byte des Headers ist als Kontrollteil für einen Code zur Absicherung der Steuerungsinformation vorgesehen.

Entwerfen Sie einen Odd-Weight-Code für diesen Zweck. Wieviele Einsen stehen in den Zeilen bzw. Spalten der Prüfmatrix?

Wieviele Kontrollstellen benötigt ein Odd-Weight-Code mindestens für die 40 Binärstellen des Headers bzw. für ein ganzes Datenpaket?

Übung 5.2

Gegeben seien zwei lineare und zyklische Blockcodes A und B. Entscheiden Sie, ob folgende daraus abgeleiteten Codes im allgemeinen linear sind bzw. zyklisch sind. Begründen Sie jeweils ihre Antwort.

a) Die Vereinigungsmenge beider Codes: $C_V = A \cup B; X \in C_V \Leftrightarrow X \in A$ oder $X \in B$.

b) Die Schnittstelle beider Codes: $C_S = A \cup B; X \in C_S \Leftrightarrow X \in A$ oder $X \in B$.

c) Der spiegelbildliche Code A_{Sp} mit
   $X_{Sp} = (x_n \ldots x_1) \in A_{Sp} \Leftrightarrow X = (x_1 \ldots x_n) \in A$ $(n \in \mathbb{N})$.

d) Der um eine Stelle verkürzte Code A_R:
   $X_R = (x_1 \ldots x_{n-1}) \in A_R \Leftrightarrow X \in A$.

e) Ein um zwei Stellen erweiterter Code A_E, für den das Gewicht $w(X_E)$ seiner Codewörter durch 3 teilbar ist.

$$X_E = (x_1 \ldots x_n x_{n+1} x_{n+2}) \in A_E \Leftrightarrow X \in A$$

   mit $x_{n+1} = 1 \Leftrightarrow w(X) \bmod 3 \neq 0$ und $x_{n+2} = 1 \Leftrightarrow w(X) \bmod 3 = 1$.

f) Der duale Code $\overline{A}$, dessen Generatormatrix die Prüfmatrix des Codes A ist und umgekehrt.

Übung 5.3

Sei $G = \begin{pmatrix} 1 & 0 & 1 & 1 & 0 \\ 0 & 1 & 0 & 0 & 1 \\ 0 & 1 & 1 & 0 & 0 \end{pmatrix}$ die Generatormatrix eines linearen Blockcodes.

a) Bestimmen Sie eine Prüfmatrix H des Codes.

b) Klassifizieren Sie alle 5–stelligen Binärwörter Y nach ihren Syndromen $H Y^T$.
   Welche Einzelfehlermuster sind für diesen Code eindeutig korrigierbar?

Übung 5.4

Gegeben sei die Prüfmatrix H für einen binären (7,4)–Hamming–Code:

$$H = \begin{pmatrix} 0 & 0 & 0 & 1 & 1 & 1 & 1 \\ 0 & 1 & 1 & 0 & 0 & 1 & 1 \\ 1 & 0 & 1 & 0 & 1 & 0 & 1 \end{pmatrix}$$

a) Wie lauten hier die linearen Gleichungen zur Bestimmung der Kontrollstellen, die üblicherweise am Ende des Wortes stehen?

b) Welches Codewort gehört zur Nachricht 0111?

c) Geben Sie eine Generatormatrix des Codes an.

d) Wie groß ist die Minimal–Distanz des Codes?

e) Sei $S = (s_1, s_2, s_3)^T$ das Syndrom eines Einzelfehlers. Bestimmen Sie die Position i des Fehlers in Abhängigkeit vom Syndrom, d.h. als Funktion von s_1, s_2 und s_3.

f) Zählen Sie alle Fehlermuster mit genau drei Einzelfehlern auf, die bei einer Übertragung für den Empfänger nicht erkennbar sind.

Übung 5.5

Geben Sie Beispiele für *selbstduale Codes* an, deren Generatormatrix auch gleichzeitig Prüfmatrix ist.

Übung 5.6

a) Welche Anzahl von Stellen und Kontrollstellen hat ein zyklischer Code mit dem Generatorpolynom $G(u) = (u^3 + u + 1)(u^2 + u + 1)$, der zur Fehlerkorrektur geeignet ist?

b) Stellen Sie eine Prüfmatrix des Codes auf, zum einen mit Hilfe von Teilmatrizen für die beiden Faktoren des Generatorpolynoms und zum anderen durch Berechnung des reziproken orthogonalen Polynoms.

c) Welche Minimaldistanz hat der Code?

Übung 5.7

Man stelle ein Prüfschema für das Generatorpolynom $G(u) = u^5 + u^2 + 1$ auf und berechne die Kontrollstellen für die Nachricht $N = (01 \cdots 1)$.

Übung 5.8

Ein zyklischer Code hat das Generatorpolynom $G(u) = u^8 + u^5 + u^4 + u^3 + 1$. Bestimmen Sie seine Länge n und das Generatorpolynom $H(u)$ seines dualen Codes.

Hinweis: Für die Länge gilt: $n \leq 25$.

Übung 5.9

Es werden zyklische Binärcodes betrachtet, deren Länge n eine Primzahl ist.

a) Zeigen Sie, daß die Anzahl $A(r)$ der Codewörter vom Gewicht r in solchen Codes durch n teilbar ist, außer $A(0) = 1$ und $A(n) \in \{0, 1\}$.

b) Zeigen Sie, daß $2^{n-m} \bmod n = 1 + A(n)$ bei m Kontrollstellen gilt.

c) Man kann die Beziehung in Teil b) nutzen, um Werte für die Anzahl m der Kontrollstellen von zyklischen Codes der Länge n auszuschließen. Bestimmen Sie für $n = 17$ und $n = 31$ alle Werte für m, die nicht mit b) vereinbar sind.

Kapitel 6

Spezielle lineare und zyklische Codes

6.1 Hamming-Codes

Definition 6.1 Ein *Hamming-Code* ist ein linearer $(2^m - 1, 2^m - m - 1)$-Code, in dessen Prüfmatrix als Spalten alle $2^m - 1$ vom Nullvektor verschiedenen m-stelligen Binärvektoren stehen.   ⌟

Satz 6.1 Hamming-Codes haben die Minimaldistanz $h = 3$ und sind dichtgepackt.   ⌟

Beweis: Da je zwei Spaltenvektoren der Prüfmatrix verschieden sind, gilt $h > 2$. Da alle Spaltenvektoren $\neq \mathcal{O}$ vorkommen, ist mit S_1 und S_2 auch $S_3 = S_1 + S_2$ ein Spaltenvektor und wegen der linearen Abhängigkeit dieser drei Vektoren folgt gemäß Satz 5.8, daß $h = 3$ ist.

Für Hamming-Codes sind also zwei Einzelfehler in einem Wort immer erkennbar, und ein Fehler ist korrigierbar. Dabei gilt $\log_2 \sum_{i=0}^{1} \binom{2^m - 1}{i} = m$, so daß ein Hamming-Code perfekt ist.   □

Satz 6.2 Wenn das Generatorpolynom $G(u)$ eines zyklischen Codes der Länge $n = 2^m - 1$ ein primitives Polynom vom Grad m ist, dann erzeugt $G(u)$ einen zyklischen Hamming-Code.   ⌟

Zum Beweis genügt es zu erwähnen, daß für ein primitives Polynom $G(u)$ vom Grad m das Element $u \in GF(2^m)$ die Ordnung $2^m - 1$ hat, d.h. $u^i \bmod G(u)$ durchläuft alle $2^m - 1$ Elemente aus $GF(2^m) \backslash \{0\}$, deren Vektordarstellungen in den Spalten der Prüfmatrix erscheinen, siehe Satz 5.11.   □

Schon das Beispiel 5.4 befaßt sich mit einem $(7, 4)$-Hamming-Code, und das Beispiel 5.6 erörtert seine zyklische Darstellung.

Fehlerkorrektur für Hamming-Codes

Liegt genau ein Einzelfehler an der i-ten Stelle vor, so ist das Fehlersyndrom S gleich dem i-ten Spaltenvektor der Prüfmatrix H.

$$F = (\ \underbrace{0 \cdots 0}_{(i-1)-mal}\ 1\,0 \cdots 0) \ \Rightarrow\ S = H\,(X + F)^T = H\,F^T = (h_{1i}, h_{2i}, \cdots, h_{mi})^T.$$

Da alle Spalten der Prüfmatrix unterschiedlich sind, sind auch alle Syndrome für $i = 1, \cdots, n$ verschieden, so daß anhand des Syndroms die fehlerhafte Stelle i ermittelt werden kann.

Beispiel 6.1 Die Prüfmatrix eines (15, 11)-Hamming-Codes kann folgende Gestalt haben:

Stelle $i =$	1	2	3	4	5	6	7	8	9	1 0	1 1	1 2	1 3	1 4	1 5
	0	0	0	0	0	0	0	1	1	1	1	1	1	1	1
	0	0	0	1	1	1	1	0	0	0	0	1	1	1	1
	0	1	1	0	0	1	1	0	0	1	1	0	0	1	1
	1	0	1	0	1	0	1	0	1	0	1	0	1	0	1

Tritt ein Fehlermuster mit einem Einzelfehler an der Stelle i auf, so ergibt die Überprüfung des verfälschten Wortes das Syndrom $S = (h_{1i}, \cdots, h_{4i})^T$. Im Beispiel steht in der i-ten Spalte der Prüfmatrix gerade die Binärdarstellung von i, so daß hier das Syndrom als Binärzahl ausgewertet die fehlerhafte Stelle anzeigt:

$$i = 2^3\,h_{1i} + 2^2\,h_{2i} + 2\,h_{3i} + h_{4i}.$$

Dazu kann eine Fehlerkorrektur-Schaltung mit einer Schaltmatrix zur Syndrombestimmung und einem *Decoder* zur Fehlerstellenbestimmung aufgebaut werden, siehe Abb. 6.1. Das eingegebene Wort $Y = (y_1, \cdots, y_n)$ wird gegebenenfalls zu $\tilde{Y} = (\tilde{y}_1, \cdots, \tilde{y}_n)$ korrigiert und es gibt eine Anzeige (E) für die Fehlererkennung.

Zur Decodierung eines zyklischen Hamming-Codes kann man die Schaltung in Abb. 5.11 einsetzen, die mit Hilfe von Schieberegistern eine Einzelfehlerkorrektur allgemein für einen zyklischen Code mit Generatorpolynom $G(u)$ vornimmt.

6.2   SEC/DED-Codes

In diesem Abschnitt befassen wir uns mit Codes, die bei einer Minimaldisdanz $h = 4$ in der Lage sind, Einzelfehler in einem Codewort zu korrigieren und darüber hinaus Doppelfehler an beliebigen Stellen zu erkennen (*Single-Error-Correcting/Double-Error-Detecting-Codes*).

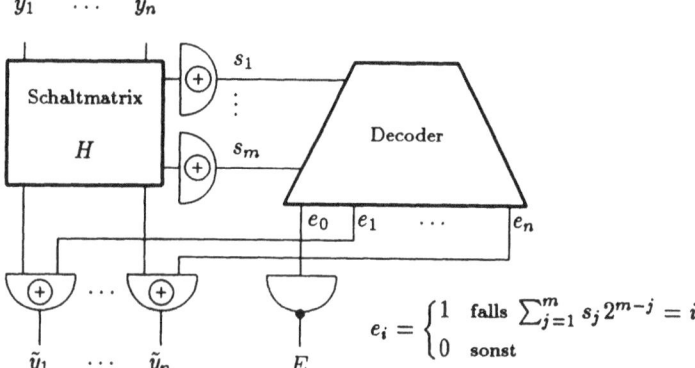

Abbildung 6.1: Decodierungsschaltung für einen Hamming-Code

6.2.1   Der zyklische Abramson-Code

Alle Codewörter eines zyklischen Hamming-Codes, die ein gerades Gewicht haben, bilden wiederum einen zyklischen Code, den *Abramson-Code*.

Das Generatorpolynom eines zyklischen Codes läßt in einfacher Weise erkennen, ob der Code nur Wörter mit geradem Gewicht besitzt. Dazu ist die Tatsache grundlegend, daß die Polynomdarstellung $X(u)$ eines Codeworts X mit geradem Gewicht durch $u + 1$ teilbar ist:

Satz 6.3 Ein zyklischer Code hat genau dann nur Wörter von geradem Gewicht, wenn sein Generatorpolynom $G(u)$ durch $u+1$ teilbar ist. Sonst gibt es gleichviele Codewörter mit geradem und ungeradem Gewicht und $\tilde{G}(u) = G(u)(u+1)$ bildet dazu das Generatorpolynom des zyklischen Codes, der nur die Wörter von geradem Gewicht umfaßt. ⌋

Dabei erfüllt das Generatorpolynom $\tilde{G}(u)$ auch die für zyklische Codes notwendige Bedingung $(u^n + 1) \bmod G(u) = 0$, da $\forall n : (u^n + 1) \bmod (u + 1) = 0$ gilt.
Zu einem primitiven Polynom $G_H(u)$ für die Erzeugung eines Hamming-Codes, ist demnach

$$G_{Ab}(u) = G_H(u)(u+1) \tag{6.1}$$

das Generatorpolynom des zugehörigen Abramson-Codes. Die Minimaldistanz des Abramson-Codes beträgt $h = 4$, da die Wörter vom Gewicht 3 des Hamming-Codes ausgeschlossen sind.

Für die Prüfmatrix eines Abramson-Codes bietet sich eine Aufteilung in Teilmatrizen zu den beiden Faktoren des Generatorpolynoms an, wobei dem Faktor $u + 1$ eine Prüfzeile aus n Einsen $(1 \cdots 1)$ entspricht.

Beispiel 6.2 Das Generatorpolynom $G(u) = (u^3 + u + 1)(u + 1) = u^4 + u^3 + u^2 + 1$ erzeugt einen Abramson-Code mit der Prüfmatrix:

Codewortstelle	x_1	x_2	x_3	x_4	x_5	x_6	x_7
	1	1	1	0	1	0	0
	0	1	1	1	0	1	0
	1	1	0	1	0	0	1
	1	1	1	1	1	1	1

Abramson-Codes erlauben das Erkennen von bis zu 3 Einzelfehlern. Eine Fehler-korrektur kann wie beim Hamming-Code für Einzelfehler erfolgen und zusätzlich für benachbarte Doppelfehler durchgeführt werden. Sei F_1 ein Einzelfehlermuster und F_2 ein Doppelfehlermuster, so gilt $(1 \cdots 1) F_1^T = 1$, aber $(1 \cdots 1) F_2^T = 0$, so daß die letzte Stelle des Fehlersyndroms S die Unterscheidung von Einzel- und Doppelfehlern ermöglicht. Die Syndrome für benachbarte Doppelfehler sind an verschiedenen Anfangsstellen ebenso unterschiedlich wie für die Einzelfehler, so daß eine eindeutige Decodierung für Einzel- und benachbarte Doppelfehler gewähr-leistet ist.

Beispiel 6.3 Wir betrachten den Code mit der Prüfmatrix aus Beispiel 6.2.

(i) Das Syndrom sei $(1011)^T$. Dann nimmt man einen Einzelfehler an, denn die letzte Stelle des Syndroms hat den Wert 1. Aus der Prüfmatrix liest man ab, daß der Fehler in der ersten Codewortstelle aufgetreten ist.

(ii) Das Syndrom sei $(1010)^T$. Da die letzte Stelle des Syndroms den Wert 0 hat, geht man von einem Doppelfehler aus. Nur die Summe des 3. und 4. Spaltenvektors der Prüfmatrix ergibt das Syndrom, so daß ein vermuteter benachbarter Doppelfehler die 3. und 4. Stelle des Codeworts betrifft.

6.2.2 Odd-Weight-Codes

Zur Konstruktion von *Odd-Weight-Code* werden die Spalten der Prüfmatrix durch paarweise verschiedene Binärvektoren gebildet, die alle ungerades Gewicht haben. Dabei wird die Summe der Gewichte der Spaltenvektoren und damit die Anzahl der Einsen in der Prüfmatrix möglichst klein gehalten [Hsia70].

Es werden folgende Anforderungen an einen optimalen Odd-Weight-Code gestellt:

(i) Einzelfehler sollen korrigierbar und gleichzeitig Doppelfehler erkennbar sein.

(ii) Ein n-stelliger Code soll $m = \lceil \log_2 n \rceil + 1$ Kontrollstellen haben, wie es auch beim Abramson-Code (mit $n = 2^{m-1} - 1$) der Fall ist.

(iii) In der Prüfmatrix sollen möglichst wenige Einträge den Wert 1 haben.

(iv) Die Gewichte verschiedener Zeilen der Prüfmatrix sollen sich um höchstens 1 unterscheiden.

Im Vergleich zum Abramson-Code, der nur die beiden ersten Anforderungen erfüllt, wird hier Wert auf eine kleinstmögliche Zahl von Schaltelementen gelegt und damit auf möglichst kurze und einheitliche Signallaufzeiten im Schaltwerk für die Syndromberechnung.

Die i-te Stelle des Syndroms wird durch eine UND-Verknüpfung bestimmt, wobei die Einsen der i-ten Zeile die darin eingehenden Codewortstellen angeben.

Geht man davon aus, daß UND-Gatter mit einer festen Anzahl von Eingängen als Schaltelemente verwendet werden, so ist mit einer wachsenden Anzahl von Einsen in den Zeilen der Prüfmatrix nicht nur eine lineare Zunahme der benötigten Bausteine verbunden, sondern auch ein logarithmisches Ansteigen der Signallaufzeiten. Eine UND-Verknüpfung mit insgesamt i Eingängen erfordert bei r Eingängen pro UND-Gatter ein Schaltwerk mit mindestens $\lceil log_r\, i \rceil$ Stufen.

Die Konstruktion der Odd-Weight-Codes sichert direkt die ersten beiden der vier genannten Anforderung. Alle Spalten der Prüfmatrix sind verschieden, so daß Einzelfehler wie beim Hamming-Code korrigierbar sind. Das Syndrom eines Einzelfehlers entspricht einer Spalte und hat ungerades Gewicht. Andererseits hat das Syndrom eines beliebigen Doppelfehlers immer gerades Gewicht. Dies ermöglicht wie schon bei den Abramson-Codes den Einsatz eines kombinierten Korrektur- und Erkennungsverfahrens, das einerseits jedes Einzelfehlermuster korrigiert und andererseits jedes Doppelfehlermuster durch ein Syndrom mit geradem Gewicht ($\neq 0$) anzeigt.

Die Stellenzahl eines Odd-Weight-Codes mit m Kontrollstellen ist durch $n \leq 2^{m-1}$ beschränkt, da die 2^m verschiedenen binären Spaltenvektoren mit m Komponenten je zur Hälfte gerades und ungerades Gewicht haben. Darunter sind jeweils $\binom{m}{g}$ Spalten vom Gewicht g. Für $n = 2^{m-1}$ enthält die Prüfmatrix alle verschiedenen Spalten mit ungeradem Gewicht $\leq m$. Die Anzahl $\#(n)$ der Einsen in der Prüfmatrix eines Odd-Weight-Codes mit $n = 2^{m-1}$ Stellen beträgt:

$$\#(n) = \sum_{\substack{i=1 \\ i\ ungerade}}^{m} i \binom{m}{i} = \sum_{\substack{i=1 \\ i\ ungerade}}^{m} m \binom{m-1}{i-1} = m \sum_{\substack{i=0 \\ i\ gerade}}^{m-1} \binom{m-1}{i}$$

$$= m\, 2^{m-2} = m\, n/2.$$

Wenn n keine Zweierpotenz ist, so werden zur Erfüllung der dritten Anforderung Spalten vom Gewicht $i = 1, 3, \cdots, 2l + 1$ in die Prüfmatrix aufgenommen, wobei $\sum_{i=1}^{l} \binom{m}{2i-1} \leq n < \sum_{i=1}^{l+1} \binom{m}{2i-1}$ gilt. Wegen der Bevorzugung von Spalten mit möglichst kleinem Gewicht gilt in jedem Fall $\#(n) \leq m\, n/2$.

Schließlich ist auch die letzte Anforderung nach einer gleichmäßigen Verteilung der Einsen auf die Zeilen der Prüfmatrix erfüllbar. Wenn alle $\binom{m}{g}$ Spalten eines Gewichts g in der Prüfmatrix stehen, so entfallen davon auf jede Zeile $\frac{g}{m}\binom{m}{g}$ Einsen.

Werden nicht alle Spalten vom Gewicht $2l + 1$ einbezogen, so kann man eine gleiche Anzahl von Einsen pro Zeile erreichen, indem man mit einer Spalte des Gewichts g stets auch ihre verschiedenen zyklischen Verschiebungen aufnimmt, solange die gewünschte Anzahl von Spalten nicht überschritten wird. Die restlichen $\leq m$ Spalten kann man mit dem Muster $(1 \cdots 1 0 \cdots 0)$ und seinen zyklischen Verschiebungen immer so belegen, daß die Gewichte verschiedener Zeilen sich nur um 1 unterscheiden.

Beispiel 6.4 Es sollen Odd-Weight-Codes der Längen $n = 8$ und $n = 22$ konstruiert werden. Man benötigt dazu 4 bzw. 6 Kontrollstellen. Für $n = 8$ werden jeweils alle 4 Spalten vom Gewicht 1 und 3 berücksichtigt. Für $n = 22$ werden die 6 Spalten vom Gewicht 1 und 16 der 20 Spalten vom Gewicht 3 in die Prüfmatrix aufgenommen. Man kann dazu folgende Standard-Prüfmatrizen angeben, deren Zeilen jeweils das Gewicht 4 bzw. 9 haben:

$$H_{Odd-W.-C.(8)} = \begin{pmatrix} 1 & 1 & 1 & 0 & 1 & 0 & 0 & 0 \\ 1 & 1 & 0 & 1 & 0 & 1 & 0 & 0 \\ 1 & 0 & 1 & 1 & 0 & 0 & 1 & 0 \\ 0 & 1 & 1 & 1 & 0 & 0 & 0 & 1 \end{pmatrix}$$

$$H_{Odd-W.-C.(22)} = \begin{pmatrix} 1\,0 & 1\,0 & 1\,0\,1\,0\,0\,1 & 1\,0\,0\,1\,0\,1 & 1\,0\,0\,0\,0\,0 \\ 1\,0 & 0\,1 & 1\,1\,0\,1\,0\,0 & 1\,1\,0\,0\,1\,0 & 0\,1\,0\,0\,0\,0 \\ 1\,0 & 1\,0 & 0\,1\,1\,0\,1\,0 & 0\,1\,1\,0\,0\,1 & 0\,0\,1\,0\,0\,0 \\ 0\,1 & 0\,1 & 0\,0\,1\,1\,0\,1 & 1\,0\,1\,1\,0\,0 & 0\,0\,0\,1\,0\,0 \\ 0\,1 & 1\,0 & 1\,0\,0\,1\,1\,0 & 0\,1\,0\,1\,1\,0 & 0\,0\,0\,0\,1\,0 \\ 0\,1 & 0\,1 & 0\,1\,0\,0\,1\,1 & 0\,0\,1\,0\,1\,1 & 0\,0\,0\,0\,0\,1 \end{pmatrix}$$

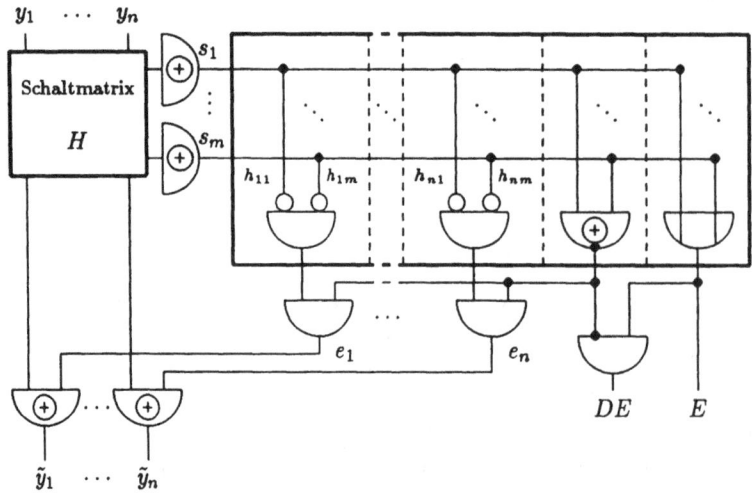

Abbildung 6.2: Korrektur von Odd-Weight-Codes

Das Schaltbild in Abbildung 6.2 zeigt eine SED-DED-Schaltung für Odd-Weight-Codes mit einer Anzeige für die Einzelfehler- (E) und Doppelfehlererkennung (DE). Die Fehlerstellenbestimmung erfolgt wiederum durch den Vergleich des Syndroms mit einer Spalte $(h_{i1} \cdots h_{im})^T$ der Prüfmatrix. Dazu wird jeweils eine UND-Verknüpfung über $s_1, \cdots, s_m$ benutzt, deren Eingänge invertiert sind, wenn das zugehörige Element h_{ij} in der Prüfmatrix den Wert Null hat.

Bisher wurden Codes betrachtet, die die Korrektur eines Einzelfehlers pro Codewort ermöglichen. Das reicht jedoch in vielen Anwendungen nicht aus. Oft betreffen Störungen eines Übertragungweges typischerweise mehrere aufeinanderfolgende Datenstellen und erzeugen sogen. Fehlerbüschel [1]. Vor allem in langen Codewörtern können auch mehrere unabhängige Fehler in einem Wort auftreten. Es werden nun Codes zur Korrektur von mehreren Fehlern vorgestellt, darunter zunächst die Fire-Codes, die sich zur Korrektur von Fehlerbüscheln eignen und die BCH-Codes, mit denen mehrere Einzelfehler an beliebigen Codewortstellen korrigierbar sind.

6.3 Fire-Codes

6.3.1 Erkennbarkeit von Fehlerbüscheln

Für lineare Codes sind Fehler allgemein genau dann erkennbar, wenn das Fehlermuster kein Codewort ist, so daß das Fehlersyndrom von Null verschieden ist. Seien $X(u)$, $F(u)$ und $S(u)$ die Polynomdarstellungen eines Codeworts, eines Fehlermusters und des zugehörigen Syndroms, so gilt für zyklische Codes mit einer Prüfmatrix in Standardform:

$$S(u) = \big(X(u) + F(u) \big) \bmod G(u) = F(u) \bmod G(u). \tag{6.2}$$

Definition 6.2 Ein *Fehlerbüschel* der Länge l ist ein Fehlermuster, das an nur l aufeinanderfolgenden Stellen von Null verschieden sein darf, und an der ersten und der letzten solchen Stelle den Wert 1 hat. Ein Büschel wird durch seine Anfangsstelle i und den Fehlervektor $F_B = (f_i \cdots f_{i+l-1})$ festgelegt. ⌋

Satz 6.4 In einem zyklischen Code ist ein Fehlerbüschel immer erkennbar, wenn seine Länge nicht größer ist als die Anzahl der Kontrollstellen $l \leq m$. ⌋

Beweis: Für ein Fehlerbüschel der Länge l mit Anfangsstelle i erhält man:

$$
\begin{aligned}
S(u) &= (f_i u^{n-i} + f_{i+1} u^{n-i-1} + \cdots + f_{i+l-1} u^{n-i-l+1}) \bmod G(u) \\
&= \big(u^{n-i-l+1} (f_i u^{l-1} + \cdots + f_{i+l-1} u^0) \big) \bmod G(u) \\
&= \big(u^{n-i-l+1} F_B(u) \big) \bmod G(u).
\end{aligned}
\tag{6.3}
$$

Die Polynomdarstellung $F_B(u)$ des Büschels hat den Grad $l - 1 < m$ und ist daher ebenso wie $u^{n-i-l+1}$ nicht durch $G(u)$ teilbar. Damit ist $S(u)$ von Null verschieden, und der Fehler ist erkennbar. □

---

[1]Dies steht im Gegensatz zur Annahme eines symmetrischen Binärkanals, für den die Positionen von Einzelfehlern nicht zusammenhängend bzw. voneinander unabhängig sind.

6.3.2   Korrektur von Fehlerbüscheln mit Fire-Codes

Definition 6.3 Ein Fire-Code ist als zyklischer Code durch ein Generatorpolynom von der Form

$$G(u) = G_1(u)(u^{m_2} + 1) \tag{6.4}$$

gegeben. Dabei ist $G_1(u)$ das Generatorpolynom eines zyklischen $(n_1, n_1 - m_1)$-Codes. Die Stellenzahl des Fire-Codes beträgt dementsprechend $n = \mathrm{kgV}(n_1, m_2)$ (kgV: kleinstes gemeinsames Vielfaches) bei $m = m_1 + m_2$ Kontrollstellen.   ⌋

Satz 6.5 Ein Fire-Code ist in der Lage ein Fehlerbüschel zu korrigieren, dessen Länge die Schranke $b = \min(m_1, \lceil m_2/2 \rceil)$ nicht übersteigt.   ⌋

Die Vorgehensweise zur Korrektur von Fire-Codes setzt eine Aufteilung der Prüfmatrix H in zwei Teile zu den beiden Faktoren des Generatorpolynoms voraus, siehe (5.21). H_1 bezeichne die $(m_1 \times n_1)$-Standard-Prüfmatrix des von $G_1(u)$ erzeugten zyklischen Codes, während die zum Faktor $u^{m_2} + 1$ gehörige Prüfmatrix eine $(m_2 \times m_2)$-Einheitsmatrix E ergibt. Die Prüfmatrix des Fire-Codes hat dann die Struktur:

$$H = \left(\begin{array}{ccc} \overbrace{H_1 \ \cdots \ H_1}^{n/n_1\text{-mal}} \\ \hline E \ \cdots \ E \end{array} \right)$$
$$\underbrace{}_{n/m_2\text{-mal}}$$

Ein Fehlersyndrom $S^T = (s_1 \cdots s_{m_1+m_2})$ wird entsprechend in das obere Teilsyndrom $S_1^T = (s_1 \cdots s_{m_1})$ und das untere Teilsyndrom $S_2^T = (s_{m_1+1} \cdots s_{m_1+m_2})$ zerlegt.

Liegt ein Fehlerbüschel $F_B = (f_i \cdots f_{i+l-1})$ der Länge $l \leq b$ vor, so hat das untere Teilsyndrom S_2 eine Darstellung:

$$S_2 = (0 \ \cdots \ 0 \ f_i \cdots f_{i+l-1} \ 0 \ \cdots \ 0) \qquad \text{oder}$$
$$S_2 = (\cdots f_{i+l-1} \ \underbrace{0 \cdots 0}_{(m_2-l)\text{-mal}} \ f_i \cdots).$$

Das Fehlerbüschel tritt also als Teil des Syndroms S_2 auf, möglicherweise in zyklisch übergreifender Form. Die übrigen $m_2 - l$ $(m_2 - l \geq m_2 - b \geq \lfloor m_2/2 \rfloor)$ Stellen des Syndroms haben den Wert Null, so daß der Beginn des Fehlerbüschels im Syndrom durch mindestens $\lfloor m_2/2 \rfloor$ vorangehende Nullen eindeutig gekennzeichnet wird, die ebenfalls zyklisch von der letzten zur ersten Stelle übergreifen können.

Ein Büschel mit der Anfangsstelle i beginnt im unteren Teilsyndrom S_2 an der Stelle $i \bmod m_2$. Man kann somit anhand von S_2 nicht nur die Gestalt des Fehlerbüschels ablesen, sondern auch den Rest $r_2 = i \bmod m_2$ für seine Anfangsstelle bestimmen.

Das obere Teilsyndrom S_1 gibt weiterhin Aufschluß über den Rest $r_1 = i \bmod n_1$, der zusammen mit r_2 die Anfangsstelle $i \leq n = \mathrm{kgV}(n_1, m_2)$ eindeutig festlegt. Für die Polynomdarstellungen von S_1 und F_B gilt:

$$S_1(u) = \sum_{j=1}^{m_1} s_j \, u^{m_1 - j}; \qquad F_B(u) = \sum_{j=0}^{l-1} f_{i+j} \, u^{l-1-j} \quad \text{und}$$

$$S_1(u) = \left(u^{n-i-l+1} \, F_B(u) \right) \bmod G_1(u). \tag{6.5}$$

Diese Gleichung hat nur eine Lösung für den Rest r_1.

Wenn $G_1(u)$ ein primitives Polynom ist, kann man Potenzen s und f finden, so daß $u^s \bmod G_1(u) = S_1(u)$ und $u^f \bmod G_1(u) = F_B(u)$ ist. Die Zuordnung zwischen der Polynom- und der Potenzendarstellung geht direkt aus der zu $G_1(u)$ gehörigen Prüfmatrix H_1 hervor, deren j-te Spalte die Vektorrepräsentation von $u^{n_1 - j}$ enthält. Die Gleichung (6.5) kann dann direkt nach r_1 aufgelöst werden:

$$u^s \bmod G_1(u) = \left(u^{n-i-l+1} \, u^f \right) \bmod G_1(u) \quad \Leftrightarrow$$

$$s \bmod n_1 = (n - i - l + 1 + f) \bmod n_1 \quad \Leftrightarrow \tag{6.6}$$

$$r_1 = i \bmod n_1 = (f - s - l + 1) \bmod n_1.$$

Im letzten Schritt der Fehlerkorrektur kann die Anfangsstelle i aus den beiden Resten r_1 und r_2 bestimmt mit Hilfe der Beziehung

$$i = \left((r_1 - r_2)c + r_1 \right) \bmod n \tag{6.7}$$

bestimmt werden ($i = 0$ entspricht $i = n$), wobei die Konstante c für einen Fire-Code so festzulegen ist, daß c ein Vielfaches von n_1 und $c + \mathrm{ggT}(n_1, m_2)$ ein Vielfaches von m_2 ist.

Bevor wir die hier beschriebene Fehlerkorrektur für Fire-Codes anhand eines Beispiels erläutern, konstruieren wir zunächst nicht mehr eindeutig korrigierbare Beispiele von Fehlerbüscheln der Länge $l = m_1 + 1$ und $l = \lceil m_2 / 2 \rceil + 1$, wodurch die Schranke für b im Satz 6.5 sich als scharfe Schranke erweist.

So hat z.B. ein Fehlerbüschel F_B mit Polynomdarstellung $F_B(u) = G_1(u)$ die Länge $m_1 + 1$. Bei beliebiger Anfangsstelle erzeugt dieses Büschel als oberes Teilsyndrom $S_1 = \mathcal{O}$. Dann gibt es n_1 verschiedene Anfangsstellen eines solchen Büschels, die auf dasselbe Syndrom führen und nicht unterscheidbar sind.

Weiterhin betrachten wir Fehlerbüschel der Länge $\lceil m_2 / 2 \rceil + 1$ mit dem unteren Teilsyndrom $S_2(u) = u^{m_2 - 1} + u^{m_2 - 1 - \lceil m_2 / 2 \rceil}$. Dieses Teilsysdrom wird von Fehlerbüscheln mit $F_B(u) = u^{\lceil m_2 / 2 \rceil} + 1$ mit einer Anfangsstelle $i \bmod m_2 = 1$ erzeugt, daneben aber auch von Fehlerbüscheln mit $F_B(u) = u^{\lfloor m_2 / 2 \rfloor} + 1$ mit einer Anfangsstelle $i \bmod m_2 = \lceil m_2 / 2 \rceil + 1$. Bei der Einbeziehung von Fehlerbüscheln der Länge $\lceil m_2 / 2 \rceil + 1$ ist daher im allgemeinen keine eindeutige Korrektur möglich.

Beispiel 6.5 Das Verfahren zur Korrektur von Fehlerbüscheln soll nun für den durch $G(u) = (u^3 + u + 1)(u^5 + 1)$ gegebenen Fire-Code erläutert werden, wobei

$$m_1 = \deg(G_1(u)) = 3; \quad m_2 = 5; \quad m = m_1 + m_2 = 8 \text{ und}$$

$$n_1 = 7; \quad n = \mathrm{kgV}(n_1, m_2) = \mathrm{kgV}(7, 5) = 35.$$

Mit diesem Fire-Code sind Fehlerbüschel der Länge $l \le b = \min(3, \lceil 5/2 \rceil) = 3$ korrigierbar. Die zugehörige Prüfmatrix hat die Gestalt:

Stelle $i =$	1	2	3	4	5	6	7	8	9	10	11	12	13	14	15	16	17	18	19	20	21	22	23	24	25	26	27	28	29	30	31	32	33	34	35
	1	1	1	0	1	0	0	1	1	1	0	1	0	0	1	1	1	0	1	0	0	1	1	1	0	1	0	0	1	1	1	0	1	0	0
	0	1	1	1	0	1	0	0	1	1	1	0	1	0	0	1	1	1	0	1	0	0	1	1	1	0	1	0	0	1	1	1	0	1	0
	1	1	0	1	0	0	1	1	1	0	1	0	0	1	1	1	0	1	0	0	1	1	1	0	1	0	0	1	1	1	0	1	0	0	1
	1	0	0	0	0	1	0	0	0	0	1	0	0	0	0	1	0	0	0	0	1	0	0	0	0	1	0	0	0	0	1	0	0	0	0
	0	1	0	0	0	0	1	0	0	0	0	1	0	0	0	0	1	0	0	0	0	1	0	0	0	0	1	0	0	0	0	1	0	0	0
	0	0	1	0	0	0	0	1	0	0	0	0	1	0	0	0	0	1	0	0	0	0	1	0	0	0	0	1	0	0	0	0	1	0	0
	0	0	0	1	0	0	0	0	1	0	0	0	0	1	0	0	0	0	1	0	0	0	0	1	0	0	0	0	1	0	0	0	0	1	0
	0	0	0	0	1	0	0	0	0	1	0	0	0	0	1	0	0	0	0	1	0	0	0	0	1	0	0	0	0	1	0	0	0	0	1

Es soll nun eine Korrektur bei vorliegendem Syndrom $S^T = (111 \,|\, 01001)$ durchgeführt werden. Das untere Teilsyndrom $S_2^T = (01001)$ läßt ein zyklisch übergreifendes Fehlerbüschel $F_B = (101)$ der Länge $l = 3$ erkennen. Es beginnt an der letzten Stelle in S_2, so daß $r_2 = i \bmod 5 = 0$ für die Anfangsstelle i folgt. Weiterhin erhält man die Polynomdarstellungen $F_B(u) = u^2 + 1$ und $S_1(u) = u^2 + u + 1$. Im mit Hilfe des primitiven Polynoms $G_1(u)$ dargestellten Galoisfeld $GF(2^3)$ lauten die entsprechenden Potenzen des primitiven Elements $u^f = u^6$ für $F_B(u) = u^2 + 1$ und $u^s = u^5$ für $S_1(u) = u^2 + u + 1$. Es folgt gemäß (6.6) $r_1 = (f - s - l + 1) \bmod n_1 = 6$. Aus (6.7) erhält man mit $c = 14$ die Anfangsstelle des Büschels:

$$i = \big((r_1 - r_2)\, c + r_1\big) \bmod n = (6 \cdot 14 + 6) \bmod 35 = 20.$$

Zur Kontrolle kann man die zu den fehlerhaften Stellen gehörigen Spalten der Prüfmatrix addieren, also hier die 20. und 22. Spalte, und erhält das Syndrom:

$$(010 \,|\, 00001)^T + (101 \,|\, 01000)^T = (111 \,|\, 01001)^T = S^T.$$

Ein Fire-Code ist durch das Generatorpolynom $G_1(u)$ und den Parameter m_2 bestimmt, wobei im allgemeinen eine bedarfsgerechte Anpassung der Stellenzahl und des Kontrollstellenanteils notwendig ist. Nicht für jede Kombination der Bestimmungsparameter erhält man einen effizienten Code in dem Sinne, daß bei vorgegebener Codewortlänge n und einer geforderten Länge b für korrigierbare Büschel der Anteil an Kontrollstellen möglichst klein wird. Ein Vergleich mit der folgenden unteren Schranke für die Anzahl der Kontrollstellen von Codes zur Korrektur von Fehlerbüscheln kann Aufschluß über die Effizienz geben.

Satz 6.6 Die Anzahl m der Kontrollstellen eines n-stelligen linearen Blockcodes, der in der Lage ist Fehlerbüschel der Länge b zu korrigieren, beträgt mindestens

$$m \ge b + \max(b, \lceil \log_2 n \rceil - 1). \tag{6.8}$$

Beweis: Wir nehmen an, daß es zwei verschiedene Büschel B_1 und B_2 gibt, die sich auf die ersten $2b$ Stellen eines Wortes erstrecken und die dasselbe Syndrom haben. Dann ist $X = B_1 + B_2 \neq \mathcal{O}$ ein Codewort, denn für die Syndrome gilt $S(X) = S(B_1 + B_2) = S(B_1) + S(B_2) = \mathcal{O}$. Auch X ist ein Büschel, das sich auf die ersten $2b$ Stellen beschränkt, d.h. $X = (x_1 \cdots x_{2b} 0 \cdots 0)$.

Dann sind $X_1 = (x_1 \cdots x_b 0 \cdots 0)$ und $X_2 = (0 \cdots 0 x_{b+1} \cdots x_{2b} 0 \cdots 0)$ Büschel der Länge $\leq b$, die dasselbe Syndrom haben und folglich nicht eindeutig korrigierbar sind, da $S(X) = S(X_1 + X_2) = S(X_1) + S(X_2) = \mathcal{O} \Rightarrow S(X_1) = S(X_2)$.

Demnach müssen entgegen der ursprünglichen Annahme alle Büschel, die die ersten $2b$ Stellen betreffen, unterschiedliche Syndrome haben. Man benötigt dazu mindestens 2^{2b} verschiedene Syndrome d.h. mindestens $2b$ Kontrollstellen.

Andererseits müssen auch alle Fehlerbüschel der Länge b beginnend an irgendeiner Stelle auf verschiedene Syndrome führen, um eine eindeutige Korrektur sicherzustellen. Es gibt 2^{b-1} Fehlerbüschel der Länge $\leq b$, die an einer bestimmten Stelle beginnen (an der Anfangsstelle steht eine '1'; die folgenden $b-1$ Stellen sind beliebig). Insgesamt sind es $n\,2^{b-1}$ Büschel, wobei auch zyklisch übergreifende Büschel inbegriffen sind. Dies erfordert mindestens $\log_2\left(n\,2^{b-1}\right)$ Kontrollstellen. $\qquad\square$

Im betrachteten Beispiel 6.5 zeigt sich, daß für $n = 35$ und $b = 3$ keine der 8 Kontrollstellen eingespart werden kann. Oft muß man sich allerdings mit einer etwas über der Schranke liegenden Anzahl von Kontrollstellen zufriedengeben.

Schließlich sei noch auf eine einfache und wirkungsvolle Methode hingewiesen, um Fehlerbüscheln in Codewörtern entgegenzuwirken. Bei der *Codespreizung* erstreckt sich ein Codewort nicht auf n aufeinanderfolgende Datenstellen, sondern über einen Bereich von insgesamt $n\,l - l + 1$ Stellen ($l \geq 2$), wobei die zum Codewort gehörigen Bits in Abständen von je l Stellen auseinanderliegen. Dazwischen sind in derselben Anordnung die Datenstellen anderer Codewörter eingeflechtet. Tritt nun ein Fehlerbüschel der Länge $b \leq l$ auf, so ist in jedem Codewort höchstens eine Stelle betroffen.

Allerdings wirkt es sich nachteilig aus, Codewörter über einen ausgedehnten Bereich zu streuen, da dies aufwendigere Codier- und Decodiereinrichtungen mit größeren Verzögerungszeiten erfordert. Während üblicherweise nur ein Schieberegister der Länge n als Puffer bei der Decodierung benötigt wird, müssen hier l Worte parallel bearbeitet und zwischengespeichert werden.

6.4 BCH-Codes

6.4.1 Definition und Eigenschaften der BCH-Codes

Die BCH(Bose-Chaudhuri-Hocquenghem)-Codes erlauben die Korrektur von bis zu e beliebig in einem Codewort plazierten Einzelfehlern, wobei die Anzahl e in einem gewissen Rahmen vorgegeben werden kann.

Wir betrachten BCH-Codes nicht in ihrer allgemeinsten Form, sondern beschränken uns auf die sogen. primitiven BCH-Codes.

Definition 6.4 Ein e-Fehler-korrigierender BCH-Code ist ein zyklischer Code mit einem Generatorpolynom $G(u)$:

$$G(u) = G_1(u) \cdot G_3(u) \cdots G_{2e-1}(u). \qquad (6.9)$$

Dabei ist $G_1(u)$ ein primitives Polynom vom Grad m_1 und damit das Minimalpolynom zu einem primitiven Element $\alpha \in \mathrm{GF}(2^{m_1})$. Die Faktoren $G_{2i-1}(u)$ sind Minimalpolynome der Elemente α^{2i-1} ($i = 1, \cdots, e$).
Wenn mehrere Faktoren übereinstimmen $G_{2i-1}(u) = G_{2j-1}(u)$ ($i \neq j$), so wird dieser Faktor nur einmal in das Produkt für $G(u)$ übernommen.   ⌋

Die Stellenzahl des BCH-Codes beträgt $2^{m_1} - 1$ und die Anzahl der Kontrollstellen ist $m \leq \sum_{i=1}^{e} \deg(G_{2i-1}(u)) \leq e\, m_1$.

Satz 6.7 Für die Minimaldistanz eines BCH-Codes gilt $h \geq 2\,e + 1$.   ⌋

Beweis: Die Elemente $\alpha^1, \alpha^2, \cdots, \alpha^{2e}$ sind Nullstellen des Generatorpolynoms $G(u)$, denn aus Def. 4.12 und Satz 4.8 geht hervor, daß gilt:

$$\forall i \in \{1, \cdots, e\}: \quad G_{2i-1}(\alpha^{2i-1}) = 0 \quad \text{und} \quad \forall j: \; G_{2i-1}\big(\alpha^{2^j(2i-1)}\big) = 0. \qquad (6.10)$$

Sei nun $W(u)$ die Polynomdarstellung eines Wortes W vom Gewicht $g \leq 2\,e$, und $w_1, \cdots, w_g$ seien die von Null verschiedenen Binärstellen von W, also $W(u) = \sum_{i=1}^{g} u^{n-w_i}$.
Ist W ein Codewort, so ist $W(u)$ ein Vielfaches des Generatorpolynoms $G(u)$ und hat damit ebenfalls die Nullstellen $\alpha^1, \cdots, \alpha^{2e}$ im Galoisfeld $\mathrm{GF}(2^{m_1})$.

Die paarweise verschiedenen Elemente $\alpha^{n-w_1}, \cdots, \alpha^{n-w_g}$ seien nun mit $q_1, \cdots, q_g$ bezeichnet. Dann führt $W(\alpha) = W(\alpha^2) = \cdots = W(\alpha^{2e}) = 0$ auf folgendes lineare Gleichungssystem:

$$\begin{array}{rcccccl}
W(\alpha) = & q_1 & + & q_2 & + \cdots + & q_g & = 0 \\
W(\alpha^2) = & q_1^2 & + & q_2^2 & + \cdots + & q_g^2 & = 0 \\
\vdots & \vdots & & \vdots & \ddots & \vdots & \\
W(\alpha^g) = & q_1^g & + & q_2^g & + \cdots + & q_g^g & = 0
\end{array} \qquad (6.11)$$

Unter Anwendung des VanderMonde'schen Determinantensatzes erhält man:

$$\begin{vmatrix} q_1 & \cdots & q_g \\ \vdots & \ddots & \vdots \\ q_1^g & \cdots & q_g^g \end{vmatrix} = \left(\prod_{i=1}^{g} q_i \right) \prod_{i=1}^{g} \prod_{j=1}^{i-1} (q_i - q_j) \neq 0, \qquad (6.12)$$

da die Elemente $q_1, \cdots, q_g$ paarweise verschieden sind, so daß das homogene Gleichungssystem aus g linear unabhängigen Gleichungen besteht und die eindeutige Lösung $q_1 = \cdots = q_g = 0$ bzw. $W = (0 \cdots 0)$ hat. Folglich gibt es keine Codewörter vom Gewicht g mit $1 \leq g \leq 2\,e$, womit die Minimaldistanz $h \geq 2\,e + 1$ bestätigt ist.   □

6.4.2 Die Prüfmatrix

Die Prüfmatrix eines e-Fehler-korrigierenden BCH-Codes kann man in gewohnter Weise aus den Teilmatrizen für die Polynome $G_1(u), \cdots, G_{2e-1}(u)$ zusammensetzen. Die Teilmatrizen können gemäß Satz 5.11 jeweils spaltenweise durch die Polynomreste von $u^{n-j} \bmod G_{2i-1}(u)$ mit $1 \leq j \leq n$ gebildet werden.

Üblicherweise wird jedoch für BCH-Codes die Tatsache, daß $G_{2i-1}(u)$ das Minimalpolynom zum Element α^{2i-1} ist, zu einer modifizierten, aber äquivalenten Form für die Teil-Prüfmatrizen ausgenutzt, auf der Grundlage des folgenden Satzes.

Satz 6.8 $X(u)$ ist genau dann ein Codewortpolynom eines e-Fehler-korrigierenden BCH-Codes, wenn $\forall i \in \{1, \cdots, e\} : X(\alpha^{2i-1}) = 0$ gilt. ⌋

Beweis:

- „⇒" Wenn $X(u)$ ein Codewortpolynom ist, so ist $X(u)$ ein Vielfaches des Faktors $G_{2i-1}(u)$ des Generatorpolynoms. Da $G_{2i-1}(u)$ das Minimalpolynom zum Element α^{2i-1} ist, gilt $G_{2i-1}(\alpha^{2i-1}) = 0$ und damit auch $X(\alpha^{2i-1}) = 0$.

- „⇐" Wenn umgekehrt $X(\alpha^1) = \cdots = X(\alpha^{2e}) = 0$ vorausgesetzt wird, so folgt direkt aus der Eigenschaft (iii) des Satzes 4.10 über Minimalpolynome, daß $X(u)$ jeweils ein Vielfaches der Faktoren $G_1(u), \cdots, G_{2e-1}(u)$ ist und insgesamt ein Vielfaches des Generatorpolynoms $G(u)$. Folglich ist $X(u)$ dann ein Codewortpolynom. □

Statt einer Überprüfung von $X(u) \bmod G_1(u) = \cdots = X(u) \bmod G_{2e-1}(u) = 0$ durch e Teilmatrizen mit einem Aufbau nach Satz 5.11, kommt also ebenso eine Überprüfung der Beziehungen $X(\alpha^1) = \cdots = X(\alpha^{2e-1}) = 0$ in Betracht.

Sei $X(u) = x_1 u^{n-1} + \cdots + x_{n-1} u + x_n$ und das Element $\alpha \in \mathrm{GF}(2^{m_1})$ sowie seine Potenzen seien durch m_1-stellige Spaltenvektoren [2] dargestellt. Dann ergibt die Prüfbedingung $X(\alpha^{2i-1}) = 0$ eine vektorielle Gleichung mit m_1 Zeilen:

$$x_1(\alpha^{2i-1})^{n-1} + \cdots + x_{n-1}(\alpha^{2i-1})^1 + x_n(\alpha^{2i-1})^0 = \mathcal{O} \qquad (6.13)$$

Insgesamt hat die so konstruierte Prüfmatrix H eines e-Fehler-korrigierenden BCH-Codes die Gestalt:

$$H = \begin{pmatrix} h_{1,1} & \cdots & h_{1,\,2^{m_1}-1} \\ \vdots & \ddots & \vdots \\ h_{em_1,1} & \cdots & h_{em_1,\,2^{m_1}-1} \end{pmatrix} = \begin{pmatrix} \alpha^{n-1} & \cdots & \alpha & \alpha^0 \\ (\alpha^3)^{n-1} & \cdots & \alpha^3 & (\alpha^3)^0 \\ \vdots & \ddots & \vdots & \vdots \\ (\alpha^{2e-1})^{n-1} & \cdots & \alpha^{2e-1} & (\alpha^{2e-1})^0 \end{pmatrix}$$

$$\qquad (6.14)$$

---

[2] Bisher wurden die Elemente von Galoisfeldern wegen der ökonomischen Schreibweise durch Zeilenvektoren repräsentiert. Man beachte, daß dies eine willkürliche Darstellungsweise ist und daß genausogut eine Darstellung mit Spaltenvektoren oder auch Polynomresten möglich ist bei unveränderten Operationen "+" und ".". Wir scheuen uns daher nicht, an dieser Stelle zur Spaltenvektor-Schreibweise zu wechseln, die zur anschließenden Beschreibung der Prüfmatrizen von BCH-Codes besonders geeignet erscheint.

wobei die Elemente α^j wieder m_1-stelligen Spaltenvektoren entsprechen.

Allerdings ergibt sich offenbar eine Diskrepanz in der Anzahl der Zeilen der Prüfmatrix zwischen dieser Konstruktion und der gemäß Satz 5.11, wenn eines der Minimalpolynome $G_{2i-1}(u)$ einen Grad $< m_1$ hat!

Zwar sind die einzelnen Zeilen der Prüfmatrix in (6.14) nach den bisherigen Überlegungen notwendige und hinreichende Prüfbedingungen für die Codewörter, jedoch ist ihre lineare Unabhängigkeit im allgemeinen nicht gewährleistet. Im Fall $\deg\big(G_{2i-1}(u)\big) < m_1$ treten demnach abhängige Zeilen in der Prüfmatrix (6.14) auf und man kann aus dieser Darstellung insgesamt

$$e\, m_1 - \deg\big(G(u)\big) = e\, m_1 - \sum_{i=1}^{e} \deg\big(G_{2i-1}(u)\big)$$

Zeilen eliminieren, die von den übrigen Zeilen linear abhängig sind.

Dennoch werden wir uns an der Darstellungsform (6.14) orientieren, da ihre einfache und übersichtliche Struktur vor allem die anschließende Behandlung der Fehlerkorrektur erleichtert. Zunächst folgt ein Beispiel.

Beispiel 6.6 Sei $G_1(u) = u^4 + u + 1$; $m_1 = 4$; $n = 2^{m_1} - 1 = 15$. Es sollen $e = 3$ Fehler korrigierbar sein. Man erhält neben dem angegebenen Minimalpolynom $G_1(u)$ für $\alpha = (0010)^T$ als weitere Minimalpolynome

für $\alpha^3 = (1000)^T$: $G_3(u) = u^4 + u^3 + u^2 + u + 1$ und

für $\alpha^5 = (0110)^T$: $G_5(u) = u^2 + u + 1$.

Dazu berechnet man das Generatorpolynom vom Grad $\deg\big(G(u)\big) = m = 10$:

$$G(u) = (u^4+u+1)(u^4+u^3+u^2+u+1)(u^2+u+1) = u^{10}+u^8+u^5+u^4+u^2+u+1.$$

Potenz von $\beta_i = \alpha^{2i-1}$		β_i^{14}	β_i^{13}	β_i^{12}	β_i^{11}	β_i^{10}	β_i^{9}	β_i^{8}	β_i^{7}	β_i^{6}	β_i^{5}	β_i^{4}	β_i^{3}	β_i^{2}	β_i^{1}	β_i^{0}
	$u^3.$	1	1	1	1	0	1	0	1	1	0	0	1	0	0	0
Teilmatrix	$u^2.$	0	1	1	1	1	0	1	0	1	1	0	0	1	0	0
für $G_1(u)$	$u^1.$	0	0	1	1	1	1	0	1	0	1	1	0	0	1	0
$(\beta_1 = \alpha)$	$u^0.$	1	1	1	0	1	0	1	1	0	0	1	0	0	0	1
	$u^3.$	1	1	1	1	0	1	1	1	1	0	1	1	1	1	0
Teilmatrix	$u^2.$	1	0	1	0	0	1	0	1	0	0	1	0	1	0	0
für $G_3(u)$	$u^1.$	1	1	0	0	0	1	1	0	0	0	1	1	0	0	0
$(\beta_2 = \alpha^3)$	$u^0.$	1	0	0	0	1	1	0	0	0	1	1	0	0	0	1
	$u^3.$	(0	0	0	0	0	0	0	0	0	0	0	0	0	0	0)
Teilmatrix	$u^2.$	(1	1	0	1	1	0	1	1	0	1	1	0	1	1	0)
für $G_5(u)$	$u^1.$	1	1	0	1	1	0	1	1	0	1	1	0	1	1	0
$(\beta_3 = \alpha^5)$	$u^0.$	1	0	1	1	0	1	1	0	1	1	0	1	1	0	1
Codewortstelle		x_1	x_2	x_3	x_4	x_5	x_6	x_7	x_8	x_9	x_{10}	x_{11}	x_{12}	x_{13}	x_{14}	x_{15}

Prüfmatrix des BCH-Codes

In diesem Beispiel gilt $\deg\big(G_5(u)\big) = 2 < m_1 = 4$. Man kann also zwei Zeilen aus der dritten Teilmatrix entfernen, z.B. die erste und zweite Zeile dieser Teilmatrix.

6.4.3 Fehlerkorrektur für BCH-Codes

Die BCH-Codes gehören zur Klasse der linearen Codes, für die eine Fehlerkorrektur anhand des Syndroms durchgeführt werden kann. Zu einem vorliegenden Wort Y, das sich von einem Codewort durch ein Fehlermuster F unterscheidet, liefert das Syndrom $S = H Y^T = H F^T$ die Information über die Zugehörigkeit des Fehlermusters zu einer der 2^m möglichen Klassen. Da die Minimaldistanz des BCH-Codes $h \geq 2e + 1$ ist, fallen alle Fehlermuster vom Gewicht $\leq e$, d.h. mit höchstens e fehlerhaften Stellen, in unterschiedliche Klassen und können anhand des Syndroms korrigiert werden.

Die Anforderung an die Decodierung ist also, für ein auftretendes Fehlermuster vom Gewicht $\leq e$ aufgrund des Syndroms das ursprüngliche Codewort zu finden. Falls mehr als e Stellen fehlerbehaftet sind, so ist eine korrekte Decodierung in der Regel nicht möglich.

Das Syndrom als Basisinformation zur Decodierung kann nun entsprechend der Prüfmatrix H, die in der Form (6.14) aufgebaut sein soll, in Teilsyndrome zerlegt werden.

Definition 6.5 Sei $H_i = (\beta_i^{n-1} \cdots \beta_i^1 \, \beta_i^0)$ die m_1-zeilige Teil-Prüfmatrix zum Minimalpolynom $G_{2i-1}(u)$ mit Spaltenvektoren $\beta_i = \alpha^{2i-1}$.
$F = (f_1 \cdots f_n)$ sei ein betrachtetes Fehlermuster und $F(u) = \sum_{i=1}^n f_i u^{n-i}$ seine Polynomdarstellung. Dazu sei

$$
\begin{aligned}
S_{2i-1} = H_i F^T &= (\beta_i^{n-1} \cdots \beta_i^0) (f_1 \cdots f_n)^T \\
&= f_1 \beta_i^{n-1} + \cdots + f_n \beta_i^0 \\
&= F(\beta_i) = F(\alpha^{2i-1}) \qquad 1 \leq i \leq e
\end{aligned}
\tag{6.15}
$$

das durch die Teil-Prüfmatrix H_i bestimmte Teilsyndrom. Zudem sei die Definition durch $S_m = F(\alpha^m)$ für $m \in \mathbb{N}_0$ auf beliebige, auch gerade Indices für die Teilsyndrome erweitert. ⌋

Zunächst kann man nur die ungeraden Teilsyndrome $S_1, S_3, \cdots, S_{2e-1}$ direkt aus der Prüfmatrix gewinnen. Doch lassen sich auch die geraden Teilsyndrome $S_0, S_2, S_4, \cdots, S_{2e}$ aus den ungeraden bestimmen. Denn für Polynome über GF(2) gilt $F(\alpha^2) = F^2(\alpha)$ gemäß Satz 4.8 und darauf aufbauend $F(\alpha^{2^j m}) = F^{2^j}(\alpha^m)$, also beispielsweise

$$
\begin{aligned}
S_2 &= F(\alpha^2) = F^2(\alpha) = S_1^2; \quad S_{12} = F(\alpha^{12}) = F^4(\alpha^3) = S_3^4; \\
S_4 &= F(\alpha^4) = F^4(\alpha) = S_1^4 \quad \text{und auch} \quad S_0 = F(\alpha^0) = F(1).
\end{aligned}
$$

wobei natürlich wegen $\alpha_i^j = \alpha_i^{j \bmod n}$ auch $S_j = S_{j \bmod n}$ gilt, also $S_n = S_0 \ldots$ Damit sind sämtliche Werte $S_0, S_1, \cdots, S_{2e}$ als Elemente des Galoisfeldes GF(2^{m_1}) bestimmbar und als solche durch m_1-stellige binäre Spaltenvektoren darstellbar. Wir gehen nun davon aus, daß bei einer Übertragung ein Fehlermuster mit genau $r \; (\leq e)$ Einzelfehlern entstanden ist, die die Stellen $w_1, \cdots, w_r$ betreffen, so daß

$$
S_1 = F(\alpha) = \sum_{j=1}^r \alpha^{n-w_j} = \sum_{j=1}^r q_j \quad \text{und} \quad S_m = \sum_{j=1}^r q_j^m \quad \text{mit } q_j = \alpha^{n-w_j}. \tag{6.16}
$$

Das Ziel ist dann die Bestimmung der Stellen $w_1, \cdots, w_r$ bzw. der zugehörigen Elemente $q_1, \cdots, q_r$.

Definition 6.6 Ein Zusammenhang zwischen den Teilsyndromen und dem Fehlermuster wird über das sogen. *Fehlerstellenpolynom* $P_F(x)$ hergestellt, das als Nullstellen die Elemente $\alpha^{w_1} = q_1^{-1}, \cdots, \alpha^{w_r} = q_r^{-1} \in GF(2^{m_1})$ hat, aus denen die fehlerhaften Stellen $w_1, \cdots, w_r$ abzulesen sind:

$$
\begin{aligned}
P_F(x) &= (1 + \alpha^{n-w_1}x)(1 + \alpha^{n-w_2}x)\cdots(1 + \alpha^{n-w_r}x) \\
&= (1 + q_1 x)(1 + q_2 x)\cdots(1 + q_r x).
\end{aligned}
\tag{6.17}
$$

Ordnet man $P_F(x)$ nach Potenzen von x,

$$
P_F(x) = 1 + \sigma_1 x + \sigma_2 x^2 + \cdots + \sigma_r x^r
\tag{6.18}
$$

so sind die Koeffizienten σ_j des entstehenden Polynoms durch die *elementarsymmetrischen Funktionen* gegeben

$$
\sigma_j = \sum_{i_1=1}^{r} \sum_{i_2=i_1+1}^{r} \cdots \sum_{i_j=i_{j-1}+1}^{r} q_{i_1} q_{i_2} \cdots q_{i_j}.
\tag{6.19}
$$

σ_j ist die Summe über alle Produkte von j paarweise verschiedenen Faktoren aus der Menge $\{q_1, \cdots, q_r\}$, also $\sigma_1 = \sum_{i=1}^{r} q_i$, $\cdots$, $\sigma_r = \prod_{i=1}^{r} q_i$.

Wenn die Koeffizienten $\sigma_1, \cdots, \sigma_r$ des Fehlerstellenpolynoms bekannt sind, so kann man eine fehlerhaften Stellen w_i durch Einsetzen in das Fehlerstellenpolynom ausfindig machen, denn es gilt $P_F(x) = 0 \Leftrightarrow x \in \{\alpha^{w_1}, \cdots, \alpha^{w_r}\}$.

Mit der Einführung einer Funktion

$$
S(x) = \sum_{i=1}^{\infty} S_i x^i = \sum_{i=1}^{\infty} \sum_{j=1}^{r} q_j^i x^i = \sum_{j=1}^{r} \sum_{i=1}^{\infty} q_j^i x^i = \sum_{j=1}^{r} \frac{q_j x}{1 + q_j x}
\tag{6.20}
$$

gelangt man über den Zusammenhang

$$
S(x)\, P_F(x) = \sum_{j=1}^{r} q_j x \prod_{\substack{i=1 \\ i \neq j}}^{r} (1 + q_i x) = x \frac{dP_F(x)}{dx}
\tag{6.21}
$$

zu folgenden Beziehungen zwischen den Syndromen $S_1, \cdots, S_{2r-1}$ und den Koeffizienten $\sigma_1, \cdots, \sigma_r$:

$$
\begin{aligned}
S(x)\, P_F(x) &= \sum_{i=1}^{\infty} S_i x^i \left(1 + \sum_{j=1}^{r} \sigma_j x^j \right) \\
&= S_1 x + (S_2 + S_1 \sigma_1)\, x^2 + (S_3 + S_2 \sigma_1 + S_1 \sigma_2)\, x^3 + \cdots \\
&= \sum_{i=1}^{\infty} \left(S_i + \sum_{j=1}^{\min(i-1, r)} S_{i-j} \sigma_j \right) x^i \\
&= x \frac{dP_F(x)}{dx} = x(\sigma_1 + 2\sigma_2 x + \cdots + r\sigma_r x^{r-1}) \\
&= \sum_{i=1}^{\lceil r/2 \rceil} \sigma_{2i-1} x^{2i-1} \qquad \Rightarrow
\end{aligned}
$$

$$S_i + \sum_{j=1}^{\min(i-1,r)} S_{i-j}\sigma_j = \begin{cases} \sigma_i & \text{wenn } i \text{ ungerade und } i \le r \text{ ist,} \\ 0 & \text{sonst.} \end{cases} \qquad (6.22)$$

Aus diesem Gleichungssystem erhält man r unabhängige Gleichungen für $i = 1, 3, \cdots, 2r - 1$, um die Koeffizienten $\sigma_1, \cdots, \sigma_r$ zu bestimmen:

$$\sigma_1 = S_1$$

$$S_2\sigma_1 + S_1\sigma_2 + \sigma_3 = S_3$$

$$\cdots \qquad (6.23)$$

$$S_{2r-2}\sigma_1 + S_{2r-3}\sigma_2 + \cdots + S_{r-1}\sigma_r = S_{2r-1}$$

Da $\sigma_l = 0$ für $l > r$ gilt, können alle Terme mit einem solchen Faktor eliminiert werden. Man kann zeigen, daß die zugehörige Koeffizientenmatrix

$$M_r = \begin{pmatrix} 1 & 0 & \cdots & & & & 0 \\ S_2 & S_1 & 1 & 0 & \cdots & & 0 \\ S_4 & S_3 & S_2 & S_1 & 1 & \cdots & 0 \\ \vdots & \vdots & & & & \ddots & \\ S_{2r-2} & S_{2r-3} & & \cdots & & & S_{r-1} \end{pmatrix}$$

nicht singulär ist, wenn r oder $r-1$ Stellen fehlerhaft sind. Liegen weniger als $r-1$ Fehler vor, so ist M_r singulär.

Das Gleichungssystem (6.23) kann somit nach den Koeffizienten $\sigma_1, \cdots, \sigma_r$ des Fehlerstellenpolynoms aufgelöst werden und man erhält für $r = 2, 3, 4$ verfälschte Stellen:

$r = 2$: $\quad P_F(x) = (1 + q_1x)(1 + q_2x) = 1 + \sigma_1x + \sigma_2x^2 \qquad$ mit

$$\sigma_1 = S_1;$$

$$\sigma_2 = (S_3 + S_1S_2)/S_1 = S_1^2 + S_3/S_1.$$

$r = 3$: $\quad P_F(x) = (1 + q_1x)(1 + q_2x)(1 + q_3x) = 1 + \sigma_1x + \sigma_2x^2 + \sigma_3x^3 \qquad$ mit

$$\sigma_1 = S_1;$$

$$\sigma_2 = (S_5 + S_1^2 S_3)/(S_3 + S_1^3);$$

$$\sigma_3 = (S_1 S_5 + S_3^2 + S_1^3 S_3 + S_1^6)/(S_3 + S_1^3).$$

$r = 4$: $\quad P_F(x) = (1 + q_1x) \cdots (1 + q_4x) = 1 + \sigma_1x + \cdots + \sigma_4x^4 \qquad$ mit

$$\sigma_1 = S_1;$$

$$\sigma_2 = \frac{S_1 S_7 + S_3 S_5 + S_1^5(S_3 + S_1^3)}{S_1 S_5 + S_3^2 + S_1^3 S_3 + S_1^6};$$

$$\sigma_3 = \frac{S_1^2 S_7 + S_1^4 S_5 + S_3(S_3 + S_1^3)^2}{S_1 S_5 + S_3^2 + S_1^3 S_3 + S_1^6};$$

$$\sigma_4 = \frac{(S_7 + S_1^2 S_5 + S_1 S_3^2 + S_1^4 S_3)(S_3 + S_1^3) + (S_5 + S_1^5)^2}{S_1 S_5 + S_3^2 + S_1^3 S_3 + S_1^6}.$$

Beispiel 6.7 Wir verwenden den 3-Fehler-korrigierenden BCH-Code mit der Prüfmatrix aus Beispiel 6.6. Zum empfangenen Wort $(00000\ 01101\ 10011)$ wird das Syndrom $(1000\ 0001\ 11)^T$ durch die Prüfmatrix bestimmt. Als Teilsyndrome erhält man (S_5 wird um zwei Stellen auf $(0111)^T$ ergänzt):

$$S_1 = (1000)^T = \alpha^3; \quad S_3 = (0001)^T = \alpha^0; \quad S_5 = (0111)^T = \alpha^{10}.$$

Für $r = e = 3$ erhält man die Koeffizienten des Fehlerstellenpolynoms

$$\sigma_1 = \alpha^3;$$

$$\sigma_2 = \frac{\alpha^{10} + \alpha^0\,\alpha^{3\cdot 2}}{\alpha^0 + \alpha^{3\cdot 3}} = \alpha^0 = 1;$$

$$\sigma_3 = \frac{\alpha^{10}\,\alpha^3 + \alpha^{0\cdot 2} + \alpha^0\,\alpha^{3\cdot 3} + \alpha^{3\cdot 6}}{\alpha^0 + \alpha^{3\cdot 3}} = \alpha^4.$$

Das Fehlerstellenpolynom lautet damit:

$$P_F(x) = 1 + \alpha^3\,x + x^2 + \alpha^4\,x^3.$$

Überprüft man alle Stellen i durch Berechnung von $P_F(\alpha^i)$ für $i = 1, \cdots, 15$, so findet man genau drei Nullstellen für $i = 5, 8, 13$. Diese Stellen bestimmen ein Fehlermuster $(00001\ 00100\ 00100)$ mit minimalem Gewicht, welches das vorliegende Syndrom erzeugt und ihre Korrektur ergibt das Codewort $(00001\ 01001\ 10111)$.

Wendet man die Berechnungsformeln für r Fehler an, obwohl weniger Fehler vorliegen, so nimmt der Term im Zähler von σ_r den Wert Null an. Stellt man also bei Überprüfung des Zählers von σ_r den Wert Null fest, so kann man den Grad des Fehlerstellenpolynoms auf $r - 1$ reduzieren und die zugehörigen Gleichungen zur Koeffizientenbestimmung benutzen.

Der rasch anwachsende Aufwand für die Darstellung der Koeffizienten durch explizite Berechnungsformeln steht einer Fortführung für Fehlerstellenpolynome von höherem Grad entgegen. Eine günstigere Alternative bietet der Berlekamp-Massey-Algorithmus, dessen Ablauf nun beschrieben wird.

6.4.4 Der Berlekamp-Massey-Algorithmus

Es liege ein primitiver binärer BCH-Code vor, der die Korrektur von bis zu e Fehlern erlaubt. Der *Berlekamp-Massey-Algorithmus* berechnet iterativ das Fehlerstellenpolynom kleinsten Grades, dessen Koeffizienten wiederum Lösung des linearen Systems (6.23) für $r = e$ sind.

Definition 6.7 Für $\nu = 1, 2, \ldots, e$ heißt

$$P_F^{(\nu)}(x) = 1 + \sigma_1^{(\nu)}x + \cdots \sigma_{l_\nu}^{(\nu)}x^{l_\nu}$$

Lösungspolynom der Stufe ν, wenn seine Koeffizienten die ersten ν Gleichungen in (6.23) erfüllen. Das Lösungspolynom der Stufe 0 sei $P_F^{(0)}(x) \overset{\text{def}}{=} 1$. Der Grad von $P_F^{(\nu)}(x)$ sei l_ν.

$P_F^{(\nu)}(x)$ heißt *Minimallösungspolynom* der Stufe ν, wenn kein Lösungspolynom mit geringerem Grad als l_ν existiert. ⌟

Definition 6.8 Es sei $P_F^{(\nu)}(x)$ ein Lösungspolynom der Stufe ν. Dann heißt

$$d_\nu = S_{2\nu+1} + S_{2\nu}\sigma_1^{(\nu)} + \cdots + S_{2\nu+1-l_\nu}\sigma_{l_\nu}^{(\nu)} \tag{6.24}$$

Diskrepanz der Stufe ν. ⌐

Unter Benutzung des folgenden Satzes kann ein Startpolynom für den Berlekamp-Massey-Algorithmus berechnet werden.

Satz 6.9 Es sei j die kleinste natürliche Zahl mit $S_j \neq 0$. Dann gilt:

(i) j ist ungerade.
Sonst folgt aus $S_j = S_{2i} = S_i^2$ für $j = 2i$, daß $S_j \neq 0 \Leftrightarrow S_i \neq 0$, und somit wäre j nicht minimal.

(ii) $P_F^{(i-1)}(x) = 1$ und $d_{i-1} = S_j \neq 0$ wobei $j = 2i - 1$.
Dies folgt aus (6.23) indem man dort $S_l = 0$ setzt für $l < j$ und aus der Definition der Diskrepanz (6.24).

(iii) $P_F^{(j)}(x) = 1 + \sigma_1^{(j)}x + \cdots + \sigma_j^{(j)}x^j$ ist Minimallösungspolynom mit den Koeffizienten

$$\sigma_1^{(j)} = \sigma_3^{(j)} = \cdots = \sigma_{j-2}^{(j)} = 0; \quad \sigma_j^{(j)} = S_j;$$

$$\sigma_{2h}^{(j)} = \left(S_{j+2h} + \sum_{l=1}^{h-1}\sigma_{2l}^{(j)}S_{j+2(h-l)}\right)/S_j \qquad (h = 1, 2, \ldots, i-1). \tag{6.25}$$

Dies folgt aus (6.23), wenn man dort wiederum $S_l = 0$ setzt für $l < j$. ⌐

Beispiel 6.8 Sei $S_1 = 0$ und $S_3 \neq 0$ und somit $j = 3$ und $i = 2$. Demnach ist

$$P_F^{(1)}(x) = 1; \qquad d_1 = S_3 \neq 0; \qquad \Rightarrow$$
$$\sigma_1^{(3)} = 0; \quad \sigma_3^{(3)} = S_3; \quad \sigma_2^{(3)} = \frac{S_5}{S_3}; \qquad \Rightarrow$$
$$P_F^{(3)}(x) = 1 + \frac{S_5}{S_3}x^2 + S_3 x^3.$$

Dies entspricht der direkten Auflösung des Gleichungssystems (6.23) für $r = 3$, wenn man $S_1 = S_2 = S_4 = 0$ setzt.

Nachdem ein Startpolynom bestimmt ist, wird der Berlekamp-Massey-Algorithmus unter Ausnutzung des folgenden Satzes iterativ fortgeführt, indem das Minimallösungspolynom der nächsten Stufe aus zwei Minimallösungspolynomen kleinerer Stufen bestimmt wird. Wir geben diesen Satz ohne Beweis an und verweisen Interessierte auf die detaillierte Erörterung in [Köni91] sowie Abhandlungen in den Lehrbüchern [Berl68] oder [LiCo83].

Satz 6.10 Es sei $P_F^{(\nu)}(x)$ ein Minimallösungspolynom der Stufe ν ($0 \le \nu < e$), $P_F^{(\mu)}(x)$ ein Minimallösungspolynom der Stufe μ mit Diskrepanz $d_\mu \ne 0$ und $2\mu - l_\mu$ sei maximal. Dann ist das Minimallösungspolynom für die Stufe $\nu + 1$ durch

$$P_F^{(\nu+1)}(x) = \begin{cases} P_F^{(\nu)}(x) & \text{falls } d_\nu = 0 \\ P_F^{(\nu)}(x) + \frac{d_\mu}{d_\mu} P_F^{(\mu)}(x) x^{2(\nu-\mu)} & \text{sonst} \end{cases} \tag{6.26}$$

bestimmt. Für den Grad von $P_F^{(\nu+1)}(x)$ gilt

$$l_{(\nu+1)} = \begin{cases} l_\nu & \text{falls } d_\nu = 0 \\ \max\!\big(l_\nu, l_\mu + 2(\nu - \mu)\big) & \text{sonst} \end{cases} \tag{6.27}]$$

Beispiel 6.9 Sei $S_1 = 0$; $S_3 \ne 0$; $S_5 \ne 0$ und $S_7 \ne 0$. Das Anfangspolynom ist wie im Beispiel 6.8

$$P_F^{(3)}(x) = 1 + \frac{S_5}{S_3} x^2 + S_3 x^3.$$

Weiter erhält man

$$d_1 = S_3; \qquad d_3 = S_7 + S_6 \sigma_1^{(3)} + S_5 \sigma_2^{(3)} + S_4 \sigma_3^{(3)} = S_7 + \frac{S_5^2}{S_3}$$

$$P_F^{(4)}(x) = P_F^{(3)}(x) + \frac{d_3}{d_1} P_F^{(1)}(x)\, x^{2(3-1)} = 1 + \frac{S_5}{S_3} x^2 + S_3 x^3 + \Big(S_7 + \frac{S_5^2}{S_3}\Big) x^4$$

Beispiel 6.10 Wir betrachten einen BCH-Code zur Korrektur von bis zu 6 Fehlern mit $G_1(x) = x^4 + x + 1$. Beim Empfang des Binärworts (10000 01101 10010) berechnet man dazu die Syndrome:

S_1	S_2	S_3	S_4	S_5	S_6	S_7	S_8	S_9	S_{10}	S_{11}
0	0	α^{12}	0	α^0	α^9	α^3	0	α^6	α^0	α^9

Die Rechnung führt dann auf folgende Minimallösungspolynome:

$$P_F^{(3)}(x) = 1 + \frac{S_5}{S_3} x^2 + S_3 x^3 = 1 + \alpha^3 x^2 + \alpha^{12} x^3;$$

$$d_3 = S_7 + S_6 \sigma_1^{(3)} + S_5 \sigma_2^{(3)} + S_4 \sigma_3^{(3)} = \alpha^3 + \alpha^0 \alpha^3 = 0;$$

$$P_F^{(4)}(x) = P_F^{(3)}(x);$$

$$d_4 = \alpha^6 + \alpha^3 \alpha^3 + \alpha^9 \alpha^{12} = \alpha^6;$$

$$P_F^{(5)}(x) = P_F^{(4)}(x) + \frac{d_4}{d_1} P_F^{(1)}(x) x^{2(4-1)} = 1 + \alpha^3 x^2 + \alpha^{12} x^3 + \alpha^9 x^6;$$

$$d_5 = \alpha^9 + \alpha^6 \alpha^3 + \alpha^0 \alpha^9 = \alpha^9;$$

$$P_F^{(6)}(x) = P_F^{(5)}(x) + \frac{d_5}{d_4} P_F^{(4)}(x) x^{2(5-4)} = 1 + \alpha^{12} x^3 + \alpha^6 x^4 + \alpha^0 x^5 + \alpha^9 x^6.$$

Nullstellen von $P_F^{(6)}(x)$ sind $\alpha^1, \alpha^7, \alpha^8, \alpha^{10}, \alpha^{11}$ und α^{14}. Das Ergebnis der Decodierung ist das 15-stellige Nullwort.

Da ein 6-Fehler-korrigierender, 15-stelliger BCH-Code nur aus den Codewörtern $(0 \cdots 0)$ und $(1 \cdots 1)$ besteht, bestätigt sich die Berechnung in diesem Beispiel.

Die Decodierung eines binären e-Fehler-korrigierenden BCH-Codes umfaßt insgesamt drei Schritte:

(i) Berechnung der ungeraden Teilsyndrome $S_1, S_3, \cdots, S_{2e-1}$ direkt mit der Prüfmatrix in der Form (6.14).

(ii) Wenn nicht alle Syndrome den Wert 0 haben, so daß eine korrekte Übertragung anzunehmen ist, dann wird ein Fehlerstellenpolynom von geeignetem Grad $r \leq e$ mit einer der eben erörterten Methoden aufgestellt, wobei die Koeffizienten $\sigma_1, \cdots, \sigma_r$ und die Teilsyndrome über das Gleichungssystem (6.23) in Beziehung gesetzt sind.

(iii) In das nun vorliegende Fehlerstellenpolynom $P_F(x)$ setzt man zur Kontrolle der i-ten Stelle des betrachteten Binärworts das Element $\alpha^{n-i} \in GF(2^{m_1})$ ein. Falls $P_F(\alpha^{n-i}) = 0$ ist, wird die i-te Stelle als fehlerhaft angenommen und korrigiert.

Wenn jedoch die Gesamtzahl der so gefundenen Fehlerstellen vom Grad des Fehlerstellenpolynoms abweicht, so enthält das tatsächliche Fehlermuster mehr als e Einzelfehler und ist nicht eindeutig korrigierbar.

Allerdings werden keineswegs alle Fälle mit mehr als e Fehlerstellen durch das letztgenannte Kriterium registriert und es ist allgemein nie auszuschließen, daß die Decodierung dann unbemerkt falsche Ergebnisse liefert.

Das Verfahren gewährleistet dagegen immer die Rekonstruktion verfälschter Codewörter mit nicht mehr als e abweichenden Stellen.

Im Schritt 3 kann man jede gefundene Fehlerstelle sofort aus dem vorliegenden Polynom $P_F(x)$ herauskürzen und damit die weitere Suche vereinfachen. Die Implementierung des Algorithmus für einen speziellen BCH-Code kann mit Hardware-Schaltungen realisiert werden, wobei sich wiederum Schieberegister als geeignete Schaltelemente für zyklische Codes anbieten.

6.5 Übungen zu Kapitel 6

Übung 6.1
Die Prüfmatrix im Beispiel 6.1 beschreibt einen Hamming-Code in einer nicht systematischen Form. Bestimmen Sie eine zugehörige Generatormatrix über die Standardform, indem zunächst geeignete Spaltenvertauschungen vorgenommen werden, die am Ende wieder rückgängig gemacht werden.

Übung 6.2
In einem Frage- und Antwortspiel soll man mit möglichst wenigen Fragen, die mit ja oder nein zu beantworten sind, eine Zahl im Bereich $1, \cdots, 2^{11}$ herausfinden. Es kommt erschwerend hinzu, daß (höchstens) eine der Fragen falsch beantwortet werden darf. Zeigen Sie, daß 15 Fragen ausreichen, um die Zahl zu bestimmen.

Übung 6.3
Es sei $G(x) = x^5 + x^4 + x^2 + 1$ das Generatorpolynom eines zyklischen Abramson-Codes.

a) Wieviele Codewörter hat der Code und welches Codewort gehört zur Nachricht $(10\cdots01)$?

b) Man gebe die Fehlermuster für folgende Syndrome an, wenn von höchstens zwei benachbarten fehlerhaften Stellen ausgegangen wird.

$$(i)\ \begin{pmatrix} 1 \\ 0 \\ 0 \\ 1 \\ 0 \end{pmatrix} \qquad (ii)\ \begin{pmatrix} 1 \\ 0 \\ 0 \\ 1 \\ 1 \end{pmatrix} \qquad (iii)\ \begin{pmatrix} 1 \\ 0 \\ 0 \\ 0 \\ 0 \end{pmatrix}$$

Übung 6.4
Ein Fire-Code habe das Generator-Polynom $\quad G(u) = (u^4 + u + 1)(u^7 + 1)$.

a) Bestimmen Sie folgende Parameter des Codes:

- die Stellenzahl n,

- die Anzahl der Nachrichten- und Kontrollstellen (k und m),

- die maximale Länge b für korrigierbare Fehlerbüschel,

- die maximale Länge für erkennbare Fehlerbüschel,

- die Minimaldistanz h des Codes.

b) Geben Sie die ersten 16 Spalten der Prüfmatrix im üblichen Schema für Fire-Codes an, vergl. Beispiel 6.3.

c) Welches Syndrom wird von einem Fehlermuster hervorgerufen, das nur an den ersten 4 Stellen den Wert 1 hat oder, wenn nur die 27. und 30. Stelle fehlerhaft ist?

d) Bei einer gestörten Übertragung eines Codeworts ergibt sich ein Syndrom der Form
$$S^T = (a_1\,a_2\,a_3\,a_4\,0\,1\,0\,0\,0\,1\,0) \qquad a_i \in \{0,1\}$$

Man nimmt an, daß bei der Übertragung ein Fehlerbüschel mit höchstens 4 aufeinanderfolgenden gestörten Stellen aufgetreten ist.
Welche Gestalt hat das Fehlerbüschel und welche Stellen kommen für den Anfang des Büschels in Frage für die gegebene Form des Syndroms?

e) Der tatsächliche Beginn des vermuteten Fehlerbüschels ist durch $(a_1 \cdots a_4)$ bestimmt. Wo beginnt das Fehlerbüschel für $(a_1 \cdots a_4) = (1\,1\,0\,1)$ bzw. $(1\,0\,0\,0)$?

Übung 6.5

Ein Fire-Code sei durch das Generatorpolynom $G(u) = G_1(u)\,(u^{13} + 1)$ mit primitivem Polynom $G_1(u) = u^7 + u^3 + u^2 + u + 1$ gegeben.

a) Geben Sie die Länge n und die maximale Länge b für korrigierbare Fehlerbüschel des Codes an.

b) Ein verfälschtes Codewort führt auf folgende Teilsyndrome:

$$S_1(u) = u^3 \qquad \qquad \text{d.h. } S_1 = (0001000)^T$$
$$S_2(u) = u^7 \bmod G_1(u) \quad \text{d.h. } S_2 = (0\ldots01111)^T$$

Bestimmen Sie die Anfangsposition des Fehlerbüschels unter der Annahme, daß ein korrigierbarer Fehler vorliegt.

c) Zeigen Sie, daß ein Fehler mit dem Muster (10001111) nicht eindeutig korrigierbar ist. Geben Sie ein weiteres nicht eindeutig korrigierbares Fehlermuster mit der Länge $b + 1$ an.

d) Geben Sie ein Fehlermuster vom Gewicht 4 an, das nicht erkennbar ist.

Übung 6.6

Bei der Decodierung eines Fire-Codes der Länge $n = pq$ ($n, p, q \in \mathbb{N}$; p und q seien teilerfremd) ergibt sich das Problem, eine ganze Zahl z ($0 \leq z < n$) zu finden, deren Reste $r_p = z \bmod p$ und $r_q = z \bmod q$ bekannt sind. Zeigen Sie, daß

$$z = \big((r_p - r_q)\,c + r_p\big) \bmod n$$

gilt, wobei die Konstante c so festgelegt ist, daß c ein Vielfaches von p und $c + 1$ ein Vielfaches von q ist.

Übung 6.7

Der Satz 6.6 liefert ein Bewertungskriterium für Fire-Codes der Länge n, das angibt, wieviele Kontrollstellen höchstens eingespart werden könnten, ohne die Länge b korrigierbarer Büschel zu beeinträchtigen.
Berechnen Sie diesen Wert für Fire-Codes mit folgenden Generatorpolynomen:

$$G_1(u) = (u^4 + u + 1)\,(u^7 + 1);$$
$$G_2(u) = (u^3 + u + 1)\,(u^8 + 1);$$
$$G_3(u) = (u^7 + u^3 + 1)\,(u^{13} + 1).$$

Übung 6.8

a) Geben Sie das Generatorpolynom eines 15-stelligen BCH-Codes mit der Minimaldistanz $h = 5$ an, ausgehend vom primitiven Polynom $G_1(u) = u^4 + u^3 + 1$.

b) In der Aufgabe 4.1 wurden bereits alle 6 irreduziblen Polynome vom Grad 5 über GF(2) bestimmt, nämlich
$u^5 + u^2 + 1$, $u^5 + u^3 + u^2 + u + 1$, $u^5 + u^4 + u^2 + u + 1$ und die zugehörigen reziproken Polynome.
Nun hat das Galoisfeld GF(2^5) außer dem Null- und dem Eins-Element weitere 30 Elemente, die allesamt primitiv sind, was zur Folge hat, daß es $30/5 = 6$ primitive Polynome vom Grad 5 gibt. Alle irreduziblen Polynome vom Grad 5 sind also auch primitive Polynome.
Die Darstellung des Galoisfeldes GF(2^5) bei Rechnung modulo $G_1(u) = u^5 + u^3 + u^2 + u + 1$ ist in folgender Tabelle angegeben:

α^0	α^1	α^2	α^3	α^4	α^5	α^6	α^7	α^8	α^9	α^{10}	α^{11}	α^{12}	α^{13}	α^{14}	α^{15}
0	0	0	0	1	0	1	1	0	1	0	1	0	0	0	1
0	0	0	1	0	1	1	0	1	0	1	0	0	0	1	1
0	0	1	0	0	1	1	0	0	0	0	1	0	1	1	0
0	1	0	0	0	1	1	1	0	1	1	1	1	1	0	0
1	0	0	0	0	1	0	1	1	0	1	0	1	0	0	0

α^{16}	α^{17}	α^{18}	α^{19}	α^{20}	α^{21}	α^{22}	α^{23}	α^{24}	α^{25}	α^{26}	α^{27}	α^{28}	α^{29}	α^{30}
1	1	0	1	1	1	1	1	0	0	1	0	0	1	1
1	0	1	1	1	1	1	0	0	1	0	0	1	1	0
1	0	1	0	0	0	1	1	1	0	1	1	1	1	1
1	0	0	1	1	0	0	0	0	1	0	1	1	0	1
1	1	1	0	1	1	1	1	1	0	0	1	0	0	1

Bestimmen Sie BCH-Codes zum Polynom $G_1(u) = u^5 + u^3 + u^2 + u + 1$, mit denen man 2, 3, $\cdots, 7$ Fehler korrigieren kann.

Hinweis: Man kann sich die Berechnung einiger Minimalpolynome ersparen, wenn man sich die Tatsache zunutze macht, daß

$$\forall \beta \in \mathrm{GF}(2^5): \quad G(\beta) = 0 \quad \Rightarrow \quad G(\beta^2) = 0 \quad \text{und} \quad G^{-1}(\beta^{-1}) = 0$$

für das reziproke Polynom $G^{-1}(u)$.

Übung 6.9
Der 15-stellige BCH-Code mit dem Generatorpolynom
$G(u) = (u^4 + u + 1)(u^4 + u^3 + u^2 + u + 1)(u^2 + u + 1) = u^{10} + u^8 + u^5 + u^4 + u^2 + u + 1$
kann zur Korrektur von bis zu 3 Fehlern benutzt werden, siehe Beispiel 6.6.

a) Wieviele Codewörter hat dieser Code und wieviele Wörter liegen in den Korrigierbereichen des Codes für 1, 2 und 3 Fehler?

b) Codieren Sie die Nachrichten 10000, 10101 und 11111 im angegebenen BCH-Code.

c) Bei der Übertragung eines Codewortes werden die Stellen 1, 2 und 8 verfälscht, d.h. das Polynomdarstellung des Fehlers ist

$$F(u) = \sum_{i=1}^{15} f_i u^{15-i} = u^{14} + u^{13} + u^7.$$

Berechnen Sie die zugehörigen Syndrome S_1, S_3 und S_5, sowie die Koeffizienten σ_1, σ_2 und σ_3 des zugehörigen Fehlerstellenpolynoms.

d) Decodieren Sie, sofern möglich, folgende empfangenen Wörter:

$$\begin{aligned}
A_0 &= \quad 0\,0\,1\,0\,1 \quad 0\,0\,1\,1\,0 \quad 1\,1\,1\,0\,0 \\
A_1 &= \quad 1\,0\,0\,0\,1 \quad 0\,1\,0\,0\,1 \quad 1\,0\,1\,1\,1 \\
A_2 &= \quad 1\,1\,1\,1\,0 \quad 0\,1\,0\,0\,0 \quad 1\,1\,1\,0\,0 \\
A_3 &= \quad 1\,1\,0\,0\,0 \quad 0\,1\,0\,1\,0 \quad 0\,1\,0\,1\,0 \\
A_4 &= \quad 1\,1\,1\,1\,1 \quad 0\,0\,0\,0\,0 \quad 0\,0\,0\,0\,0
\end{aligned}$$

Hinweis: A_i weist i fehlerhafte Stellen auf.

Übung 6.10

a) Weisen Sie die Gültigkeit der Beziehungen
$$\forall\, i \in \mathbb{N}: \qquad S_{e+i} + \sigma_1 S_{e-1+i} + \cdots \sigma_{e-1} S_{1+i} + \sigma_e S_i = 0$$
zwischen den Syndromen S_j und den Koeffizienten σ_k des Fehlerstellenpolynoms beim BCH-Code nach, wenn nicht mehr als die e korrigierbaren Fehler auftreten.
Hinweis: Für jede fehlerhafte Stelle x gilt unter Verwendung des Fehlerstellenpolynoms $x^i P_F(x) = 0$.

b) Zeigen Sie: Sind nur 2 Stellen eines empfangenen Wortes fehlerhaft, so gilt für die Syndrome S_1, S_3, S_5 des BCH-Codes

$$S_1 S_5 + S_3^2 + S_1^3 S_3 + S_1^6 = 0 \qquad\qquad (\Rightarrow \sigma_3 = 0).$$

Übung 6.11
Die Potenzreste des primitiven Polynoms $G_1(u) = u^5 + u^3 + u^2 + u + 1$ sind in der Tabelle in Übung 6.10 gegeben.

a) Für einen zugehörigen BCH-Code mit Hamming-Abstand $h = 5$ sollen die fehlerhaften Stellen zu den Syndrome $S_1^T = (01110)$ und $S_3^T = (11111)$ bestimmt werden unter der Annahme, daß höchstens zwei fehlerhafte Stellen vorliegen.

b) Ein Fehlerstellenpolynom $P_F(x) = 1 + \sigma_1 x + \sigma_2 x^2 + \sigma_3 x^3$ sei für einen 3-Fehler-korrigierenden BCH-Code bekannt, und auch eine fehlerhafte Stelle q mit $P_F(q) = 0$. Berechnen Sie daraus die Koeffizienten $\tilde\sigma_1$ und $\tilde\sigma_2$ des Fehlerstellenpolynoms $\tilde P_F(x) = 1 + \tilde\sigma_1 x + \tilde\sigma_2$ vom Grad 2, das die beiden übrigen fehlerhaften Stellen als Nullstellen hat.

Übung 6.12

a) Ausgehend von $G_1(u) = u^6 + u + 1$ berechne man das Generatorpolynom eines primitiven, binären BCH-Codes zur Korrektur von 2 Fehlern.

b) Bestimmen Sie jeweils alle Wurzeln der Minimalpolynome $G_{2i-1}(u)$ für $i = 1, \cdots, 10$, dargestellt als Potenzen des primitiven Elements α im Körper $GF(2^6)$.

Wieviele Kontrollstellen haben die zugehörigen BCH-Codes zur Korrektur von 5 bzw. 10 Fehlern?

Kapitel 7

Restfehlerraten für Block-Codes

In den vorangehenden Kapiteln wurden fehlererkennende und -korrigiernde Codes als Strategien zur Absicherung von störungsanfälligen Daten erörtert. Beide Strategien haben eine möglichst geringe Fehlerrate beim Empfang von Nachrichten als Zielsetzung. Dazu wird in diesem Kapitel der Erfolg einer Codierung zur Datensicherung anhand der Restfehlerwahrscheinlichkeit eingeschätzt, daß selbst beim Einsatz eines Codes verfälschte Wörter unbemerkt zum Empfänger gelangen. Die bloße Feststellung, ob ein Fehler vorliegt, ist natürlich einfacher und auch mit größerer Sicherheit durchführbar, als eine Korrektur.

Eine Beschränkung auf Fehlererkennung ist allerdings nur sinnvoll, wenn die als fehlerhaft eingestuften Wörter z.B. durch Übertragungswiederholung nachprüfbar sind. Wie bereits erwähnt, ist eine Überprüfung für manche Anwendungen von vorneherein ausgeschlossen, z.B. bei Datenübertragung mit Realzeit-Anforderungen oder beim Zugriff auf nicht mehrfach abgespeicherte Daten, so daß dann nur Korrekturmaßnahmen in Frage kommen.

Mit beiden Strategien können Unsicherheiten zwar minimiert, aber nie ganz ausgeschlossen werden.

Die Anforderungen an eine tolerierbare Bitfehlerrate sind je nach der Art der Anwendung sehr unterschiedlich. Bei der Übertragung von Sprache und nicht komprimiert dargestellten Fernsehbildern können selbst Bitfehlerraten im Bereich $10^{-2} > p_E > 10^{-4}$ noch akzeptabel sein. Eine komprimierte Bildübertragung erfordert bereits eine wesentlich geringere Fehlerrate ($p_E \approx 10^{-6}$), während ein Filetransfer praktisch fehlerfrei ablaufen muß ($p_E \ll 10^{-10}$), da ein einziger Bitfehler z.B. einen Programmcode unausführbar machen kann.

Definition 7.1 Als Restfehlerwahrscheinlichkeit p_{RE} bzw. p_{RK} bezeichnet man die Wahrscheinlichkeit, daß die Fehlererkennung bzw. -korrektur für die Wörter eines Codes zu einem falschen Ergebnis führt.

Mit den in Kapitel 3 eingeführten Bezeichnungsweisen erhält man folgende Darstellungen dieser Restfehlerwahrscheinlichkeiten:

$$p_{RE} = \sum_{X \in C} p(X) \sum_{Y \in C \setminus \{X\}} p(Y \mid X);$$

$$p_{RK} = 1 - \sum_{Z \in \{0,1\}^n} p(D(Z)) \, p(Z \mid D(Z)).$$

$$(7.1)$$

Eine Fehlererkennung ist dann unmöglich, wenn ein Codewort X durch eine Störung in ein anderes Codewort Y verfälscht wird, was mit der bedingten Wahrscheinlichkeit $p(Y \mid X)$ vorkommt.

Für die Fehlerkorrektur bezeichnet $D(Z)$ das durch die Decodierung eines empfangenen Wortes Z bestimmte Codewort. Die Korrektur erfolgt genau dann richtig, wenn das gesendete Codewort mit $D(Z)$ übereinstimmt, so daß man zur Darstellung (7.1) für die Restfehlerwahrscheinlichkeit gelangt, die bereits in (3.8) hergeleitet wurde.

Es ist offensichtlich, daß die Restfehlerwahrscheinlichkeit nicht nur von der Codierung, sondern ebenso von der Art der Störung der Daten beeinflußt wird.

Dabei ist die Eignung eines Codes von den Übertragungseigenschaften des Kanals abhängig. Die meisten hier dargestellten Codes legen Wert auf eine große Minimaldistanz, was im Falle eines symmetrischen Binärkanals mit unabhängig auftretenden Einzelfehlern günstig ist.

Wenn man etwa durch Messung der Häufigkeit von Fehlermustern davon abweichende Kanaleigenschaften feststellt, so muß man einerseits die Berechnung der Restfehlerwahrscheinlichkeit dieser Situation anpassen und es gibt andererseits möglicherweise andere Codes, die für die Minimierung der Restfehlerwahrscheinlichkeit besser geeignet sind. Als Beispiel wurden bereits die Fire-Codes bei häufigem Auftreten von Fehlerbüscheln einer begrenzten Länge behandelt. Im achten Kapitel wird diese Problemstellung noch ausfürlich behandelt.

7.1 Fehler in symmetrischen Binärkanälen

Es werden im folgenden die Eigenschaften eines symmetrischen Binärkanals zugrundegelegt, vergl. Def. 3.4:

   (i) Die Einzelfehlerwahrscheinlichkeit p_E, daß ein Datenbit verfälscht wird, sei unabhängig vom Zeichen (0 oder 1).

   (ii) Einzelfehler, die an verschiedenen Stellen auftreten, seien voneinander unabhängig.

Diese Modellannahmen vereinfachen die Berechnung von Restfehlerwahrscheinlichkeiten, sind aber nicht immer realistisch, wie das Auftreten von Fehlerbüscheln in manchen Speicher- oder Übertragungsmedien zeigt, wo aufeinanderfolgende Stellen zusammenhängend betroffen sind.

Für den symmetrischen Binärkanal ist die Wahrscheinlichkeit $p_n(r)$, daß genau r Stellen eines n-stelligen Codeworts verfälscht werden, binomial-verteilt:

$$p_n(r) = \binom{n}{r} p_E^r (1 - p_E)^{n-r}. \tag{7.2}$$

Sei F eine diskrete Zufallsvariable mit der Verteilung $Prob(F = r) = p_n(r)$, so gilt für die mittlere Anzahl $E(F)$ von Fehlern in einem Codewort und ihre Varianz $\sigma^2(F)$:

$$E(F) = n\,p_E \quad \text{und} \quad \sigma^2(F) = E(F^2) - E^2(F) = n\,p_E\,(1 - p_E). \tag{7.3}$$

Damit kann die Restfehlerwahrscheinlichkeit mit wachsendem n beliebig klein gemacht werden, wenn man Codes einsetzt, die mindestens $\lceil n(p_E + \epsilon) \rceil$ ($\epsilon \in \mathbb{R}^+$) Fehler erkennen bzw. korrigieren können. Zur Abschätzung der Restfehlerwahrscheinlichkeit kann dabei die Tschebyscheff'sche Ungleichung benutzt werden, in Analogie zum zweiten Shannon'schen Satz.

Unter der Annahme eines symmetrischen Binärkanals sind die bedingten Wahrscheinlichkeiten $p(B\,|\,A)$ für die Verfälschung eines Wortes A in ein Wort B nur noch von der Einzelfehlerwahrscheinlichkeit p_E und der Distanz $d(A, B)$ abhängig:

$$p(B\,|\,A) = p_E^{d(A,B)} (1 - p_E)^{n-d(A,B)} \quad \Rightarrow$$

$$p_{RE} = \sum_{X \in C} p(X) \sum_{Y \in C \setminus \{X\}} p_E^{d(X,Y)} (1 - p_E)^{n-d(X,Y)} \tag{7.4}$$

$$p_{RK} = 1 - \sum_{Z \in \{0,1\}^n} p(D(Z))\, p_E^{d(Z,D(Z))} (1 - p_E)^{n-d(Z,D(Z))}.$$

7.2 Restfehlerwahrscheinlichkeit linearer Codes

Satz 7.1 Sei $A(X, r)$ die Anzahl aller Codewörter, die vom Codewort X den Abstand r haben und $A(r)$ die *Gewichtsverteilung* des Codes, die die Anzahl seiner Wörter mit dem Gewicht r angibt ($0 \leq r \leq n$).

$$A(X, r) = |\{Y \,|\, Y \in C \,\wedge\, d(X, Y) = r\}|;$$
$$A(r) = A(\mathcal{O}, r) = |\{Y \,|\, Y \in C \,\wedge\, w(Y) = d(\mathcal{O}, Y) = r\}|.$$

Dann gilt für lineare Codes: $\forall X \in C: \quad A(X, r) = A(r)$. $\quad\quad\quad\quad\quad\quad\lrcorner$

Beweis: Für lineare Codes ist mit zwei Codewörtern auch ihre Summe ein Codewort $X, Y \in C \Rightarrow Z = Y + X \in C$. Weiterhin stellt die Zuordnung $\phi_X(Y): Y \to Y + X$ für lineare Codes einen Isomorphismus dar, der auch die Distanzfunktion $d(X, Y)$ invariant läßt.

$$A(X, r) = |\{Y \,|\, Y \in C \,\wedge\, d(X, Y) = r\}|$$
$$= |\{Y + X \,|\, Y + X \in C \,\wedge\, d(X + X, Y + X) = d(X, Y) = r\}|$$
$$= |\{Z \,|\, Z \in C \,\wedge\, d(\mathcal{O}, Z) = r\}| = A(\mathcal{O}, r) = A(r).$$

□

Für den symmetrischen Binärkanal erhält man bei Fehlererkennung die Restfehlerwahrscheinlichkeit nur noch in Abhängigkeit von der Gewichtsverteilung $A(r)$ und der Fehlerwahrscheinlichkeit p_E:

$$
\begin{aligned}
p_{RE} &= \sum_{X \in C} p(X) \sum_{Y \in C \setminus \{X\}} p_E^{d(X,Y)} (1 - p_E)^{n - d(X,Y)} \\
&= \sum_{X \in C} p(X) \sum_{r=1}^{n} A(X,r) p_E^r (1 - p_E)^{n-r} \\
&= \sum_{X \in C} p(X) \sum_{r=1}^{n} A(r) p_E^r (1 - p_E)^{n-r} \\
&= \sum_{r=1}^{n} A(r) p_E^r (1 - p_E)^{n-r} = \sum_{r=h}^{n} A(r) p_E^r (1 - p_E)^{n-r}
\end{aligned}
\tag{7.5}
$$

wobei h die Minimaldistanz des Codes ist.

7.2.1 Die Gewichtsverteilung des Hamming-Codes

Aus den Eigenschaften des Hamming-Codes kann man seine Gewichtsverteilung und mit der eben gezeigten Beziehung seine Restfehlerrate bei Fehlererkennung herleiten.

Satz 7.2 Für die Gewichtsverteilung $A_H(w)$ von Hamming-Codes gilt die Rekursionsformel

$$
w A_H(w) = \binom{n}{w-1} - A_H(w-1) - (n - (w-2)) A_H(w-2)
\tag{7.6}
$$

für $w \geq 2$ mit den Anfangswerten $A_H(0) = 1$ und $A_H(1) = A_H(2) = 0$.   ⌋

Beweis: Im Korrigierbereich um ein Codewort vom Gewicht w liegen außer dem Codewort selbst genau w Wörter vom Gewicht $w-1$ sowie $n-w$ Wörter vom Gewicht $w+1$, die sich an jeweils einer Stelle vom Codewort unterscheiden. Hamming-Codes sind perfekt mit der Fähigkeit einen Fehler zu korrigieren. Diese Eigenschaft führt dazu, daß alle Binärwörter vom Gewicht $w-1$ in Korrigierbereichen um Codewörter mit Gewicht $w-2$, $w-1$ und w liegen. Die Binärwörter vom Gewicht w lassen sich entsprechend aufteilen in:

(i) Codewörter, deren Anzahl $A_H(w-1)$ ist.

(ii) Wörter, die im Korrigierbereich eines Codeworts vom Gewicht w liegen. Ihre Anzahl ist $w A_H(w)$.

(iii) Wörter, die im Korrigierbereich eines Codeworts vom Gewicht $w-2$ liegen. Ihre Anzahl ist $(n - (w-2)) A_H(w-2)$.

Da die Korrigierkugeln mit Radius 1 um die Codewörter für den perfekten Hamming-Code eine Klasseneinteilung aller Binärwörter ergeben, d.h. sie sind disjunkt und überdeckend, werden in dieser Aufteilung alle $\binom{n}{w-1}$ Binärwörter vom Gewicht $w-1$ genau einmal berücksichtigt und man erhält:

$$\binom{n}{w-1} = A_H(w-1) + w\,A_H(w) + \big(n-(w-2)\big)A_H(w-2).$$

Die Minimaldistanz $h = 3$ führt auf die genannten Anfangswerte. $\square$

$$\text{Insbesondere gilt:} \quad A_H(3) = n\,(n-1)/3!;$$
$$A_H(4) = n\,(n-1)\,(n-3)/4!;$$
$$A_H(5) = n\,(n-1)\,(n-3)\,(n-7)/5!;\quad\cdots$$
$$\text{und}\quad A_H(w) = A_H(n-w).$$

7.2.2 Fehlerkorrektur

Bei Fehlerkorrektur werden für lineare Codes nur die Syndrome herangezogen, die allein vom Fehlermuster abhängig sind, vergl. Abschnitt 5.2.2.

Definition 7.2 Sei $M(r)$ die Anzahl der verschiedenen *Korrekturmuster* mit Gewicht r, wobei zur Korrektur eines Codes jedem Syndrom ein Korrekturmuster zugeordnet wird, das beim Auftreten des Syndroms auf das empfangene Wort addiert wird. ⌡

Ähnlich wie bei der Fehlererkennung erhält man die Restfehlerwahrscheinlichkeit nur noch abhängig von der Gewichtsverteilung $M(r)$ der Korrekturmuster und der Einzelfehlerwahrscheinlichkeit p_E:

$$p_{RK} = 1 - \sum_{r=0}^{n} M(r)\,p_E^r\,(1-p_E)^{n-r}. \tag{7.7}$$

Denn es werden genau die Fehler richtig korrigiert, deren Fehlermuster ein Korrekturmuster ist.

Will man p_{RK} minimieren, so müssen die Korrekturmuster zu jedem Syndrom möglichst kleines Gewicht r haben, so daß die zugehörigen Terme $p_E^r\,(1-p_E)^{n-r}$ möglichst groß werden. Dies entspricht dem in Def. 3.8 angesprochenen Maximum-Likelihood-Prinzip für eine optimale Entscheidungsregel.

Die Gewichtsverteilung $M(r)$ der Korrekturmuster ist in vielen Fällen einfacher zu bestimmen oder abzuschätzen als die Gewichtsverteilung $A(r)$ des Codes. In der Regel ist die Anzahl m der Kontrollstellen kleiner als die Anzahl $k = n - m$ der Nachrichtenstellen, so daß die Anzahl 2^m der Syndrome und damit der Korrekturmuster wesentlich geringer ist als die Anzahl 2^k von Codewörtern.

Perfekte oder quasi-perfekte Codes mit einer Minimaldistanz h erlauben die Korrektur von bis zu $e = \lfloor\frac{h-1}{2}\rfloor$ Fehlern. Für die Gewichtsverteilung $M(r)$ gilt dann:

$$M(r) = \begin{cases} \binom{n}{r} & \text{für } 0 \leq r \leq e \\ 2^m - \sum_{r=0}^{e} \binom{n}{r} & \text{für } r = e + 1 \\ 0 & \text{für } r > e + 1 \end{cases} \qquad (7.8)$$

Der Term für $r = e + 1$ verschwindet für perfekte Codes.
Man erhält daraus folgende Restfehlerwahrscheinlichkeit für perfekte und quasi-perfekte Codes, die nicht unbedingt linear sein müssen. Voraussetzung ist aber, daß die Korrektur in ein Codewort mit kleinstmöglicher Distanz erfolgt:

$$\begin{aligned} p_{RK} &= 1 - \sum_{r=0}^{e} \binom{n}{r} p_E^r (1 - p_E)^{n-r} - \left[2^m - \sum_{r=0}^{e} \binom{n}{r}\right] p_E^{e+1} (1 - p_E)^{n-e-1} \\ &= \left[\sum_{r=0}^{e+1} \binom{n}{r} - 2^m\right] p_E^{e+1} (1 - p_E)^{n-e-1} + \sum_{r=e+2}^{n} \binom{n}{r} p_E^r (1 - p_E)^{n-r}. \end{aligned} \qquad (7.9)$$

Diese Darstellung ist gleichzeitig eine untere Schranke der Restfehlerwahrscheinlichkeit bei Korrektur, die von nicht quasi-perfekten Codes mit gleicher Anzahl von Nachrichten- und Kontrollstellen überschritten wird.

7.2.3 Kombination von Fehlerkorrektur und -erkennung

Schließlich kann man auch den kombinierten Einsatz von Fehlerkorrektur und -erkennung betrachten, wie schon im Abschnitt 6.3 am Beispiel der SEC/DED-Codes erläutert wurde. Der Empfänger kann anhand des Syndroms eines fehlerhaften Wortes feststellen, ob eine Korrektur möglich ist oder ob ein nicht korrigierbarer Fehler vorliegt.

Wenn man alle Fehlermuster mit bis zu e Einzelfehlern korrigiert und darüber hinaus eine Erkennung vornimmt, so tritt ein Decodierfehler genau dann auf, wenn eine Störung ein Codewort in die Korrigierkugel vom Radius e um ein anderes Codewort überführt. Zur Bestimmung der mit $p_{RK/RE}^{(\leq e)}$ bezeichneten Restfehlerwahrscheinlichkeit kann dann die Formel (7.5) erweitert werden, indem man nicht nur die Codewörter, sondern alle Wörter in den Korrigierkugeln mit Radius e als nicht erkennbare Fehlermuster einstuft, sofern ihr Gewicht größer als e ist. Mit der Bezeichnung $A^{(\leq e)}(r)$ für die Gewichtsverteilung aller Wörter in den Korrigierkugeln mit Radius e erhält man:

$$\begin{aligned} p_{RK/RE}^{(\leq e)} &= \sum_{r=h-e}^{n} A^{(\leq e)}(r) p_E^r (1 - p_E)^{n-r} \qquad \text{für } e \leq \left\lfloor\frac{h-1}{2}\right\rfloor \\ \text{mit } A^{(\leq e)}(r) &= \sum_{\substack{i,j=0 \\ i+j\leq e}}^{e} A(r+i-j) \binom{r+i-j}{i} \binom{n-r-i+j}{j}. \end{aligned} \qquad (7.10)$$

Für $e = 0$ reduziert sich der Term auf die Form (7.5). Sonst gibt $\binom{w}{i}\binom{n-w}{j}$ die Anzahl derjenigen Wörter an, die von einem Codewort des Gewichts w an i

Stellen abweichen, an denen das Codewort mit einer '1' belegt ist und gleichzeitig an weiteren j der $n - w$ Stellen, an denen das Codewort eine '0' aufweist. Eine Korrigierkugel mit Radius e um das Codewort vom Gewicht w umfaßt dann alle derartigen Wörter mit $i + j \leq e$.

Beispiel 7.1 Es wird ein 15-stelliger Odd-Weight-Code betrachtet, dessen Gewichtsverteilung $A(r)$ sich aus der des 15-stelligen Hamming-Codes ergibt, wenn alle Wörter mit ungeradem Gewicht daraus entfernt werden. Dann kann man die Restfehlerwahrscheinlichkeit dieses SEC/DED-Codes über die Gewichtsverteilung $A^{\leq 1}(r)$ berechnen, die zusammen mit $A(r)$ in der folgenden Tabelle angegeben ist.

Bestimmung der Fehlerrate eines SEC/DED-Codes								
r	0	1	2	3	4	5	6	7
$A(r)$	1	0	0	0	105	0	280	0
$A^{(\leq 1)}(r)$	1	15	0	420	105	2835	280	6000
r	8	9	10	11	12	13	14	15
$A(r)$	435	0	168	0	35	0	0	0
$A^{(\leq 1)}(r)$	435	4725	168	1260	35	105	0	0

Für einen Code der Minimaldistanz h, der also die Korrektur von $\lfloor \frac{h-1}{2} \rfloor$ Fehlern erlaubt, erhöht sich die Restfehlerwahrscheinlichkeit $p_{RK/RE}^{(\leq e)}$ stufenweise für $e = 0, 1, \cdots, \lfloor \frac{h-1}{2} \rfloor$. Damit kann man in einem gewissen Rahmen eine Anpassung an eine vorgegebene Schranke der Restfehlerwahrscheinlichkeit erreichen, indem man ggf. auf die volle Ausschöpfung der Korrekturfähigkeit zugunsten einer geringeren Restfehlerwahrscheinlichkeit verzichtet.

Da die Anzahl von verfälschten Stellen eines korrigierbaren Wortes bei dessen Korrektur bekannt wird, erscheint es auch sinnvoll, die Restfehlerwahrscheinlichkeit in Abhängigkeit der Anzahl zu korrigierender Stellen aufzuschlüsseln.
Die Fehlerwahrscheinlichkeit $p_{RK}^{(e)}$ bezogen auf die Korrekturmuster vom Gewicht e läßt sich aus der Gewichtsverteilung $A^{(e)}(r)$ der Wörter bestimmen, die jeweils den Abstand e zu einem der Codewörter haben, wobei $A^{(\leq e)}(r) = \sum_{i=0}^{e} A^{(i)}(r)$:

$$p_{RK}^{(e)} = \sum_{r=h-e}^{n} A^{(e)}(r)\, p_E^r \, (1 - p_E)^{n-r} \Big/ \sum_{r=0}^{n} A^{(e)}(r)\, p_E^r \, (1 - p_E)^{n-r}$$

$$= 1 - \binom{n}{e} \Big/ \sum_{r=0}^{n} A^{(e)}(r) \left(\frac{p_E}{1 - p_E} \right)^{r-e} \qquad \text{mit} \qquad (7.11)$$

$$A^{(e)}(r) = \sum_{i=0}^{e} A(r - e + 2i) \binom{r - e + 2i}{i} \binom{n - r + e - 2i}{e - i}.$$

Beispiel 7.2 Wir greifen erneut das Beispiel 6.6 eines 3-Fehler-korrigierenden BCH-Codes auf.
Der Code wird zunächst um ein *Parity-Check-Bit* auf 16 Stellen erweitert, so daß $x_{16} = \sum_{i=1}^{15} x_i$ für die zusätzliche Stelle gilt. Der erweiterte Code hat dann

nach wie vor 32 Codewörter mit der Gewichtsverteilung $A(0) = A(16) = 1$ und $A(8) = 30$. In der nächsten Tabelle werden die Gewichtsverteilungen von Wörtern aufgeführt, die im Abstand 0, 1, 2 und 3 zu den Codewörtern liegen. Wegen $A^{(i)}(r) = A^{(i)}(16 - r)$ sind nur die Werte für $A^{(i)}(0), \cdots, A^{(i)}(8)$ angegeben. Eine weitere Tabelle enthält die Gewichtsverteilungen $A^{(i)}(r)$ für den BCH-Code selbst, wobei wiederum wegen $A^{(i)}(r) = A^{(i)}(15 - r)$ nur die Werte $A^{(i)}(0), \cdots, A^{(i)}(7)$ angegeben sind. Dazu werden die Restfehlerwahrscheinlichkeiten in Abhängigkeit des Gewichts $(0, \cdots, 3)$ des Korrekturmusters für eine Bitfehlerrate von $p_E = 0.001$ bestimmt. $p_{RK}^{(0)}$ entspricht dabei der Restfehlerwahrscheinlichkeit bei Fehlererkennung.

Bestimmung der Fehlerrate eines erweiterten BCH-Codes									
r	0	1	2	3	4	5	6	7	8
$A(r)$	1	0	0	0	0	0	0	0	30
$A^{(1)}(r)$	0	16	0	0	0	0	0	240	0
$A^{(2)}(r)$	0	0	120	0	0	0	840	0	1920
$A^{(3)}(r)$	0	0	0	560	0	1680	0	6720	0

Restfehlerrate eines BCH-Codes									
r	0	1	2	3	4	5	6	7	$p_{RK}^{(i)}$ für $p_E = 0.001$
$A(r)$	1	0	0	0	0	0	0	15	$i = 0: 1.5 \cdot 10^{-20}$
$A^{(1)}(r)$	0	15	0	0	0	0	105	120	$i = 1: 7 \cdot 10^{-15}$
$A^{(2)}(r)$	0	0	105	0	0	315	420	840	$i = 2: 3 \cdot 10^{-9}$
$A^{(3)}(r)$	0	0	0	455	525	840	2520	2940	$i = 3: 1.15 \cdot 10^{-3}$

Auch hier kann man beobachten, daß die Korrektur mit wachsendem Gewicht des Fehlermusters erheblich unsicherer wird, vor allem bei Ausschöpfung der Korrekturfähigkeit mit $e = h/2 - 1$.

Man kann diese Fehlerbetrachtungen sogar speziell für jedes Syndrom eines linearen Codes oder gar für jedes einzelne Wort eines nicht linearen Codes fortführen.

Wenn die Abstände $A(Y, r)$ der Codewörter bezogen auf ein empfangenes Wort Y bekannt sind und die Decodierung von Y in ein Codewort mit minimalem Abstand e erfolgt, so gilt

$$p_{RK}^{(Y)} = 1 - 1 \bigg/ \sum_{r=e}^{n} A(Y, r) \left(\frac{p_E}{1 - p_E} \right)^{r-e}.$$

7.3 Die Beziehung von MacWilliams

Die Restfehlerwahrscheinlichkeit eines linearen Codes bei Fehlererkennung ist nach den bisherigen Ausführungen durch seine Gewichtsverteilung bestimmt. Es besteht ein einfacher Zusammenhang zwischen der Gewichtsverteilung eines Codes C und seines dualen Codes $\overline{C}$, so daß auch die Gewichtsverteilung des dualen Codes $\overline{C}$ zur Bestimmung der Restfehlerwahrscheinlichkeit genutzt werden kann.

Definition 7.3 C sei ein linearer (n, k)-Binärcode mit der Gewichtsverteilung $A(r)$. Das Polynom

$$\mathcal{W}_C(z) = \sum_{r=0}^{n} A(r) z^r = \sum_{X \in C} z^{w(X)}$$

heißt erzeugende Funktion für die Gewichte oder kurz *Gewichts- bzw. Anzahlfunktion* des Codes C.   ⌋

Die Restfehlerwahrscheinlichkeit bei Fehlererkennung hat damit die Darstellung, vergl. (7.5):

$$p_{RE} = (1 - p_E)^n \sum_{r=1}^{n} A(r) \left(\frac{p_E}{1 - p_E}\right)^r = (1 - p_E)^n \left[\mathcal{W}_C\left(\frac{p_E}{1 - p_E}\right) - 1\right]. \quad (7.12)$$

Die Berechnung der Gewichtsverteilung kann im Prinzip durch Generierung aller 2^k Codewörter und Abzählen der Einsen in jedem Codewort geschehen. Dies ist bei großer Zahl k von Datenstellen sehr aufwendig oder sogar praktisch undurchführbar.

Daher ist für die Bestimmung der Gewichtsfunktion ein Umweg über den dualen Code attraktiv. Hat ein Code C genau k Daten- und m Kontrollstellen, so hat der duale Code $\overline{C}$ umgekehrt m Daten- und k Kontrollstellen. Da für Codes üblicherweise ein hoher Nutzdatenanteil angestrebt wird (d.h. $k/n = k/(k + m)$ soll nahe bei 1 liegen), hat der duale Code häufig erheblich weniger Codewörter ($k > m \Rightarrow 2^k \ll 2^m$).

In manchen Fällen kann man die Anzahlfunktion des dualen Codes explizit angeben. Zum $(n, n - m)$-Hamming-Code mit $n = 2^m - 1$ Stellen hat der duale Code beispielsweise nur Wörtervom Gewicht $(n + 1)/2$ außer dem Nullwort, so daß $\mathcal{W}_{\overline{H}}(z) = 1 + n z^{(n+1)/2}$ ist.

Die Anzahlfunktionen eines Codes und seines dualen Codes werden durch die Umrechnungsformel von MacWilliams in Beziehung gesetzt.

Satz 7.3 *Die Formel von MacWilliams*

$$\text{Es gilt} \quad \mathcal{W}_C(z) = 2^{-m} (1 + z)^n \mathcal{W}_{\overline{C}}\left(\frac{1 - z}{1 + z}\right)$$

$$\text{und umgekehrt} \quad \mathcal{W}_{\overline{C}}(z) = 2^{-k} (1 + z)^n \mathcal{W}_C\left(\frac{1 - z}{1 + z}\right). \quad (7.13)\rfloor$$

In Fortführung von (7.12) erhält man für die Restfehlerwahrscheinlichkeit bei Fehlererkennung:

$$p_{RE} = (1 - p_E)^n \left[\mathcal{W}_C\left(\frac{p_E}{1 - p_E}\right) - 1\right] = 2^{-m} \mathcal{W}_{\overline{C}}(1 - 2p_E) - (1 - p_E)^n. \quad (7.14)$$

Der Beweis wird in drei Hilfssätze aufgeteilt:

Hilfssatz 1: Sei Y ein n-stelliges Binärwort, das nicht dem dualen Code $\overline{C}$ angehört. Dann enthalten die durch

$$M_0 = \{X \in C \,|\, XY = 0\} \qquad \text{und} \qquad M_1 = \{X \in C \,|\, XY = 1\}$$

definierten Mengen gleichviele Elemente $|M_0| = |M_1|$. Dabei sei:

$$XY = (x_1, \cdots, x_n)(y_1, \cdots, y_n) \overset{\text{def}}{=} (x_1 y_1 + \cdots + x_n y_n) \bmod 2. \qquad \rfloor$$

Beweis: Sei $U \in C$ mit $UY = 1$ (U existiert, weil $Y \notin \overline{C}$).
Die durch $\{U + X \,|\, X \in M_0\}$ definierte Menge sei hier mit M_0^U bezeichnet. Dann ist $M_0^U \subseteq M_1$, denn für alle $X \in M_0$ gilt $(U + X)Y = UY + XY = 1$. Auf ähnliche Weise kann man $M_1^U = \{U + X \,|\, X \in M_1\} \subseteq M_0$ zeigen. Es folgt $|M_0| = |M_0^U| \le |M_1| = |M_1^U| \le |M_0|$. $\qquad \Box$

Hilfssatz 2: Für ein n-stelliges Binärwort Y gilt

$$\sum_{X \in C} (-1)^{XY} = \begin{cases} 2^k & \text{wenn } Y \in \overline{C} \\ 0 & \text{wenn } Y \notin \overline{C}. \end{cases} \qquad \rfloor$$

Beweis: Wenn $Y \in \overline{C}$ dann folgt $XY = 0$. Da es 2^k Codewörter gibt, ist für diesen Fall $\sum_{X \in C} (-1)^{XY} = 2^k$.

Sonst ist gemäß dem ersten Hilfssatz $|M_0| = |M_1|$, so daß in der betrachteten Summe die Hälfte der Summanden den Wert -1 und die andere Hälfte den Wert $+1$ annimmt. $\qquad \Box$

Hilfssatz 3: Für n-stellige Binärwörter $X = (x_1, \cdots, x_n)$ und $Y = (y_1, \cdots, y_n)$ gilt

$$\sum_{Y} z^{w(Y)} (-1)^{XY} = (1 - z)^{w(X)} (1 + z)^{n - w(X)}. \qquad \rfloor$$

Beweis :
$$\sum_{Y} z^{w(Y)} (-1)^{XY} = \sum_{y_1 = 0}^{1} \cdots \sum_{y_n = 0}^{1} z^{(y_1 + \cdots + y_n)} (-1)^{(x_1 y_1 + \cdots + x_n y_n)}$$

$$= \sum_{y_1 = 0}^{1} z^{y_1} (-1)^{x_1 y_1} \cdots \sum_{y_n = 0}^{1} z^{y_n} (-1)^{x_n y_n}$$

$$= \prod_{i=1}^{n} \left(1 + (-1)^{x_i} z \right) = (1 - z)^{w(X)} (1 + z)^{n - w(X)}.$$

$\qquad \Box$

Aus dem dritten Hilfssatz folgt:

$$\sum_{X \in C} \sum_{Y} (-1)^{XY} z^{w(Y)} = \sum_{X \in C} (1 - z)^{w(X)} (1 + z)^{n - w(X)} = (1 + z)^n W_C \left(\frac{1 - z}{1 + z} \right).$$

Nach Hilfssatz 2 erhält man andererseits:

$$\sum_{X \in C} \sum_{Y} (-1)^{XY} z^{w(Y)} = \sum_{Y} z^{w(Y)} \sum_{X \in C} (-1)^{XY} = \sum_{Y \in \overline{C}} z^{w(Y)} 2^k = 2^k W_{\overline{C}}(z).$$

Aus dem Vergleich der beiden letztgenannten Ergebnisse folgt unmittelbar die Beziehung von MacWilliams. $\qquad \Box$

Beispiel 7.3

(i) Zum linearen Code $C = \{(000), (011), (101), (110)\}$ gehört der duale Code $\overline{C} = \{(000), (111)\}$ mit der Anzahlfunktion $W_{\overline{C}}(z) = 1 + z^3$. Die Beziehung von MacWilliams ergibt das leicht überprüfbare Ergebnis:

$$W_C(z) = 2^{-1}(1 + z)^3 \left[1 + \left(\frac{1-z}{1+z} \right)^3 \right] = 2^{-1} \left[(1+z)^3 + (1-z)^3 \right] = 1 + 3z^2.$$

(ii) Die Gewichtsfunktion des Hamming-Codes wurde bereits durch die rekursive Beziehung (7.6) bestimmt. Der zugehörige duale Code hat, wie bereits erwähnt, nur Wörter vom Gewicht 0 und $(n+1)/2$ und als Anzahlfunktion $W_{\overline{H}}(z) = 1 + n\, z^{(n+1)/2}$. Die Anwendung der Beziehung von MacWilliams ergibt dann:

$$\begin{aligned}
W_H(z) &= 2^{-m}(1+z)^n \left[1 + n \left(\frac{1-z}{1+z} \right)^{(n+1)/2} \right] \\
&= \frac{1}{n+1} \left[(1+z)^n + n\,(1+z)^{(n-1)/2}(1-z)^{(n+1)/2} \right] \\
&= \frac{1}{n+1} \left[(1+z)^n + n\,(1-z)\,(1-z^2)^{(n-1)/2} \right]
\end{aligned}$$

$$\Rightarrow \quad A_H(r) = \frac{1}{n+1} \left[\binom{n}{r} + (-1)^{\lceil r/2 \rceil} n \binom{(n-1)/2}{\lfloor r/2 \rfloor} \right].$$

(7.15)

(iii) Die Anzahlfunktionen für die dualen Codes von primitiven, binären BCH-Codes zur Korrektur von $e = 2$ und $e = 3$ Fehlern sind bekannt, siehe z.B. [LiCo83]. Im Beispiel $e = 2$ erhält man für ein primitives Generatorpolynom vom Grad m einen BCH-Code der Länge $2^m - 1$ mit $2m$ Kontrollstellen. Wenn m ungerade und $m \geq 3$ ist, so ist die Gewichtsverteilung des dualen Codes in folgender Tabelle ablesbar:

Gewicht	Anzahl der Codewörter
0	1
$2^{m-1} - 2^{(m-1)/2}$	$\left(2^{m-2} + 2^{(m-3)/2}\right)\left(2^m - 1\right)$
2^{m-1}	$\left(2^m - 2^{m-1} + 1\right)\left(2^m - 1\right)$
$2^{m-1} + 2^{(m-1)/2}$	$\left(2^{m-2} - 2^{(m-3)/2}\right)\left(2^m - 1\right)$

Für das Beispiel eines 2-Fehler-korrigierenden (31,21)-BCH-Codes mit $m = 5$ und $e = 2$ erhält man daraus für den dualen Code:

$$W_{\overline{C}} = 1 + 310\,z^{12} + 527\,z^{16} + 186\,z^{20}$$

und für den BCH-Code selbst die Gewichtsverteilung:

$$\begin{aligned}
W_C &= (1 + z^{31}) + 186\,(z^5 + z^{26}) + 806\,(z^6 + z^{25}) \\
&\quad + 2635\,(z^7 + z^{24}) + 7905\,(z^8 + z^{23}) + 18910\,(z^9 + z^{22}) \\
&\quad + 41602\,(z^{10} + z^{21}) + 85560\,(z^{11} + z^{20}) + 142600\,(z^{12} + z^{19}) \\
&\quad + 195300\,(z^{13} + z^{18}) + 251100\,(z^{14} + z^{17}) + 301971\,(z^{15} + z^{16}).
\end{aligned}$$

7.4   Näherungsformeln und Abschätzungen

Die Terme von Binomialverteilungen, wie sie z.B. als Summanden in der Gleichung (7.9) auftreten, kann man durch Terme der Poisson-Verteilung annähern:

$$\binom{n}{r} p_E^r (1 - p_E)^{n-r} = \frac{n(n-1)\cdots(n-r+1)}{r!} p_E^r (1 - p_E)^n (1 - p_E)^{-r}$$

$$\approx \frac{n^r}{r!} p_E^r \, e^{-n\,p_E} \cdot 1 = \frac{(n\,p_E)^r}{r!} e^{-n\,p_E} \qquad \text{falls } n\,p_E \ll 1$$

Für perfekte Codes gilt damit: $p_{RK} \approx 1 - \sum_{r=0}^{e} \frac{(n\,p_E)^r}{r!} e^{-n\,p_E}.$ (7.16)

Dabei muß allerdings eine relative Abweichung von etwa $\frac{e(e+1)}{2n}$ selbst für $p_E \to 0$ in Kauf genommen werden, die bei der Approximation von $\binom{n}{r}$ bestehen bleibt.

Besonders für die Formel (7.5) zur Restfehlerwahrscheinlichkeit für lineare Codes ist man auf Approximationen für die oftmals nicht genau bekannte Gewichtsfunktion $A(r)$ eines Codes angewiesen.

Ist nur der Minimalabstand h eines Codes bekannt, so kann man als grobe Faustregel $A(r) \approx 2^{-k} \binom{n}{r}$ für $r \geq h$ ansetzen. D.h. man geht davon aus, daß die sogenannte Reduktionsfunktion $A(r)/\binom{n}{r}$ für $r \geq h$ konstant ist. Man erhält daraus folgende Näherung, die unter anderem für Hamming- und BCH-Codes mit großer Stellenzahl recht brauchbare Resultate liefert:

$$p_{RE} \approx \sum_{r=h}^{n} 2^{-k} \binom{n}{r} p_E^r (1 - p_E)^{n-r} = 2^{-k} \left(1 - \sum_{r=0}^{h-1} \binom{n}{r} p_E^r (1 - p_E)^{n-r} \right). \quad (7.17)$$

Für einen e-Fehler-korrigierenden Code mit $h = 2e + 1$ gilt weiterhin:

$$A(r) \leq \binom{n}{r-e} \Big/ \binom{r}{e}. \qquad (7.18)$$

Denn von den $\binom{n}{r-e}$ Wörtern vom Gewicht $r-e$ liegen je $\binom{r}{e}$ in einem der disjunkten Korrigierbereiche eines Codeworts vom Gewicht r. Daher gibt es höchstens $\binom{n}{r-e} \Big/ \binom{r}{e}$ Korrigierkugeln um die Codewörter vom Gewicht r. Man erhält:

$$p_{RE} \leq \sum_{r=h}^{n} S(r) = S(h) \sum_{r=h}^{n} \frac{S(r)}{S(h)}$$

mit $S(r) = \left[\binom{n}{r-e} \Big/ \binom{r}{e} \right] p_E^r (1 - p_E)^{n-r} \leq A(r)\, p_E^r (1 - p_E)^{n-r}$

und $\dfrac{S(r+1)}{S(r)} = \dfrac{(n-r+e)\,p_E}{(r+1)(1-p_E)} \leq \dfrac{(n-(e+1))\,p_E}{2(e+1)(1-p_E)}$ für $r \geq h = 2e+1 \Rightarrow$

$$\sum_{r=h}^{n} \frac{S(r)}{S(h)} \leq \sum_{r=h}^{n} \left(\frac{(n-(e+1))\, p_E}{2(e+1)(1-p_E)} \right)^{r-h}$$

$$\leq \frac{1}{1 - \frac{(n-(e+1))\, p_E}{2(e+1)(1-p_E)}} = \frac{2(e+1)(1-p_E)}{2(e+1) - (n+e+1)\, p_E} \quad \text{für } p_E < \frac{2(e+1)}{n+e+1}.$$

Das ergibt folgende obere Schranke für e-Fehler-korrigierende Codes:

$$p_{RE} \leq \left[\binom{n}{e+1} \Big/ \binom{h}{e} \right] p_E^h\, (1-p_E)^{n-h+1}\, \frac{2(e+1)}{2(e+1) - (n+e+1)\, p_E}. \qquad (7.19)$$

Durch die Verbesserung der Technik zur Speicherung und Übertragung von Daten sind die Einzelfehlerwahrscheinlichkeiten p_E heute in einigen Anwendungsgebieten sehr klein $p_E \ll 10^{-2}$. Die Abschätzungen können dann wesentlich vereinfacht werden.

So ist z.B. in der Formel (7.5) nur noch der Term mit $r = h$ relevant und man erhält:

$$p_{RE} \approx A(h)\, p_E^h. \qquad (7.20)$$

Die Formel (7.9) für die Korrektur von perfekten Codes vereinfacht sich zu:

$$p_{RK} = \sum_{r=e+1}^{n} \binom{n}{r} p_E^r (1-p_E)^{n-r} \approx \binom{n}{e+1} p_E^{e+1} (1-p_E)^{n-e-1} \approx \frac{(n\, p_E)^{e+1}}{(e+1)!}\, e^{-n p_E}.$$

$$(7.21)$$

Beispiel 7.4 Wir betrachten den 15-stelligen binären Hamming-Code. Die Gewichtsfunktion des Codes kann durch die Rekursionsformel (7.6) oder gemäß (7.15) bestimmt werden:

$r =$	0	1	2	3	4	5	6	7
$A_H(r) =$	1	0	0	35	105	168	280	435

und $A_H(15-r) = A_H(r)$.

Die Restfehlerwahrscheinlichkeit p_{RE} bei Fehlererkennung ist für Hamming-Codes durch Einsetzen der Anzahlfunktion des dualen Codes in (7.13) bestimmt:

$$p_{RE} = \frac{1}{n+1} \left(1 + n\, (1 - 2p_E)^{(n+1)/2} \right) - (1-p_E)^n.$$

Für $p_E = 0.001$ erhält man $p_{RE} \approx 3.468 \cdot 10^{-8}$ und als Näherungen gemäß (7.17) $p_{RE} \approx 2.8 \cdot 10^{-8}$ und gemäß (7.20) $p_{RE} \approx 3.458 \cdot 10^{-8}$.
Die Abschätzung (7.19) ergibt $p_{RE} \leq 3.470 \cdot 10^{-8}$.
Da es sich um einen perfekten Code handelt, erhält man für die Fehlerkorrektur aus Gleichung (7.9):

$$p_{RK} = 1 - (1-p_E)^{15} - 15\, p_E\, (1-p_E)^{14} \approx 1.041 \cdot 10^{-4}.$$

Die Näherungen gemäß (7.16) bzw. (7.21) ergeben:

$$p_{RK} \approx 1 - e^{-0.015}\, (1 + 0.015) \approx 1.114 \cdot 10^{-4} \approx \frac{0.015^2}{2!}\, e^{-0.015} \approx 1.108 \cdot 10^{-4}.$$

Beispiel 7.5 Man kann einen 127-stelligen BCH-Code konstruieren mit $m = 21$ Kontrollstellen und Minimalabstand $h = 7$, so daß $e = 3$ Fehler korrigierbar sind.

Für die Restfehlerwahrscheinlichkeit bei Korrektur erhält man aus (7.9) eine untere Schranke unter Annahme eines quasi-perfekten Codes. Da drei Fehler korrigierbar sind findet man gleichzeitig die obere Schranke:

$$p_{RK} \leq 1 - \sum_{r=0}^{3} \binom{127}{r} p_E^r (1 - p_E)^{127-r}.$$

Für $p_E = \frac{1}{n} = \frac{1}{127}$, d.h. im Mittel ist eine Stelle pro Codewort fehlerhaft, erhält man aus beiden Schranken

$$0.0159 < p_{RK} < 0.0186$$

und als Näherungen aus (7.16) bzw. (7.21) mit $e = 3$

$$p_{RK} \approx 1 - \mathrm{e}^{-1} \left(1 + 1 + \frac{1}{2} + \frac{1}{6} \right) \approx 0.0189 \approx \frac{\mathrm{e}^{-1}}{4!} \approx 0.0153.$$

Für $p_E = 0.001$ erhält man analog folgende Abschätzungen und Näherungen:

$$7.79 \cdot 10^{-6} < p_{RK} < 9.35 \cdot 10^{-6} \qquad p_{RK} \approx 9.79 \cdot 10^{-6} \quad \text{bzw.} \quad p_{RK} \approx 9.55 \cdot 10^{-6}.$$

Für die Restfehlerwahrscheinlichkeit bei Erkennung wird die Faustregel (7.17) genutzt, die für $p_E = \frac{1}{n}$ den Wert $p_{RE} \approx 3.503 \cdot 10^{-11}$ ermittelt. Auch hier kann man die Terme der darin auftretenden Binomialverteilung wie in (7.16) durch eine Poisson-Verteilung approximieren und erhält dabei $p_{RE} \approx 3.969 \cdot 10^{-11}$.
Die Abschätzung (7.19) liefert dazu $p_{RE} \leq 2.456 \cdot 10^{-10}$.

7.5 Übungen zu Kapitel 7

Übung 7.1

a) Bestimmen Sie die Gewichtsverteilung des $(n, n - m)$-Hamming-Codes für $n = 7, m = 3$ bzw. $n = 15, m = 4$ mit der im Skript angegebenen Rekursionsformel.

b) Wie lautet die Gewichtsverteilung des zugehörigen 7- bzw. 15-stelligen Abramson-Codes?

c) Man kann einen Hamming-Code durch Anhängen einer Parity-Check-Kontrollstelle auf insgesamt 2^m Stellen erweitern, so daß $x_{2^m} = \sum_{i=1}^{2^m - 1} x_i$ ist und alle Codewörter dieses erweiterten Codes ein gerades Gewicht haben. Geben Sie eine Generator- und Prüfmatrix des erweiterten Codes an.

Ist der Code zyklisch?

Wie lautet seine Gewichtsverteilung?

Übung 7.2

Bestätigen Sie die rekursive Beziehung im Satz 7.2 für die Gewichtsverteilung des Hammingcodes ausgehend von der Beziehung von MacWilliams, siehe Beispiel 7.3(ii).

Übung 7.3

Man gebe eine Formel für die Restfehlerwahrscheinlichkeit bei Fehlerkorrektur für einen oder zwei benachbarte Fehler im durch $G(u) = u^5 + u^4 + u^2 + 1$ erzeugten Code an, wenn die Fehler an den einzelnen Stellen als statistisch unabhängig angenommen werden.

Übung 7.4

Der (23,12)-*Golay-Code* ist einer der wenigen nichttrivialen perfekten Codes. Es ist ein 3-Fehler-korrigierender Code mit der Gewichtsverteilung:

$$A(0) = A(23) = 1; \quad A(7) = A(16) = 253;$$

$$A(8) = A(15) = 506; \quad A(11) = A(12) = 1288$$

und $A(i) = 0$ für alle nicht aufgeführten Werte von i.

a) Berechnen Sie die Restfehlerwahrscheinlichkeiten für Fehlererkennung und Fehlerkorrektur bei einem symmetrischen Binärkanal mit $p_E = 0.01$ bzw. $p_E = 0.0001$.

b) Berechnen Sie die Restfehlerwahrscheinlichkeit, wenn sich die Korrektur auf Fehlermuster mit höchstens einem bzw. höchstens zwei Fehlern beschränkt.

Übung 7.5

a) Unter Verwendung des primitiven Polynoms

$$G_1(u) = u^5 + u^3 + 1$$

gebe man das Generatorpolynom $G(u) = G_1(u)\,G_2(u)$ eines BCH-Codes an, der es erlaubt, zwei Fehlerstellen zu korrigieren.

b) Wie groß ist die Restfehlerwahrscheinlichkeit, daß ein über einen symmetrischen Binärkanal übertragenes Codewort nicht korrigierbar ist, wenn jede Stelle mit Wahrscheinlichkeit $p_E = 0.001$ fehlerbehaftet ist?

Übung 7.6

Wir betrachten lineare Codes mit gerader Länge n und der Minimaldistanz $n/2$, so daß es nur Codewörter vom Gewicht 0, $n/2$ und n geben kann.

a) Konstruieren Sie einige derartige Codes.

b) Zeigen Sie, daß

$$|C| \leq 2 + \binom{n}{n/2 - 1} \Big/ \left[\binom{n/2}{\lfloor e/2 \rfloor} \binom{n/2}{\lceil e/2 \rceil} \right]$$

eine obere Schranke für die Anzahl der Codewörter ist und vergleichen Sie diese Schranke für $n = 16$ mit den aus der Ungleichung 5.5 bzw. der Ungleichung 7.18 resultierenden Schranken.

c) Wenden Sie die Beziehung von MacWilliams an, um die Gewichtsverteilung des dualen Codes im hier betrachteten Fall zu bestimmen.

Kapitel 8

Gedächtnisbehaftete Übertragungskanäle

von Christoph Kröll

8.1 Das Gedächtnis erhöht die Kapazität

Die Deutsche Forschungs- und Versuchsanstalt für Luft- und Raumfahrt (DFVLR) hat in einem Versuchsaufbau unter anderem die digitalen Übertragungseigenschaften zwischen einem Satellitensender und einer Empfangsanlage in einem in der Innenstadt fahrenden Kraftfahrzeug untersucht [Lutz91]. Die bei dem Versuchsaufbau „Landmobil" ermittelten Daten lieferten, umgerechnet auf deren Störeinfluß auf die digitale Übertragung, Fehlermuster, von denen ein Ausschnitt in Abbildung 8.1 dargestellt ist.

Dabei lassen sich die folgenden Beobachtungen machen: Die Fehler sind nicht über den ganzen Ausschnitt gleichverteilt, der mittlere Bereich des Ausschnitts ist fehlerfrei. Fehler treten häufig direkt hintereinander auf, zum Teil in längeren Ketten, wenn auch mit einzelnen Lücken. Einige Fehlermuster treten häufiger auf. Daneben sind einige Zeilen von einer diffusen Periodizität der Fehler gekennzeichnet, die erst langsam kürzer werdende Periode reißt nach Erreichen einer bestimmten Periodenlänge ab.

Dieses Beispiel zeigt deutlich, daß man bei dem hier beobachteten Kanal nicht von der Unabhängigkeit der Fehler hintereinanderfolgender Übertragungen ausgehen kann.

Abbildung 8.1: Ausschnitt aus einem Fehlermuster von Datenmaterial der DFVLR
[Lutz91]

8.1.1 Nutzen des Gedächtnisses

Die erhaltenen Fehlerstrukturen ließen sich aber durch geeignete Mischverfahren unterdrücken. So könnten die zu übertragenden Daten vor der Sendung zeilenweise in eine Matrix geschrieben und dann spaltenweise in den Kanal geschickt werden. Nach der Übertragung müßte der Effekt durch spaltenweises Schreiben der erhaltenen Daten in eine Matrix und zeilenweises Auslesen wieder rückgängig gemacht werden. So kann man das Gedächtnis des Übertragungskanals verschleiern. Fehlerbüschel würden sich in mehrere Spalten aufgliedern und so in einem Block vielleicht nur ein Bit verfälschen.

Doch verliert der Benutzer durch diese Fehlermischverfahren Informationen über den verwendeten Kanal. In einer Arbeit von Wolfowitz [Wolf67] konnte gezeigt werden, daß das Gedächtnis eines Kanals seine Kapazität erhöht. Es lassen sich also mit einem gedächtnisbehafteten Kanal mehr Informationen pro Zeiteinheit übertragen als mit einem gedächtnislosen bei gleicher Fehlerrate, und man kann die zusätzlich gewonnene Kapazität nutzen, um die Fehlersicherheit der Informationen zu erhöhen.

Beispiel 8.1 Ein symmetrischer Binärkanal mit Fehlerwahrscheinlichkeit p hat die Kapazität $1 - H(p)$ bei gedächtnislosem Fehlerprozeß. Ein Kanal mit derselben Einzelfehlerwahrscheinlichkeit, in dem Fehler in Büscheln der Länge n auftreten, so daß jeweils alle n zu einem Büschel gehörigen Stellen verfälscht sind, hat dagegen die Kapazität $1 - H(p)/n$.

Aber leider entzieht sich das gewonnene theoretische Ergebnis über gedächtnisbehaftete Kanäle der einfachen praktischen Anwendung. Um das Gedächtnis eines Übertragungskanals zu nutzen, müssen nämlich Codes eingesetzt werden, die in der Lage sind, die gewonnene Kapazität z.B. für die Erhöhung der Fehlersicherheit nutzbar zu machen.

Eine solche Klasse von Codes haben wir bereits in Abschnitt 6.3 kennengelernt. Bei einem Fire-Code können mehr Fehler in einem Nachrichtenblock fester Länge korrigiert werden als bei einem anderen Code mit gleicher Übertragungsrate, also mit derselben Anzahl von Datenbits bzw. Kontrollbits. Zusätzlich müssen diese Fehler aber in zeitlicher Nähe, hier in einem Büschel, auftreten, das eine vorgegebene Länge nicht überschreiten darf.

Doch sind solche büschelfehlerkorrigierenden Codes nur einzusetzen, wenn das Gedächtnis so stark ist, daß es Fehlermuster mit weniger, aber im Block weiter auseinanderliegenden, Fehlern unwahrscheinlicher macht.

Die Aufgabe muß es daher zunächst sein, eine geeignete Beschreibungsform für das Gedächtnis digitaler Kanäle zu finden. Mit den aus einer Parametrisierung gewonnenen Schätzungen aus Meßdaten eines realen Kanals ist dann eine Vergleichsrechnung durchzuführen, die feststellt, ob der Einsatz von fehlerbüschelkorrigierenden Codes die in Kapitel 7 eingeführte Restfehlerwahrscheinlichkeit der Übertragung senken kann und somit die Datensicherheit verbessert.

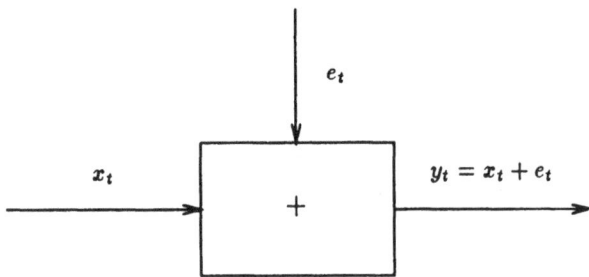

Abbildung 8.2: Der digitale Kanal

8.2   Der Fehlerprozeß

Bei den meisten realen Kanälen treten Fehler bei der Datenübertragung nicht unabhängig voneinander, sondern in Büscheln, d.h. in zeitlicher Nähe, auf. Fast alle
bisher in diesem Buch vorgestellten Überlegungen wurden aber auf der Grundlage des gedächtnislosen symmetrischen Binärkanals entwickelt. Doch schon seit
den sechziger Jahren wurden Modelle konstruiert, mit denen das Fehlergedächtnis
eines Übertragungskanals beschrieben werden kann.

Bei unseren Überlegungen gehen wir von einem sehr einfachen Modell für den
digitalen Kanal aus, wie es in Abbildung 8.2 dargestellt wird.

$x_t \in GF(2)$ $(t \in \mathbb{Z})$ sind die gesendeten Bits, also die Informationen, die übertragen werden sollen, je nach Wahl des Verfahrens codiert. Der Kanal addiert zu
den x_t Fehlermuster $e_t \in GF(2)$ $(t \in \mathbb{Z}$ einer Fehlerquelle und schließlich wird
$y_t \in GF(2)$ $(t \in \mathbb{Z})$ empfangen. Die y_t sind also die Summen (Addition in $GF(2)$)
aus den x_t und e_t.

8.2.1   Der gedächtnislose symmetrische Binärkanal

Betrachten wir zunächst noch einmal den symmetrischen Binärkanal ohne
Gedächtnis nach Definition 3.4. Dieses Kanalmodell setzt voraus, daß das Bit
$e_t \in GF(2)$ des Fehlermusters für jeden Zeitpunkt $t \in \mathbb{Z}$ als Realisierung einer
Zufallsvariablen E_t angesehen werden kann, entsprechend X_t für x_t und Y_t für y_t.

Dies wird im übrigen auch für alle anderen Modelle gelten, die in diesem Kapitel noch vorgestellt werden. Wir gehen also im weiteren davon aus, daß der
Kanalbenutzer zufällig ausgewählte Bits zur Übertragung in den Kanal schickt.
Das Fehlerbit E_t ist, wie das zu übertragende Informationsbit X_t, für jeden Zeitpunkt $t \in \mathbb{Z}$ eine zufällige Größe, die entweder den Wert 0 oder 1 annehmen kann,
also eine Bernoulli-verteilte Zufallsvariable.

Der Kanal wird in diesem Modell als symmetrisch bezeichnet, weil die E_{t_1} unabhängig von allen gesendeten Bits X_{t_2} für beliebige Zeitpunkte $t_1, t_2 \in \mathbb{Z}$ sein sollen. Für das Auftreten eines Fehlers ist es egal, ob eine „0" oder eine „1" gesendet werden soll.

Als gedächtnislos wird der Kanal bezeichnet, weil angenommen wird, daß E_{t_1} unabhängig ist von allen anderen Fehlerbits vorher oder nachher, also von allen E_{t_2} für $t_1 \neq t_2$ mit $t_1, t_2 \in \mathbb{Z}$.

Die E_t $(t \in \mathbb{Z})$ sind alle gleichartig, also identisch wie eine zeitunabhängige Zufallsvariable E verteilt. Die Eigenschaft der Symmetrie soll auch für alle im weiteren betrachteten Modelle gelten, d.h. ein Kanal soll allein durch das Verhalten seines Fehlerprozesses beschrieben werden können. Wenden wir uns also nun dem Fehlerprozeß zu.

In unserem bisherigen Modell ist das Fehlermuster

$$00000000000001100000000000000000 \tag{8.1}$$

genauso wahrscheinlich wie das Fehlermuster

$$00100000000000000000000000000010, \tag{8.2}$$

nämlich mit der Wahrscheinlichkeit $P(E = 0)^{30} \cdot P(E = 1)^2$.

So entscheidet nur die Anzahl der Fehlerbits „1" über die Wahrscheinlichkeit des Fehlermusters. Aber in der Realität treten Fehler gewöhnlich in Bündeln als Büschelfehler auf. Störungen des Kanals verfälschen also in der Regel mehrere aufeinanderfolgende oder zumindest in zeitlicher Nähe stehende Übertragungsbits.

Unser bisheriges Modell trägt diesem Umstand keine Rechnung. Wir müssen also, wenn wir reale Kanäle wirklich umfassend beschreiben wollen, unser Modell erweitern.

8.2.2 Stochastische Prozesse

In Definition 1.3 wurden stochastische Prozesse als eine Folge von Zufallsvariablen bereits eingeführt. Beim symmetrischen Binärkanal haben wir die Fehlerbits E_t $(t \in \mathbb{Z})$ als einen stochastischen Prozeß von unabhängigen, identisch verteilten Zufallsvariablen kennengelernt.

In der Definition der Markov-Kette 1.7 haben wir einen weiten stochastischen Prozeß mit endlichem Zustandsraum und diskretem Zeitraum kennengelernt, auf den wir später noch einmal zurück kommen wollen.

Ein stochastischer Prozeß, den wir in diesem Kapitel noch benötigen, ist der Erneuerungsprozeß. Ein einfaches Beispiel macht die Idee des Erneuerungsprozesses deutlich. Wir betrachten ein System, wie zum Beispiel eine Lampe, und eine Teilkomponente, wie beispielsweise die Glühbirne. Fällt die Glühbirne aus, wird sie sofort durch eine neue ersetzt. Wir nehmen an, uns steht eine unbegrenzte Anzahl von Glühbirnen gleicher Bauart zur Verfügung. Da alle Glühbirnen gleichartig sein sollen, können wir von der identischen Verteilung ihrer Lebensdauern ausgehen. Notiert man nun die Zeiten, an denen die Glühbirnen in der Lampe ausgewechselt werden, erhält man einen Erneuerungsprozeß. Immer wenn eine Glühbirne ausgetauscht wird, startet das System neu durch, es vergißt die Vergangenheit vorheriger Glühbirnen; es erneuert sich. Allgemein ausgedrückt:

Definition 8.1 Sind $T_1, T_2, \ldots$ unabhängige, nichtnegative Zufallsgrößen, die alle dieselbe *Verteilungsfunktion* $F(t) = P(T_j \leq t)$ mit $F(0) < 1$ haben, so heißt die gemäß

$$S_0 = 0, \; S_n = S_{n-1} + T_n, \; \text{für } n \in \mathbb{N} \tag{8.3}$$

gebildete Folge $(S_n)_{n \in \mathbb{N}}$ von Zufallsgrößen ein *Erneuerungsprozeß*.

8.2.3 Der Lückenprozeß

Ein zufällig beobachtetes Fehlermuster könnte z.B. folgende Form haben

$$\ldots 0000101110000011000000 \ldots,$$

abgekürzt läßt sich auch schreiben

$$\ldots 0^4 101^3 0^5 1^2 0^7 \ldots.$$

Weiter vereinbaren wir noch die Notation

$$p(X_1 = 0, X_2 = 0, \ldots, X_{j-1} = 0, X_j = 1) = p(0^{j-1}1) \tag{8.4}$$

und bezeichnen mit $p(0^j \mid 1)$ die Wahrscheinlichkeit für mindestens j hintereinanderfolgende Nullen, nachdem gerade eine Eins beobachtet wurde.

Die Wahrscheinlichkeit für ein Fehlerbit läßt sich leicht durch das Verhältnis der Anzahl der Einsen zu der Gesamtanzahl der Bits in einem möglichst langen beobachteten Fehlerbitmuster schätzen. Da diese Wahrscheinlichkeit in einem vernünftig konzipierten Kommunikationskanal sehr viel kleiner ist als 0.5, sind auch wesentlich mehr Nullen als Einsen in den Fehlermustern zu erwarten.

Die für gewöhnlich große Anzahl von aufeinanderfolgenden Nullen zwischen zwei Einsen führt uns zu dem Begriff des Lückenprozesses. Als Lückenlänge bezeichnen wir die Anzahl von direkt hintereinander auftretenden Nullen zwischen zwei Einsen, auf die noch eine 1 addiert wird. Zwei direkt aufeinanderfolgende Einsen bilden also die Lückenlänge 1. Diese Definition bewirkt, daß die Gesamtlänge eines Fehlermusters gleich der Summe der in ihm auftretenden Lückenlängen ist. Wir haben somit für unseren *Fehlerbitprozeß* $(E_t)_{t \in \mathbb{Z}}$ einen *Fehlerlückenprozeß* $(G_t)_{t \in \mathbb{Z}}$ wohldefiniert, wir können sogar immer von dem Fehlerbitprozeß eindeutig auf den Fehlerlückenprozeß schließen und umgekehrt.

Setzen wir die Stationarität voraus, ist die Wahrscheinlichkeit für eine *Fehlerlückenlänge* j zu allen Zeitpunkten gleich:

$$p(G_t = j) = p(0^{j-1}1 \mid 1). \tag{8.5}$$

Wir erhalten somit eine Wahrscheinlichkeitsfunktion für die Fehlerlückenlängen. Existiert der Erwartungswert von G_t, so gilt:

$$E(G_t) = \sum_{j=0}^{\infty} (j+1)\, p(0^j 1 \mid 1) \quad \text{und} \quad p_E = 1/E(G_t) \tag{8.6}$$

für die Wahrscheinlichkeit p_E, daß eine Stelle des Fehlermusters den Wert „1" annimmt. Wir bezeichnen die Wahrscheinlichkeit, daß die Fehlerlückenlänge größer oder gleich j ist, als Verteilung der Fehlerlückenlängen:

$$p(G_t \geq j+1) = p(0^j \mid 1), \tag{8.7}$$

wobei

$$p(0^j \mid 1) = \sum_{k=j}^{\infty} p(0^k 1 \mid 1). \tag{8.8}$$

Ist der Fehlerlückenprozeß ein Erneuerungsprozeß, d.h verliert er nach jeder Eins seine Erinnerung an die vorangegangenen Fehler, sind aufeinanderfolgende Fehlerlückenlängen unabhängig voneinander und mit dem Fehlerlückenprozeß ist auch der Fehlerbitprozeß durch die Verteilung der Fehlerlückenlängen vollständig beschrieben. Wir können folglich den Prozeß als eine Quelle von Nullen und Einsen ansehen, wobei die Wahrscheinlichkeit der Beobachtung einer Null zumindest eine Funktion der Anzahl vorangegangener Nullen ist. Erscheint aber eine Eins, startet die Quelle völlig neu. Solche Prozesse haben den Vorteil, daß sie relativ leicht mathematisch zu handhaben sind.

Bei den bisher entwickelten Beschreibungsformen des Gedächtnisses eines Übertragungskanals wurden im wesentlichen zwei Arten von Ansätzen zur Modellierung des Gedächtnisses verwendet.

In *deskriptiven Ansätzen* wird versucht durch die Nachbildung von Verteilungsfunktionen geeigneter Statistiken Modelle für das Gedächtnis zu gewinnen.

Bei *generativen Modellen* handelt es sich um den Versuch der Konstruktion eines Hintergrundmechanismus, der zwar selbst nicht beobachtbar ist, der aber die Nullen und Einsen als Fehlermuster liefert, die wir nach der Übertragung durch den Vergleich der gesendeten mit den empfangenen Daten ermitteln können.

8.3 Deskriptive Modelle

Ein deskriptiver Ansatz zur Modellierung digitaler gedächtnisbehafteter Kanäle besteht in der Beschreibung verschiedener Statistiken der zugehörigen Fehlerquellen.

In ersten Arbeiten u.a. von Mertz [Mert60, Mert61] wurden die Verteilungen für die Fehlerbüschel und die Struktur dieser Büschel als Parameter gewählt. Doch ergaben sich durch diese Wahl Probleme bei der Definition und Beschreibung der Struktur der Fehlerbüschel.

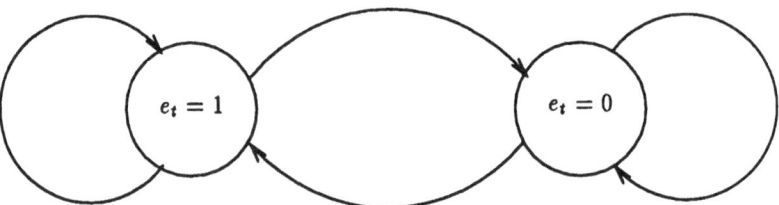

Abbildung 8.3: Markov-Kette mit Fehlerbits als Zuständen

So setzte sich schließlich die Verteilung der Fehlerlückenlängen als Basisparameter für die deskriptiven Modelle durch. In diesem Teil des Kapitels wollen wir Techniken zur Beschreibung der Verteilung der Fehlerlückenlängen und der Abhängigkeiten aufeinanderfolgender Fehlerlückenlängen kennenlernen.

Geht man bei einem deskriptiven Ansatz von dem Erneuerungscharakter der Fehlerquelle aus, d.h. nimmt man an, daß der Kanal nach jedem Fehler in den gleichen gedächtnislosen Zustand zurückfällt, genügt zur eindeutigen Beschreibung der Fehlerquellen die Verteilungsfunktion der Fehlerlückenlängen.

Berger und Mandelbrot [Berg63] arbeiteten mit Datenmaterial aus dem deutschen Telefonnetz. Als Verteilungsfunktion für die Fehlerlückenlängen wurde die *Pareto-Funktion* angenommen:

$$p(0^j \mid 1) = \frac{1}{j^\theta}, \tag{8.9}$$

wobei $\theta > 0$ als konstant angesehen wird. Berger und Mandelbrot erhielten, nach Ausschluß von Fehlerlücken mit einer größeren Länge als 100000, also nach einer Stutzung der Pareto-Funktion, den Schätzwert 0.4 für θ.

Leider lassen sich die Fehlerlückenprozesse von in der Realität auftretenden Kanälen als Erneuerungsprozesse nicht akkurat darstellen. Es ist im Gegenteil eine starke Abhängigkeit von aufeinanderfolgenden Fehlerlückenlängen zu beobachten.

8.4   Generative Modelle

Oft handelt es sich bei generativen Modellen um Markov-Ketten erster Ordnung mit einer endlichen oder abzählbar unendlichen Anzahl von Zuständen.

Diese Markov-Ketten liefern also eine Folge von durchlaufenen Zuständen. Die so erhaltene Folge kann nun entweder auf eine Folge von Fehlerbits oder auf eine Folge von Fehlerlückenlängen abgebildet werden. Dabei kann ein Zustand genau einem oder mehreren Fehlerbits bzw. Fehlerlückenlängen zugeordnet sein. Alle diese Modelle versuchen den Wechsel des Kanals von guten in schlechte Zustände nachzuahmen, d.h. von fehlerfreien oder wenig fehleranfälligen in stark fehleranfällige

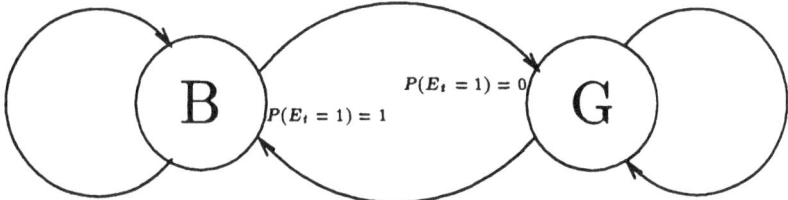

Abbildung 8.4: Markov-Kette mit einem guten und einem schlechten Zustand

Zustände. Aus Beobachtungen realer Kanäle und den daraus gewonnenen Statistiken werden die Parameter der Modelle geschätzt, um so z.B. Aussagen über die Verwendung verschiedener Decodierverfahren zu erhalten oder reale Kanäle zu simulieren.

Die durch die Modellierung gewonnene Abstraktion soll die Komplexität realer Kanäle so vereinfachen, daß relevante Größen noch akkurat dargestellt werden können. Hier besteht natürlich, wie bei jeder Modellierung, die Wechselbeziehung zwischen Komplexität und Aussagekraft. Um Modelle zu konstruieren, die realen Kanälen eher entsprechen, werden die Modelle immer komplizierter und damit mathematisch immer schwerer handhabbar.

Auch wenn man sich auf Markov-Ketten zur Modellierung beschränkt, sind noch viele Variationen möglich, wir wollen uns hier aber auf ein grundlegendes Modell und wenige einfache Erweiterungen beschränken.

8.4.1 Das Modell von Gilbert und Erweiterungen

Die Beobachtung der Fehlerbits eines digitalen Kanals liefert nur eine Folge von Nullen und Einsen. Zur Beschreibung der Fehlerfolge ist es naheliegend, diese Nullen und Einsen als die Zustände des Kanals zum Zeitpunkt ihrer Übertragung anzusehen. Was wir erhalten, ist eine Markov-Kette erster Ordnung mit den zwei Zuständen „1" und „0", deren Übergangsgraph in Abbildung 8.3 dargestellt ist.

Um ein erstes Modell für das Gedächtnis eines digitalen Kanals zu erhalten, wollen wir versuchen, dieses Grundmodell zu verallgemeinern. Dabei werden die Zustände nicht unmittelbar mit den Fehlerbits identifiziert, sondern jedem Zustand wird eine Wahrscheinlichkeit zugeordnet, mit welcher ein Fehler in diesem Zustand auftritt.
Wenn die Wahrscheinlichkeiten in den beiden Zuständen 1 und 0 sind, so erhält man als Spezialfall wieder das bisherige Modell mit seiner eineindeutigen Zuordnung zwischen einem Fehlerbit und dem aktuellen Zustand.
Zustände werden mit „G" für gut bzw. „B" für *bad*, also schlecht benannt, wenn sie eine relativ geringe bzw. hohe Fehlerrate im unmittelbar folgenden Verlauf des Prozesses erwarten lassen, siehe Abbildung 8.4.

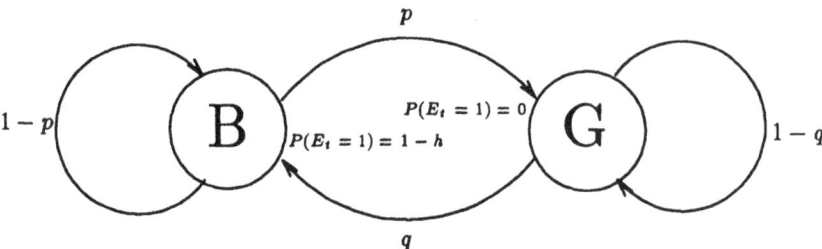

Abbildung 8.5: Modell von Gilbert

Die Überlegung, die uns zum Modell von Gilbert [Gilb60] führt, ist folgende: Wenn der Kanal sich in einem schlechten Zustand befindet, bedeutet dies nicht unbedingt, daß wirklich alle in diesem Zustand übertragenen Bits verfälscht worden sind, sondern nur ein relativ großer Teil. Wir wählen daher die Wahrscheinlichkeit im schlechten Zustand einen Fehler zu beobachten nicht mehr mit 1, sondern mit einem Parameter $1 - h$.

Die Wahrscheinlichkeit für einen Fehler im Zustand „G" ist dagegen weiter 0. Die Übergangswahrscheinlichkeiten von einem Zustand in sich selbst sind hierbei im allgemeinen wesentlich größer zu wählen als die Übergangswahrscheinlichkeiten zum jeweils anderen Zustand, um Büschelfehler simulieren zu können. Der zugehörige Übergangsgraph ist in Abbildung 8.5 dargestellt.

Wir nehmen nun also zum ersten Mal an, daß ein *Hintergrundprozeß* die Ursache für die Fehlerbits ist, der selbst nicht mehr beobachtet werden kann. Wir können vom Fehlermuster nicht mit Sicherheit auf die Zustände des Prozesses zurückschließen, da wir bei der Beobachtung einer „0" im Fehlermuster nicht wissen, ob sich der Kanal im Zustand „G" oder „B" befindet. Aber wir können dieses Modell so modifizieren, daß wie zuvor jedem Zustand genau ein Zeichen des Fehlermusters zugeordnet werden kann. Allerdings benötigen wir für diese Markov-Kette drei Zustände. Die Übergangswahrscheinlichkeiten sind dann wie im Übergangsgraph der Abbildung 8.6 zu wählen.

Die Funktion Υ, die die Zustände auf die Bitfolge abbildet, kann hier wie folgt definiert werden:

$$\Upsilon(G) = 0, \Upsilon(B_0) = 0, \Upsilon(B_1) = 1, \qquad (8.10)$$

also mit nur einem Fehlerzustand „B_1".

Bei dem Gilbert-Modell mit zwei Zuständen sind die Zustandswahrscheinlichkeiten $p(G)$ und $p(B)$ gegeben durch

$$p(G) = \frac{p}{q + p} \qquad (8.11)$$

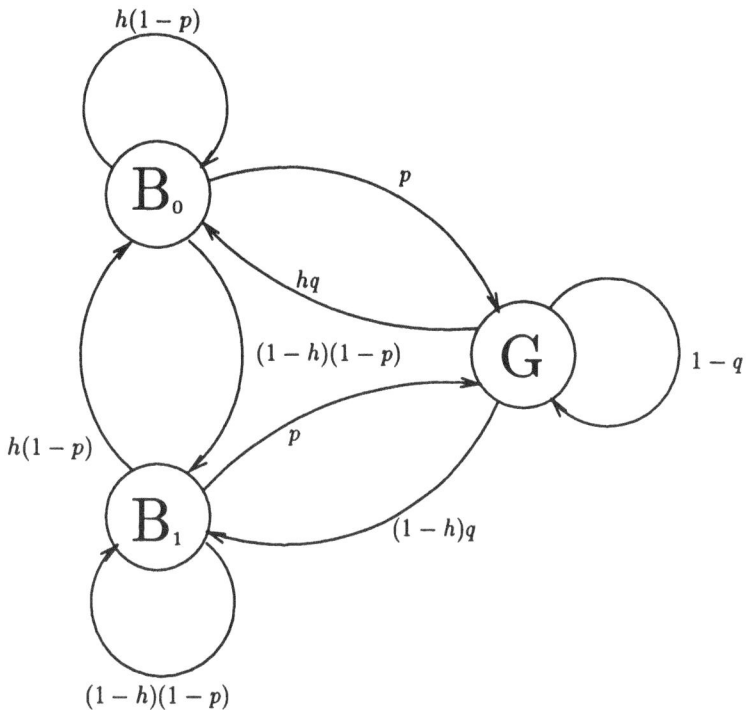

Abbildung 8.6: Erweitertes Modell von Gilbert

und

$$p(B) = \frac{q}{q+p}, \tag{8.12}$$

wobei q und p die Übergangswahrscheinlichkeiten aus dem Übergangsgraph in Abbildung 8.5 sind. Da nur im Zustand „B" ein Fehler mit der Wahrscheinlichkeit $1 - h$ auftreten kann, ist die Fehlerwahrscheinlichkeit

$$p_E = p(E_t = 1) = (1 - h)\,p(B) = (1 - h)\,\frac{q}{q+p}. \tag{8.13}$$

Die drei Parameter des Modells lassen sich relativ einfach aus der Beobachtung der relativen Häufigkeiten zu den Wahrscheinlichkeiten $p(1)$, $p(1|1)$, $p(111)/(p(101) + p(111))$ schätzen. Zur Bestimmung der Parameter eignen sich auch Schätzer für die Wahrscheinlichkeiten $p(0^j|1)$ der Nulläufe mit der Länge größer oder gleich j.

Auch wenn das Modell von Gilbert in seiner Konzeption dazu geeignet ist, Büschelfehler zu erzeugen, sind seine Möglichkeiten, reale Kanäle zu beschreiben,

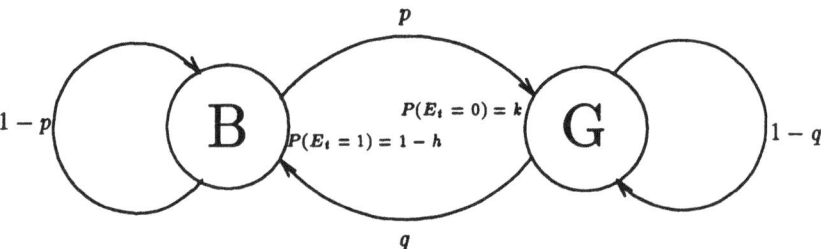

Abbildung 8.7: Übergangsgraph beim Modell von Elliot

noch sehr begrenzt.

Ein Hauptgrund für diese Einschränkung ist der Erneuerungscharakter seines Modells. Eine „1" im Fehlermuster kann nur im Zustand „B" erzeugt werden, wir können also bei der Beobachtung einer „1" eindeutig auf den schlechten Zustand schließen. Nach jedem Auftreten eines Fehlers beginnt der Prozeß vom Zustand „B" an neu zu starten, er vergißt alles, was vorher erzeugt wurde, er erneuert sich. Die zweite große Einschränkung des Modells besteht darin, daß das Modell nur eine spezielle Klasse von Verteilungsfunktionen der Nullauflängen darstellen kann, aufbauend auf geometrischen Verteilungen der Anzahl von aufeinanderfolgenden Fehlerbits, die während desselben Zustands erzeugt werden, bis der nächste Zustandswechsel eintritt.

Aufgrund von Untersuchungen der Übertragungen im deutschen Telefonnetz kamen Mandelbrot und Berger [Berg63] zu dem Ergebnis, daß sich die geometrische Verteilung nicht zur Beschreibung von Lauflängen eignet.

Unter der Annahme von Erneuerungsprozessen sind andererseits Verfahren bekannt, um vorgegebene Verteilungsfunktionen approximativ durch *Phasenverteilungen* darzustellen. Das erweiterte Modell von Gilbert kann in diesem Zusammenhang als spezielles diskretes Phasenmodell aufgefaßt werden.

Allgemein entspricht ein Phasenmodell einer endlichen Markov-Kette mit einem Zustand B_1, der Fehlerbits ($E_t = 1$) erzeugt, während die übrigen Zustände bei fehlerfreier Übertragung ($E_t = 0$) eingenommen werden. Die Übergangswahrscheinlichkeiten der Zustände werden dabei so gewählt, daß die Rekurrenzzeit des Zustands B_1 an die empirisch bestimmte stationäre Verteilung der Nullauflängen angepaßt ist, z.B. an eine Pareto-Verteilung [Berg63]. In [Schm92] wird ein allgemeine Methode vorgestellt, die die Anpassung unter Berücksichtigung des Mittelwerts, der Varianz und einer Anzahl von Stützstellen einer kontinuierlichen Verteilung vornimmt, was offenbar auch auf diskrete Verteilungen übertragbar ist.

Die für die Komplexität eines generativen Phasenmodells maßgebliche Anzahl von Zuständen hängt dabei von der Verteilung und der gewünschten Genauigkeit ihrer Darstellung ab. Die Bestimmung der Wahrscheinlichkeiten von Fehlermustern ist für Phasenmodelle allgemein durchführbar.

8.4.2 Das Modell von Elliot

Nimmt man Abstand von der vereinfachenden Annahme eines Erneuerungsprozesses der Fehlerlücken, so geht eine naheliegende Verallgemeinerungen auf eine
Arbeit von Elliot [Elli63] zurück. Um den Erneuerungscharakter zu verlieren, führt
Elliot einen weiteren Parameter k ein, um die Fehlerwahrscheinlichkeit von bisher
0 im guten Zustand auf $1 - k$ zu korrigieren (Abbildung 8.7).

Auf diese Weise ist es möglich, einzelne gelegentliche Störungen in den guten Zustand mit einzubeziehen, während der schlechte Zustand zur Nachahmung von
länger andauernden Störungen dient, aus denen mehrere zusammenhängende Fehler resultieren können. Die Wahrscheinlichkeit für einen Fehler im Zustand „G“
bzw. „B“ ist dann $1 - k$ bzw. $1 - h$.

Wir definieren mit $p(m, n)$ die Wahrscheinlichkeit für genau m Fehler in einem
Fehlermuster der Länge n, mit $p_G(m, n)$ die bedingte Wahrscheinlichkeit für genau
m Fehler in einem Fehlermuster der Länge n unter der Bedingung , daß das erste
Bit im guten Zustand „G“ übertragen wurde, und schließlich mit $p_B(m, n)$ die
Wahrscheinlichkeit für genau m Fehler in einem Fehlermuster der Länge n unter
der Bedingung, daß das erste Bit im schlechten Zustand „B“ übertragen wurde.
Die vereinbarten Größen haben folgenden Zusammenhang:

$$p(m, n) = \frac{p}{q + p} \, p_G(m, n) + \frac{q}{q + p} \, p_B(m, n), \qquad (8.14)$$

wobei sich $p_G(m, n)$ und $p_B(m, n)$ rekursiv berechnen lassen durch

$$\begin{aligned}
p_G(m, n) = \ & p_G(m, n - 1) \cdot (1 - q) \cdot k + p_B(m, n - 1) \cdot q \cdot k \\
& + p_G(m - 1, n - 1) \cdot (1 - q) \cdot (1 - k) \\
& + p_B(m - 1, n - 1) \cdot q \cdot (1 - k)
\end{aligned} \qquad (8.15)$$

und

$$\begin{aligned}
p_B(m, n) = \ & p_B(m, n - 1) \cdot (1 - p) \cdot h + p_G(m, n - 1) \cdot p \cdot h \\
& + p_B(m - 1, n - 1) \cdot (1 - p) \cdot (1 - h) \\
& + p_G(m - 1, n - 1) \cdot p \cdot (1 - h)
\end{aligned} \qquad (8.16)$$

mit den Anfangsbedingungen

$$p_G(0, 1) = k, \ \ p_G(1, 1) = 1 - k, \qquad (8.17)$$

$$p_B(0, 1) = h, \ \ p_B(1, 1) = 1 - h \qquad (8.18)$$

und

$$p_G(m, n) = p_B(m, n) = 0 \text{ für } m < 0 \text{ oder } m > n. \qquad (8.19)$$

Für $k = 1$ erhalten wir die entsprechenden Gleichungen für $p(m, n)$ vom Modell von Gilbert.

Die Bestimmung der Verteilung der Fehlermuster und der Wahrscheinlichkeiten $p(m, n)$ für genau m Fehler in einem Fehlermuster der Länge n bilden einen Schwerpunkt bei der Untersuchung der Kanalmodelle.

Der aus dem Modell von Elliot resultierende Fehlerlückenprozeß ist, wie bereits erwähnt, kein Erneuerungsprozeß, kann aber als spezieller Vertreter in die umfassende Klasse der *Semi-Markov-Prozesse* eingeordnet werden. Die zugehörigen Semi-Markov-Modelle unterscheiden sich von den Erneuerungsmodellen lediglich dadurch, daß nicht nur ein Fehlerzustand, sondern eine endliche Anzahl von Fehlerzuständen mit $E_t = 1$ erlaubt ist. Allerdings sind keine allgemeinen Verfahren erarbeitet, um einen beliebig vorgegeben korrelierten stochastischen Prozeß durch Semi-Markov-Prozesse zu approximieren. Erste Ansätze wurden dazu im Anwendungsgebiet der Modellierung von Telekommunikations-Netzen bereits unternommen [Ding91].

Die in diesem Kapitel betrachteten generativen Modelle versuchen das Gedächtnis eines Übertragungskanals durch Konstruktion eines Hintergrundprozesses nachzuahmen, ohne daß es möglich ist, immer vom beobachtbaren Fehlermuster auf die jeweiligen Zustände des Kanalmodells zurückzuschliessen.
Die Parameter der Modelle entziehen sich einer direkten heuristischen Interpretation.

Durch die Erhöhung der Komplexität wurden die Anpassungsmöglichkeiten an reale Kanäle verbessert, aber die Modelle wurden auch mathematisch immer schwerer handhabbar. Relevante Kanalgrößen können dann nur mit großem Aufwand oder in manchen Fällen sogar nur Simulation errechnet werden, während die Parameter andererseits zum Vergleich von Kanälen nur mittelbar herangezogen werden können.

Zudem gibt es kaum Arbeiten, die der Auswirkung des Gedächtnisses auf die Auswahl von Codierverfahren nachgehen. Der Satz von Wolfowitz [Wolf67], nach dem das Gedächtnis die Kapazität eines Übertragungskanals vergrößert, findet in der Praxis kaum Anwendung, weil es insbesondere an Möglichkeiten fehlt festzustellen, wann das Gedächtnis stark genug ist, daß es den Einsatz von büschelfehlerkorrigierender Codierverfahren effektiv macht.

Hierzu stehen zur Zeit nur Rechnungen zum Vergleich der resultierenden Restfehlerwahrscheinlichkeiten von das Gedächtnis ignorierenden und wenigen speziellen gedächtnisorientierten Codierverfahren zur Verfügung. Dabei wird deutlich, daß die Konstruktion weiterer Codierverfahren, die andersartige Bedingungen an die Korrigierbarkeit von Fehlermustern stellen als z.B. das Auftreten als ein Büschel, notwendig sind, um das Gedächtnis von realen Übertragungskanälen zur Kapazitätserhöhung ausnutzen zu können.

Kapitel 9

Faltungscodes

Im Gegensatz zu den in den letzten Kapiteln vorgestellten Blockcodes, die eine Aufteilung der Information in Blöcke fester Länge und eine nach den einzelnen Blöcken getrennte Codierung und Decodierung vorsehen, haben die Faltungscodes eine variable Länge.

Die Codierung wird in einer zeitlichen Abfolge vorgenommen, wobei zu jedem Zeitpunkt eine feste Anzahl r von Eingabezeichen Berücksichtigung findet, denen jeweils $s \geq r$ $(r, s \in \mathbb{N})$ Ausgabezeichen zugeordnet werden. Die Ausgabe hängt jedoch nicht nur von der aktuellen Eingabe ab, sondern kann auch von den Eingaben der vorangegangenen Zeitpunkte beeinflußt werden. Man spricht von einem Faltungscodierer mit einem Gedächtnis der *Rückgrifftiefe* m, wenn die Eingaben der letzten m vorangegangenen Zeitpunkte Berücksichtigung finden.

Die Faltungscodes können als nicht zyklische, lineare Codes klassifiziert werden. Doch sind nicht nur die Beschreibungsmittel für lineare Blockcodes wie die Generatormatrix oder die Gewichtsfunktion auf Faltungscodes übertragbar, sondern auch für zyklische Codes eingeführte Begriffe, z.B. das Generatormuster und die Polynomdarstellung. Die Realisierung von Faltungscodierern greift auf die ebenfalls für zyklische Codes eingesetzten Schieberegister zurück.

Darüber hinaus kann man einen Faltungscodierer auch als Zustandsautomaten beschreiben. Sein Zustandsgraph dient als Hilfsmittel sowohl für die Bestimmung der Gewichtsfunktion, wie auch für die Decodierverfahren zur Fehlererkennung oder -korrektur, die als Suchprobleme nach einem kürzesten Weg formuliert und mit dem Einsatz spezieller Graphenalgorithmen bewältigt werden können.

9.1 Die Codierung von Faltungscodes

9.1.1 Schaltungen für Faltungscodierer

Zum Ausgangspunkt der Darstellung von Faltungscodes nehmen wir ihre Implementierung mit Hilfe von nicht rückgekoppelten Schaltungen bestehend aus Schieberegistern und EXOR-Schaltelementen.

Dazu werden zwei Beispiele vorgestellt:

Beispiel 9.1 In der Abbildung 9.1 wird ein binäres Eingangssignal mit jedem Takt um eine Speicherzelle nach rechts durch das Schieberegister weitergereicht. Neben dem aktuellen Wert der Eingabefolge (X_t, $t \in \mathbb{N}_0$) sind zum Zeitpunkt t die drei vorangegangenen Eingabewerte X_{t-1}, X_{t-2} und X_{t-3} noch verfügbar. Aus ihnen wird mit Hilfe von EXOR-Verknüpfungen die Ausgabefolge Y_t erzeugt, die sich hier aus drei Komponenten $Y_t = (Y_{1,t}, Y_{2,t}, Y_{3,t})$ zusammensetzt. Dabei gelten unter Verwendung der Addition modulo 2 die Beziehungen:

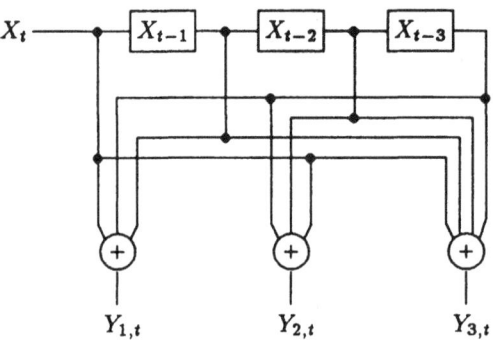

Abbildung 9.1: Ein Faltungscodierer mit einer Eingabefolge

$$Y_{1,t} = X_t + X_{t-1} + X_{t-3};$$
$$Y_{2,t} = X_t + X_{t-2} + X_{t-3};$$
$$Y_{3,t} = X_t + X_{t-1} + X_{t-2} + X_{t-3}.$$

Eine binäre Nachricht der Länge k wird als Folge $X = X_0 \cdots X_{k-1} 0 \cdots 0$ direkt in den Codierer eingegeben und führt zu einer Ausgabe $Y = Y_0 \cdots Y_{k+2} 0 \cdots 0$. Zur Eingabe $X = 110101110 \cdots 0$ lautet die Ausgabe:

$Y = (111)(010)(110)(011)(010)(100)(101)(001)(001)(100)(111)(000) \cdots (000)$,

und für $X = 101010 \cdots$ erhält man $Y = (111)(101)(100)(010)(100)(010) \cdots$.
Das zugehörige Codewort C des Faltungscodes ist die Aneinanderreihung der Ausgabekomponenten und hat hier die Länge $3(k + 3)$:

$$C = (Y_{1,0} Y_{2,0} Y_{3,0} Y_{1,1} Y_{2,1} Y_{3,1} \cdots Y_{1,k+2} Y_{2,k+2} Y_{3,k+2}).$$

Allgemein kann die Eingabe eines Faltungscodierers auch in mehrere, gleichzeitig einzulesende Teilfolgen $X_t = (X_{1,t} \cdots X_{r,t})$ aufgeteilt werden, wobei für jede Teilfolge $X_{i,t}$ ein eigenes Schieberegister zur Verfügung steht.

Beispiel 9.2 Ein Codierer soll über zwei Ein- und drei Ausgabefolgen verfügen:

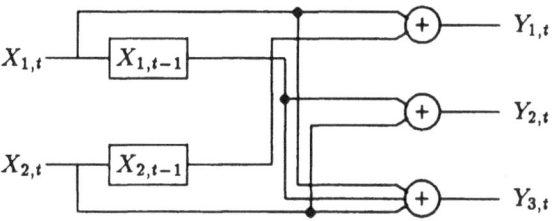

Abbildung 9.2: Ein Faltungscodierer mit mehreren Eingabefolgen

$$Y_{1,t} = X_{1,t} + X_{2,t-1};$$
$$Y_{2,t} = X_{1,t-1} + X_{2,t};$$
$$Y_{3,t} = X_{1,t} + X_{1,t-1} + X_{2,t}.$$

In diesem Beispiel entspricht einer binären Nachricht der Länge $2k$ oder $2k - 1$ eine Eingabe $X = (X_{1,0} X_{2,0}) (X_{1,1} X_{2,1}) \cdots (X_{1,k-1} X_{2,k-1}) (0,0) \cdots (0,0)$, der wiederum ein Codewort der Länge $3(k + 2)$ zugeordnet wird.

Die ausschließliche Verwendung von EXOR-Verknüpfungen bei der Erzeugung der Ausgabe eines Faltungscodierers bewirkt, daß Faltungscodes linear sind, so daß die durch stellenweise Addition modulo 2 bestimmte Summe zweier Codewörter wieder ein Codewort ergibt. Dabei sind die Wörter gegebenenfalls durch Anhängen von Nullen auf eine einheitliche Länge anzugleichen. Alle Codewörter eines Faltungscodes, die zu den Nachrichten einer festen Länge k erzeugt werden, bilden wiederum einen linearen Blockcode. Faltungscodes sind in diesem Zusammenhang als die Vereinigungsmenge von unendlich vielen linearen Blockcodes verschiedener Länge anzusehen.

9.1.2 Generatormatrizen

Damit ist die aus den vorangegangenen Kapiteln bekannte Darstellungsform einer Generatormatrix für Faltungscodes anwendbar, so daß Ein- und Ausgabefolgen mit Hilfe einer Generatormatrix G in die Beziehung $Y = X G$ gesetzt werden. Im Gegensatz zu den linearen Blockcodes ist dabei allerdings die Anzahl der Zeilen und Spalten der Generatormatrix ebenso wie die Länge von Faltungscodes unbeschränkt.

Zu den Beispielen 8.1 und 8.2 erhält man die Generatormatrizen G_1 und G_2:

$$G_1 = \begin{pmatrix} (111) & (101) & (011) & (111) & (000) & (000) & \cdots \\ (000) & (111) & (101) & (011) & (111) & (000) & \\ (000) & (000) & (111) & \cdots & \cdots & (111) & \\ \vdots & & & \ddots & \ddots & \ddots & \ddots \end{pmatrix}$$

$$G_2 = \begin{pmatrix} \begin{pmatrix} 101 \\ 011 \end{pmatrix} & \begin{pmatrix} 011 \\ 100 \end{pmatrix} & \begin{pmatrix} 000 \\ 000 \end{pmatrix} & \begin{pmatrix} 000 \\ 000 \end{pmatrix} & \cdots \\ \begin{pmatrix} 000 \\ 000 \end{pmatrix} & \begin{pmatrix} 101 \\ 011 \end{pmatrix} & \begin{pmatrix} 011 \\ 100 \end{pmatrix} & \begin{pmatrix} 000 \\ 000 \end{pmatrix} & \\ \begin{pmatrix} 000 \\ 000 \end{pmatrix} & \begin{pmatrix} 000 \\ 000 \end{pmatrix} & \begin{pmatrix} 101 \\ 011 \end{pmatrix} & \begin{pmatrix} 011 \\ 100 \end{pmatrix} & \\ \vdots & & & \ddots & \ddots \end{pmatrix}$$

Für einen Faltungscodierer mit einer Eingabefolge gibt die i-te Zeile der Generatormatrix die Antwort auf die Eingabe $X = 0 \cdots 0\,1\,0 \cdots 0$ an, d.h. wenn nur zur Zeit $i - 1$ eine '1' eingegeben wird. Auch für mehrere Eingabefolgen bezieht sich die i-te Zeile der Generatormatrix auf die Eingabe zur Zeit $i - 1$.

Bei einem Gedächtnis der Rückgrifftiefe m, das durch Schieberegister mit m Speicherzellen realisiert wird, ist die zugehörige Ausgabe nur zu den Zeitpunkten $i - 1, , \cdots, , i - 1 + m$ von Null verschieden.

Die Struktur der Generatormatrix ist insgesamt dadurch geprägt, daß jede Zeile aus einer Verschiebung der ersten Zeile hervorgeht. Dann ist es naheliegend, einen Faltungscodierer auf ähnliche Weise wie im Fall zyklischer Codes durch ein Generatormuster bzw. ein Generatorpolynom zu charakterisieren.

Als Beschreibungsmittel für die Ein- und Ausgabe bietet sich wiederum die Polynomdarstellung an.

9.1.3   Generatoren in Polynomdarstellung

Definition 9.1 Seien X_t und Y_t ($t \in \mathbb{N}_0$) die Ein- und Ausgabefolgen eines (s, r, m)-*Faltungscodierers* mit einer maximalen Rückgrifftiefe m.

Dabei besteht $X_t = X_{1,t}, , \cdots, , X_{r,t}$ und $Y_t = Y_{1,t}, , \cdots, , Y_{s,t}$ jeweils aus endlich vielen binären Komponenten ($r, s \in \mathbb{N}$ mit $r \leq s$). Der Quotient r/s wird als *Rate des Faltungscodierers* bezeichnet.

Der Faltungscodierer ist durch seine Zuordnung zwischen Ein- und Ausgabe bestimmt:

$$Y_{j,t} = \sum_{i=1}^{r} \sum_{l=0}^{m} X_{i,t-l}\, g_{i,j}^{(l)} \qquad \begin{matrix} \text{für } j = 1, \cdots, s \\ \text{mit } X_{i,t} \overset{\text{def}}{=} 0 \text{ für } t < 0. \end{matrix} \qquad (9.1)$$

Die Polynomdarstellungen der Ein- und Ausgabefolgen seien in der Form

$$X(D) = \left(X_1(D), \cdots, X_r(D)\right) \quad \text{mit } X_i(D) = \sum_j X_{i,j} D^j$$

$$Y(D) = \left(Y_1(D), \cdots, Y_s(D)\right) \quad \text{mit } Y_i(D) = \sum_j Y_{i,j} D^j$$

(9.2)

gegeben. Dann bezeichnet man

$$G(D) = \begin{pmatrix} g_{1,1}(D) & \cdots & g_{1,s}(D) \\ \vdots & \ddots & \vdots \\ g_{r,1}(D) & \cdots & g_{r,s}(D) \end{pmatrix} \quad \text{mit } g_{i,j}(D) = \sum_{l=0}^{m} g_{i,j}^{(l)} D^l \qquad (9.3)$$

als *polynomialen Generator* des Faltungscodierers.
Ein (s, r, m)-Faltungscode ist die Menge aller Ausgabewörter eines Faltungscodierers für Eingaben $X_0 \cdots X_{n-1}$ mit $X_{n-m} = \cdots = X_{n-1} = 0$. ⌡

Die Definition zieht den einfachen Zusammenhang

$$Y(D) = X(D)\, G(D)$$

(9.4)

in der polynominalen Darstellung nach sich.
Für die beiden Faltungscodierer in den Beispielen 9.1 und 9.2 erhält man die Generatoren:

$$G_1(D) = \left(1 + D + D^3,\, 1 + D^2 + D^3,\, 1 + D + D^2 + D^3\right) \quad \text{und}$$

$$G_2(D) = \begin{pmatrix} 1 & D & 1+D \\ D & 1 & 1 \end{pmatrix}$$

Beispiel 9.3 Zur Nachricht $X = 11010111$ lautet die polynomiale Ein- und Ausgabe für $G_1(D)$:

$$X(D) = 1 + D + D^3 + D^5 + D^6 + D^7 \;\Rightarrow$$
$$Y(D) = X(D)\, G_1(D)$$
$$= (1 + D^2 + D^5 + D^6 + D^9 + D^{10},$$
$$1 + D + D^2 + D^3 + D^4 + D^{10},$$
$$1 + D^3 + D^6 + D^7 + D^8 + D^{10}).$$

Für den Codierer mit dem Generator $G_2(D)$ betrachten wir das Eingabewort:

$$X = (10)(01)(10)(01)(10)(01) \quad \Rightarrow$$
$$X(D) = \left(X_1(D), X_2(D)\right) = (1 + D^2 + D^4,\, D + D^3 + D^5) \quad \Rightarrow$$
$$Y(D) = X(D)\, G_2(D) = (1 + D^6,\, 0,\, 1 + D^2 + D^4)$$
$$Y = (101)(000)(001)(000)(001)(000)(100).$$

Jede Komponente, die zur Zeit i ein- oder ausgegeben wird, ist in der Polynomdarstellung mit dem Faktor D^i versehen. Eine Eingabefolge der Länge k ergibt

dann ein Eingabepolynom vom Grad $\deg(X(D)) = k - 1$, das bei einer maximalen
Rückgrifftiefe m Ausgabepolynome vom Grad $\leq k + m - 1$ erzeugt.
Die Beziehung (9.4) ist auch auf Eingaben unbeschränkter Länge anwendbar. Periodische Eingabefolgen können dabei als Quotienten von Polynomen dargestellt
werden, was dann ebenfalls für ihre Ausgabefolgen zutrifft.

$$X = 101\overline{010} \quad \Rightarrow$$

$$X(D) = 1 + D^2 + D^4 + \cdots = 1/(1 + D^2) \quad \Rightarrow$$

$$Y(D) = X(D)\,G_1(D) = \frac{1}{1 + D^2}\,(1 + D + D^3,\, 1 + D^2 + D^3,\, 1 + D + D^2 + D^3)$$

$$= \left(\frac{1}{1 + D^2} + D,\, 1 + \frac{D^3}{1 + D^2},\, 1 + D\right) \quad \Rightarrow$$

$$Y = (111)(101)\overline{(100)(010)}.$$

9.1.4 Äquivalente Faltungscodierer

Weiterhin ist die Unterscheidung zwischen Faltungscodierern, die eine Zuordnung
von den Nachrichten- zu den Codewörtern herstellen und dem Faltungscode als der
Menge der Codewörter zu beachten. Zwar ist ein Faltungscode als Ausgabemenge
eines zugehörigen Faltungscodierers eingeführt, doch gibt es zu einem Faltungscode
im allgemeinen eine Vielzahl von Codierern.

So erzeugen alle Codierer denselben Code, deren polynomiale Generatoren durch
Additionen von einer Zeile zu einer anderen Zeile ineinander übergehen. O.B.d.A.
geht ein Generator $G(D) = (g_{i,j}(D))$ durch Addition der zweiten Zeile zur ersten
über in einen Generator $\tilde{G}(D) = (\tilde{g}_{i,j}(D))$ mit:

$$\tilde{g}_{1,j}(D) = g_{1,j}(D) + g_{2,j}(D) \quad \text{und} \quad \tilde{g}_{i,j}(D) = g_{i,j}(D) \quad \text{für} \quad i \geq 2.$$

Dann gibt es zu jeder Eingabe $X(D) = (X_1(D), \cdots, X_r(D))$ des Codierers $G(D)$
eine Eingabe $\tilde{X}(D) = (\tilde{X}_1(D), \cdots, \tilde{X}_r(D))$ für den Codierer $\tilde{G}(D)$ mit überein-
stimmender Ausgabe, wie die Überprüfung für $\tilde{X}_i(D) = X_i(D)$ falls $i \neq 2$ und
$\tilde{X}_2(D) = X_1(D) + X_2(D)$ zeigt:

$$\tilde{Y}_j(D) = \sum_{i=1}^{r} \tilde{X}_i(D)\,\tilde{g}_{i,j}(D) = X_1(D)\big(g_{1,j}(D) + g_{2,j}(D)\big)$$

$$+ \big(X_1(D) + X_2(D)\big)g_{2,j}(D) + \sum_{i=3}^{r} X_i(D)\,g_{i,j}(D)$$

$$= \sum_{i=1}^{r} X_i(D)\,g_{i,j}(D) = Y_j(D).$$

Auch das Vertauschen von Zeilen des Generators ändert nichts am zugehörigen
Faltungscode, während das Vertauschen von Spalten lediglich eine entsprechende
Vertauschung der Ausgabeteilfolgen bewirkt.

Schließlich sind Codierer auch dann als äquivalent anzusehen, wenn ihre Ausgaben bis auf eine zeitliche Verschiebung identisch sind. Die Generatoren solcher Codierer unterscheiden sich dadurch, daß ihre Einträge zeilenweise mit einem Faktor der Form D^l verschieden sind, was einer Verschiebung der Eingabekomponente um l Zeiteinheiten gleichkommt.

9.2 Repräsentation mit Zustandsautomaten

9.2.1 Zustandsdiagramme und -tabellen

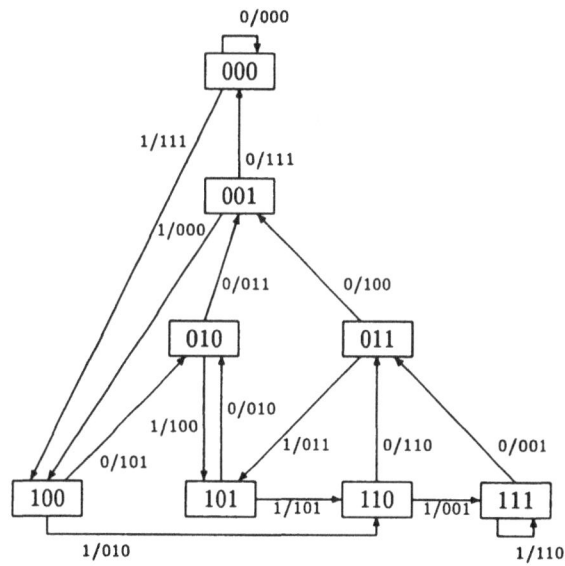

Abbildung 9.3: Zustandsdiagramm eines Codierers

Der Ablauf der Codierung ist für einen Faltungscodierer durch die aktuelle Eingabe und das Gedächtnis bestimmt, das die in den Schieberegistern abrufbaren früheren Eingabewerte bis zur Rückgrifftiefe m einbezieht. Diese Abhängigkeit der Codierung von der Vergangenheit kann man zu jedem Zeitpunkt mit Hilfe einer Zustandsmenge erfassen, so daß die weitere Ausgabefolge des Codierers nur durch den derzeitigen Zustand sowie die aktuelle und zukünftige Eingabe bestimmt ist.

Ein Zustand des Faltungscodierers entspricht direkt dem Inhalt seiner Schieberegister. Die Anzahl aller möglichen Zustände beträgt 2^{rm}, wenn pro Eingabefolge ein Register der Rückgrifftiefe m zur Verfügung steht. Allgemein kann man auch unterschiedliche Rückgrifftiefen für die einzelnen Eingabefolgen realisieren.

Die Vorgehensweise eines Faltungscodierers kann nun anhand eines *Zustandsdiagramms* beschrieben werden. Dabei handelt es sich um einen *gerichteten Graphen*

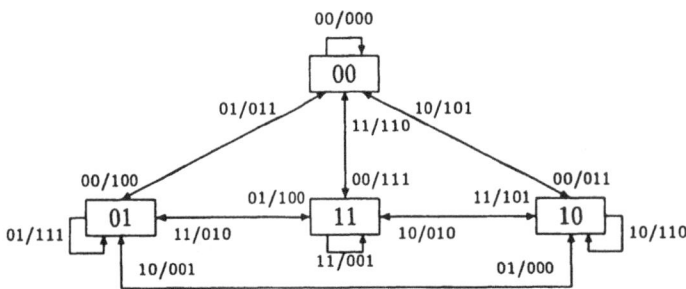

Abbildung 9.4: Zustandsdiagramm für mehrere Eingabekomponenten

mit den durch die Schieberegisterinhalte gegebenen Zuständen als *Knoten*. Von jedem Knoten führen darin 2^r *Kanten* zu den Folgezuständen, die für alle möglichen verschiedenen Eingaben erreicht werden. Die Kanten werden durch die zugehörige Ein- und Ausgabe in der Notation $X_{1,t}, \cdots, X_{r,t} \mid Y_{1,t}, \cdots, Y_{s,t}$ markiert.

Jedem Eingabewort entspricht dann ein Weg im Zustandsdiagramm, der im Zustand $(0, \cdots, 0)$ beginnt und dessen Kanten durch die Eingabe zu den einzelnen Zeitpunkten bestimmt sind.

Im Beispiel 9.1 sind acht Zustände für die Inhalte des Schieberegisters mit Rückgrifftiefe drei erforderlich, siehe Abbildung 9.3. Für das Beispiel 9.2 ist das Zustandsdiagramm des Codierers in der Abbildung 8.4 angegeben.

Zustandsautomaten können weiterhin auch in der übersichtlichen Form einer *Zustandstabelle* angegeben werden. Die Zeileneinträge vermerken zu jedem Paar bestehend aus einem Zustand und einer Eingabe den Folgezustand und die Ausgabe. Für die beiden Beispiele mit den Zustandsdiagrammen in Abbildung 9.3 und 9.4 erhält man die nachfolgenden Tabellen.

9.2.2 Reduktion der Zustandsmenge

Ein (s, r, m)-Faltungscodierer kann im allgemeinen durch rm Speicherelemente realisiert werden. In manchen Fällen können einige davon eingespart werden. Die Anzahl der Zustände sowie der Aufwand der später erörterten Decodierung mit dem Viterbi-Algorithmus verringern sich mit der Einsparung eines Speicherelements um den Faktor 2.

Zunächst sind Codierer mit unterschiedlichen Rückgrifftiefen $m_1, \cdots, m_r$ der einzelnen Eingabekomponenten denkbar, so daß insgesamt $\sum_{i=1}^{r} m_i$ Speicherelemente erforderlich sind. Für $r \geq 2$ Eingabekomponenten ist darüber hinaus eine Reduzierung dieser Anzahl genau dann möglich, wenn es einen äquivalenten Codierer gemäß Abschnitt 8.1.4 gibt, der weniger Speicherelemente benötigt, was am folgenden Beispiel demonstriert wird. Ansonsten handelt es sich um einen *minimalen Codierer*.

Eingabe X_t	Zustand $(X_{t-1} X_{t-2} X_{t-3})$	Folgezustand $(X_{t-1} X_{t-2} X_{t-3})$	Ausgabe $(Y_{1,t} Y_{2,t} Y_{3,t})$
0	(0 0 0)	(0 0 0)	(0 0 0)
1	(0 0 0)	(1 0 0)	(1 1 1)
0	(0 0 1)	(0 0 0)	(1 1 1)
1	(0 0 1)	(1 0 0)	(0 0 0)
0	(0 1 0)	(0 0 1)	(0 1 1)
1	(0 1 0)	(1 0 1)	(1 0 0)
0	(0 1 1)	(0 0 1)	(1 0 0)
1	(0 1 1)	(1 0 1)	(0 1 1)
0	(1 0 0)	(0 1 0)	(1 0 1)
1	(1 0 0)	(1 1 0)	(0 1 0)
0	(1 0 1)	(0 1 0)	(0 1 0)
1	(1 0 1)	(1 1 0)	(1 0 1)
0	(1 1 0)	(0 1 1)	(1 1 0)
1	(1 1 0)	(1 1 1)	(0 0 1)
0	(1 1 1)	(0 1 1)	(0 0 1)
1	(1 1 1)	(1 1 1)	(1 1 0)

Zustandstabelle zum Diagramm 8.3

Eingabe $(X_{1,t} X_{2,t})$	Zustand $(X_{1,t-1} X_{2,t-1})$	Folgezustand $(X_{1,t-1} X_{2,t-1})$	Ausgabe $(Y_{1,t} Y_{2,t} Y_{3,t})$
(0 0)	(0 0)	(0 0)	(0 0 0)
(0 1)	(0 0)	(0 1)	(0 1 1)
(1 0)	(0 0)	(1 0)	(1 0 1)
(1 1)	(0 0)	(1 1)	(1 1 0)
(0 0)	(0 1)	(0 0)	(1 0 0)
(0 1)	(0 1)	(0 1)	(1 1 1)
(1 0)	(0 1)	(1 0)	(0 0 1)
(1 1)	(0 1)	(1 1)	(0 1 0)
(0 0)	(1 0)	(0 0)	(0 1 1)
(0 1)	(1 0)	(0 1)	(0 0 0)
(1 0)	(1 0)	(1 0)	(1 1 0)
(1 1)	(1 0)	(1 1)	(1 0 1)
(0 0)	(1 1)	(0 0)	(1 1 1)
(0 1)	(1 1)	(0 1)	(1 0 0)
(1 0)	(1 1)	(1 0)	(0 1 0)
(1 1)	(1 1)	(1 1)	(0 0 1)

Zustandstabelle zum Diagramm 8.4

Beispiel 9.4 Ein Codierer habe den Generator:

$$G(D) = \begin{pmatrix} 1 + D^2 + D^3 + D^4 & 1 + D + D^3 \\ 1 + D^3 + D^4 & 1 + D^2 + D^3 \end{pmatrix}$$

Dazu gibt es die äquivalenten Generatoren:

$$\tilde{G}_1(D) = \begin{pmatrix} D^2 & D + D^2 \\ 1 + D^3 + D^4 & 1 + D^2 + D^3 \end{pmatrix}$$

$$\tilde{G}_2(D) = \begin{pmatrix} D & 1 + D \\ 1 + D^3 + D^4 & 1 + D^2 + D^3 \end{pmatrix}$$

Während der Codierer $G(D)$ in direkter Umsetzung mit 8 Speicherelementen realisiert wird, benötigt $\tilde{G}_1(D)$ dagegen nur 6 und $\tilde{G}_2(D)$ nur 5 Speicherelemente. Die Zustandsmenge nimmt dabei von $2^8 = 256$ auf $2^5 = 32$ ab. Da die Codierer äquivalent sind, kann man statt einer Benutzung des Codierers $G(D)$ mit der Eingabe $X_{1,t}$, $X_{2,t}$ den Codierer $\tilde{G}_2(D)$ mit der modifizierten Eingabe $\tilde{X}_{1,t}$, $\tilde{X}_{2,t}$ einsetzen, um dieselbe Ausgabe zu erzielen, vergleiche Abbildung 9.5:

$$\tilde{X}_{1,t} = X_{1,t-1} \qquad \text{für } t \geq 1;$$
$$\tilde{X}_{2,t} = X_{1,t} + X_{2,t}.$$

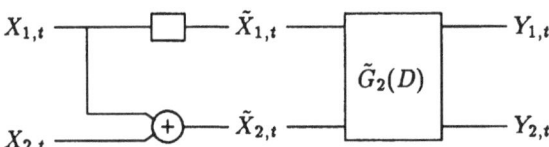

Abbildung 9.5: Äquivalenter Codierer

9.3 Katastrophale Faltungscodes

Bedingt durch die Konstruktion von Faltungscodierern hat die Eingabe vom Gewicht Null auch eine Ausgabe vom Gewicht Null zur Folge, wobei der Codierer im Zustand $Z_0 = (0 \cdots 0)$ verharrt. Einige Faltungscodierer haben die unangenehme Eigenschaft, daß es auch Eingabesequenzen mit beliebig großem Gewicht gibt, denen eine Ausgabe mit dem Gewicht Null zugeordnet wird, wenn man einen von Z_0 verschiedenen Startzustand zugrundelegt.

Beispiel 9.5

(i) Ein $(1,1,1)$-Faltungscodierer sei durch $Y_t = X_t + X_{t-1}$ gegeben. Die Eingabe $X = 111\cdots 1$ führt dann zur Ausgabe $Y = 100\cdots 0$.

(ii) Der $(2,1,3)$-Faltungscodierer mit Generator $G(D) = (1 + D^2, D + D^3)$ ordnet den Nachrichten $X = 111\cdots 1$ bzw. $X = 1010\cdots 10$ die Codesequenzen $Y = (10)(11)(01)(00)(00)\cdots(00)$ bzw. $Y = (10)(01)(00)(00)\cdots(00)$ zu.

(iii) Als drittes Beispiel wird ein $(3,2,1)$-Faltungscodierer mit Generator

$$G(D) = \begin{pmatrix} 1 & D & 1+D \\ 1+D & 1 & D \end{pmatrix}$$

betrachtet. Hier findet man das Ein-/Ausgabepaar:

$$X = (01)(10)(11)(01)(10)(11)\cdots(01)(10)(11) \quad \Rightarrow$$
$$Y = (110)(000)(000)\cdots(000).$$

Der Nachteil dieser Sonderfälle liegt offenbar darin, daß Codesequenzen sich möglicherweise an nur wenigen Stellen unterscheiden, obwohl die zugehörigen Nachrichten an beliebig vielen Stellen voneinander abweichen. Eine geringe Anzahl von Übertragungsfehlern kann dann dauerhafte Fehler bei der Decodierung einer Nachricht hervorrufen. Solche zur Übertragungssicherung ungeeigneten Faltungscodierer werden als katastrophal bezeichnet.

Definition 9.2 Ein Faltungscodierer heißt *katastrophal*, wenn es eine Folge von Eingabewörtern mit unbeschränktem Gewicht gibt, denen jeweils Codewörter eines bestimmten (beschränkten) Gewichts zugeordnet werden. ⌋

In seinem Zustandsdiagramm ist ein katastrophaler Faltungscodierer an einem zyklischen Weg erkennbar, der im selben Zustand beginnt und endet und dessen Kanten jeweils die Ausgabe $(0\cdots 0)$ erzeugen, während die Eingabe für wenigstens eine beteiligte Kante von Null verschieden ist. Für die benannte Folge von Eingabewörtern wird ein derartiger zyklischer Weg bei der Codierung beliebig oft durchlaufen.
In den Zustandsdiagrammen der Beispiele 8.4(i)-(iii) findet man die in Abbildung 9.6 dargestellten Zyklen mit dieser Eigenschaft.

Es werden nun weitere äquivalente Kriterien aufgestellt, um einen Faltungscode als katastrophal zu klassifizieren.
Ausgehend vom Generator $G(D)$ kann man folgendes einfache Kriterium für katastrophale Faltungscodierer mit einer Eingabesequenz angeben:

Satz 9.1 Ein $(s,1,m)$-Faltungscode mit Generator $G(D) = \big(g_{11}(D)\cdots g_{1s}(D)\big)$ ist genau dann katastrophal, wenn der größte gemeinsame Teiler $t(D)$ der Polynome $g_{11}(D)\cdots g_{1s}(D)$ keine Potenz von D ist: $\not\exists L \in \mathbb{N}_0 : t(D) = D^L$. ⌋

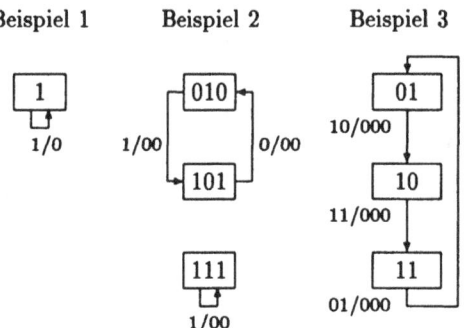

Abbildung 9.6: Zyklen im Zustandsdiagramm von katastrophalen Codierern

Beweis: Für $t(D) \neq D^L$ gibt es eine Darstellung $t(D) = D^l(1 + D\tilde{t}(D))$ mit $\tilde{t}(D) \neq 0$. Dann hat eine unbeschränkte Eingabefolge von der Form

$$X(D) = D^l/t(D) = 1/(1 + D\tilde{t}(D)) = 1 + D\tilde{t}(D) + \big(D\tilde{t}(D)\big)^2 + \cdots$$

unendliches Gewicht, während die zugehörigen Ausgabeteilfolgen

$$Y_j(D) = g_{1j}(D)/t(D) \qquad \text{für } j = 1, \cdots, s$$

jeweils Polynome vom Grad $\leq m$ sind und damit endliches Gewicht haben, da $t(D)$ ein Teiler von $g_{11}(D), \cdots, g_{1s}(D)$ ist.

Andererseits ergibt sich die Notwendigkeit der im Satz genannten Bedingung für katastrophale Faltungscodes aus der im folgenden Abschnitt behandelten Invertierung von Codierern zur Decodierung. Für Faltungscodes, die gemäß Satz 9.1 nicht katastrophal sind, wird dort die Eingabe X_t in Abhängigkeit von Y_t und von den letzten m vorangehenden Ausgabewerten $Y_{t-m}, \cdots, Y_{t-1}$ bestimmt, was im Widerspruch zu den definitionsgemäßen Eigenschaften katastrophaler Faltungscodierer steht, vergl. [MaSa68]. $\qquad\qquad \square$

In den ersten beiden Beispielen für katastrophale Faltungscodierer erhält man als größte gemeinsame Teiler $t(D) = 1 + D$ bzw. $t(D) = 1 + D^2$.

Für Faltungscodes mit mehreren Eingabekomponenten gilt folgende Verallgemeinerung:

Definition 9.3 Zum polynominalen Generator $G(D) = \big(g_{ij}(D)\big)$ $(i = 1, \cdots, r,$ $j = 1, \cdots, s)$ eines Faltungscodierers bezeichne $G_{s_1, \cdots, s_r}(D)$ eine $(r \times r)$-Matrix, die aus r verschiedenen Spalten von $G(D)$ mit den Spaltenindices $s_1, \cdots, s_r$ in aufsteigender Reihenfolge zusammengesetzt ist. $t(D)$ sei der größte gemeinsame Teiler der Determinanten $\det\big(G_{s_1, \cdots, s_r}(D)\big)$ aller quadratischen $(r \times r)$-Teilmatrizen von $G(D)$. $\qquad\qquad\qquad \lrcorner$

Satz 9.2 Ein (s, r, m)-Faltungscodierer ist genau dann katastrophal, wenn $t(D)$ keine Potenz von D ist: $\not\exists\, L \in \mathbb{N}_0 : t(D) = D^L$. ⌋

Ein Beweis des Satzes wird in [MaSa68] geführt.

Man beachte, daß zwei äquivalente Codierer (siehe Abschnitt 8.1.4) entweder beide katastrophal oder beide nicht katastrophal sind. Weiter kann man zu einem Faltungscodierer mit $t(D) = D^L$ stets einen äquivalenten Codierer mit $t(D) = 1$ finden. Dieser hat die vorteilhafte Eigenschaft, daß eine bijektive Zuordnung zwischen der Ein- und der Ausgabe zum selben Zeitpunkt besteht.

Im Beispiel des katastrophalen Faltungscodierers mit dem Generator

$$G(D) = \begin{pmatrix} 1 & D & 1+D \\ 1+D & 1 & D \end{pmatrix}$$

erhält man $\det\big(G_{12}(D)\big) = \det\big(G_{13}(D)\big) = \det\big(G_{23}(D)\big) = 1 + D + D^2 = t(D)$.

Schließlich kann man auch an der Menge der Ausgabewörter eines Faltungscodierers erkennen, ob er katastrophal ist, so daß man den erzeugten Faltungscode als katastrophal bzw. nicht katastrophal klassifizieren kann.

Definition 9.4 Ein (s, r, m)-Faltungscode C heißt katastrophal, wenn er eine Teilmenge $\{C_j \,|\, j \in \mathbb{N}_0\} \subset C$ von Codewörtern enthält mit:

$$C_j = c_0, \cdots, c_{is-1} \underbrace{0 \cdots 0}_{j \cdot l \cdot s - mal} c_{is}, \cdots, c_{ns-1} \qquad \text{mit } l \in \mathbb{N}$$

⌋

$$\text{wobei} \quad c_0, \cdots, c_{is-1} \notin C \quad \text{und} \quad c_{is}, \cdots, c_{ns-1} \notin C.$$

Ein Codierer ist katastrophal, wenn seine Ausgabe einen katastrophalen Faltungscode erzeugt oder wenn er nicht eindeutig decodierbar ist. In beiden Fällen existiert dann ein zyklischer Weg im Zustandsdiagramm mit einer Eingabe vom Gewicht > 0 und einer Ausgabe vom Gewicht Null.

Wenn keine eindeutige Decodierung der Ausgabe eines Codierers möglich ist, so gibt es wegen der Linearität von Faltungscodes verschiedene Nachrichten zum Codewort $(0 \cdots 0)$. Im Zustandsdiagramm des Codierers findet man genau in diesem Fall einen zyklischen Weg mit der Ausgabefolge vom Gewicht Null, der über den Zustand Z_0 und andere Zustände führt. Der Generator $G(D)$ des Codierers hat dann weniger als r linear unabhängige Ausgabeteilfolgen, so daß sein Rang kleiner als r ist.

9.4 Die Decodierung fehlerfreier Codesequenzen

Es wird nun erörtert, wie man aus der Ausgabe eines Faltungscodierers die eingegebene Nachricht wiedergewinnen kann, wenn eine fehlerfreie Codesequenz vorliegt. Die Verwendung von *systematischen Faltungscodierern* , die eine Nachricht direkt und unverändert in der Ausgabe weitergeben, macht spezielle Decodiereinrichtungen für diesen Fall überflüssig. Der polynomiale Generator $G(D) = (g_{i,j}(D))$ eines systematischen Faltungscodes ist durch eine in den ersten r Spalten stehende Einheitsmatrix gekennzeichnet:

$$G(D) = \begin{pmatrix} 1 & \cdots & 0 & g_{1,r+1}(D) & \cdots & g_{1,s}(D) \\ & \ddots & & \vdots & \ddots & \vdots \\ 0 & \cdots & 1 & g_{r,r+1}(D) & \cdots & g_{r,s}(D) \end{pmatrix}$$

Es liegt eine Übereinstimmung in den ersten r Komponenten der Ein- und Ausgabe vor $(Y_j(D) = X_j(D)$ für $j = 1, \cdots, r)$, während weitere Komponenten der Ausgabe zur Fehlerkontrolle dienen. Wegen $\det(G_{1,\dots,r}(D)) = 1$ sind systematische Faltungscodierer auf keinen Fall katastrophal.

Allerdings sind systematische Faltungscodierer nicht optimal in dem Sinne, daß man in vielen Fällen nicht systematische Faltungscodierer mit gleicher Rate finden kann, die eine höhere Minimaldistanz und damit eine geringere Fehlerwahrscheinlichkeit bei der Übertragung über einen symmetrischen Binärkanal haben [LiCo83].

Deshalb werden nun allgemeine, nicht katastrophale Faltungscodes mit zunächst einer Eingabefolge betrachtet. Bezeichnet man den größten gemeinsamen Teiler von $g_{1,1}(D)$ und $g_{1,2}(D)$ mit $\tilde{t}(D)$, so kann man mit Hilfe des Euklid'schen Algorithmus Polynome $p_1(D)$ und $p_2(D)$ erstellen, für die

$$g_{1,1}(D)\,p_1(D) + g_{1,2}(D)\,p_2(D) = \tilde{t}(D)$$

ist. In Fortführung dieser Vorgehensweise findet man Polynome $p_1(D), \cdots, p_s(D)$ mit

$$\sum_{i=1}^{s} g_{1,i}(D)\,p_i(D) = t(D) \quad \text{wobei} \quad \deg(p_i(D)) + \deg(t(D)) \leq m.$$

Für nicht katastrophale Faltungscodes ist $t(D) = D^L$ $(L \in \mathbb{N}_0)$ und es folgt:

$$\sum_{i=1}^{s} Y_i(D)\,p_i(D) = \sum_{i=1}^{s} X(D)\,g_{1,i}(D)\,p_i(D) = X(D)\,D^l. \tag{9.5}$$

Die Polynome $p_i(D)$ bilden einen *inversen Generator* $G^{Inv}(D)$ für die Decodierung, die damit ebenso wie die Codierung mit Hilfe von nicht rückgekoppelten Schieberegistern der Rückgrifftiefe $\leq m$ realisiert werden kann. Allerdings wird die Eingabe gegebenenfalls erst mit einer Verzögerung um l Zeiteinheiten rekonstruiert.

Im Beispiel 9.1 sind $g_{1,1}(D) = 1 + D + D^3$ und $g_{1,2}(D) = 1 + D^2 + D^3$ teilerfremd, so daß man dazu die Polynome $p_1(D) = D$ und $p_2(D) = 1 + D$ für einen verzögerungsfreien Generator $G^{Inv}(D) = (D, 1 + D)^T$ erhält, so daß

$$X(D) = Y(D)\,G^{Inv}(D) = Y_1(D)\,D + Y_2(D)\,(1 + D).$$

Im Fall einer Eingabe mit mehreren Komponenten $(r \geq 2)$ gibt es $\binom{s}{r}$ verschiedene $(r \times r)$-Matrizen $G_{s_1, \dots, s_r}(D)$, die aus je r Spalten des polynomialen Generators

$G(D)$ zusammengesetzt sind. $G_{s_1, \dots, s_r}^{-1}(D)$ sei die zu $G_{s_1, \dots, s_r}(D)$ inverse Matrix. Da die Elemente von $G_{s_1, \dots, s_r}(D)$ jeweils Polynome sind, kann jedes Element $g_{i,j}^{-1}(D)$ der Inversen $G_{s_1, \dots, s_r}^{-1}(D)$ als Quotient aus einem Polynom $\bar{g}_{i,j}(D)$ und der ebenfalls polynomialen Determinanten $\det\big(G_{s_1, \dots, s_r}(D)\big)$ dargestellt werden [MaSa68]:

$$g_{i,j}^{-1}(D) = \bar{g}_{i,j}(D)/\det\big(G_{s_1, \dots, s_r}(D)\big).$$

Unter Benutzung der Matrix $\overline{G}_{s_1, \dots, s_r}(D) = \big(\bar{g}_{i,j}(D)\big)$ erhält man:

$$Y(D) = \big(Y_{s_1}(D), \cdots, Y_{s_r}(D)\big) = X(D)\, G_{s_1, \dots, s_r}(D) \quad \Rightarrow$$

$$
\begin{aligned}
\big(Y_{s_1}(D), \cdots, Y_{s_r}(D)\big)\, \overline{G}_{s_1, \dots, s_r}(D) &= X(D)\, G_{s_1, \dots, s_r}(D)\, \overline{G}_{s_1, \dots, s_r}(D) \\
&= X(D)\, G_{s_1, \dots, s_r}(D)\, G_{s_1, \dots, s_r}^{-1}(D) \\
&\qquad \cdot \det\big(G_{s_1, \dots, s_r}(D)\big) \\
&= X(D)\, \det\big(G_{s_1, \dots, s_r}(D)\big)
\end{aligned}
$$

Ein nicht katastophaler Faltungscodierer erfüllt die Voraussetzung, daß der größte gemeinsame Teiler aller Determinanten $\det\big(G_{s_1, \dots, s_r}(D)\big)$ von der Form D^l mit $l \in \mathbb{N}_0$ ist. Ebenso wie im Fall $r = 1$ kann man dann zugehörige Polynome $p_{s_1, \dots, s_r}(D)$ finden, so daß

$$\sum \big(Y_{s_1}(D), \cdots, Y_{s_r}(D)\big)\, \overline{G}_{s_1, \dots, s_r}(D)\, p_{s_1, \dots, s_r}(D) = X(D)\, D^l$$

eine Rekonstruktionsvorschrift für die Eingabe liefert.

Beispiel 9.6 Es wird ein (3,2,2)-Faltungscodierer mit Generator

$$G(D) = \begin{pmatrix} 1 & D^2 & 1 + D + D^2 \\ 1 + D^2 & 1 + D + D^2 & D \end{pmatrix}$$

betrachtet. Man erhält dazu die teilerfremden (2×2)-Determinanten $\det\big(G_{1,2}(D)\big) = 1 + D + D^4$ und $\det\big(G_{1,3}(D)\big) = 1 + D^3 + D^4$ sowie

$$\overline{G}_{1,2}(D) = \begin{pmatrix} 1 + D + D^2 & D^2 \\ 1 + D^2 & 1 \end{pmatrix} \quad \text{und} \quad \overline{G}_{1,3}(D) = \begin{pmatrix} D & 1 + D + D^2 \\ 1 + D^2 & 1 \end{pmatrix}.$$

Mit $p_{1,2}(D) = D + D^4$ und $p_{1,3}(D) = 1 + D + D^2 + D^3 + D^4$ gilt dann:

$$\big(Y_1(D), Y_2(D)\big)\, \overline{G}_{1,2}(D)\, p_{1,2}(D) + \big(Y_1(D), Y_3(D)\big)\, \overline{G}_{1,3}(D)\, p_{1,3}(D) = X(D) \quad \Rightarrow$$

$$X_1(D) = Y_1(D)\, D^6 + Y_2(D)\,(D + D^3 + D^4 + D^6) + Y_3(D)(1 + D + D^5 + D^6);$$

$$
\begin{aligned}
X_2(D) = {}& Y_1(D)(1 + D^2 + D^4) + Y_2(D)(D + D^4) \\
& + Y_3(D)(1 + D + D^2 + D^3 + D^4).
\end{aligned}
$$

In diesem Beispiel ist die Eingabe unverzögert rekonstruierbar. Man sieht jedoch auch, daß die resultierende Schaltung für mehrere Eingabefolgen im allgemeinen aufwendiger ist als diejenige für die Codierung, da eine wesentlich größere Rückgrifftiefe auftreten kann.

Eine Alternative zur Konstruktion eines inversen polynomialen Generators bietet die direkte Auflösung der Bestimmungsgleichungen für die Ausgabe des Faltungs-codierers nach den aktuellen Eingabewerten $X_{i,t}$:

$$Y_{j,t} = \sum_{i=1}^{r} \sum_{l=0}^{m} g_{i,j}^{(l)} X_{i,t-l} \qquad \text{für } j = 1, \cdots, s \Rightarrow$$

$$\sum_{i=1}^{r} g_{i,j}^{(0)} X_{i,t} = Y_{j,t} + \sum_{i=1}^{r} \sum_{l=1}^{m} g_{i,j}^{(l)} X_{i,t-l} \tag{9.6}$$

Diese Beziehung stellt ein lineares Gleichungssystem für die Eingabekomponenten $X_{i,t}$ dar, wenn die aktuelle Ausgabe Y_t und die Eingaben $X_{t-1} \cdots X_{t-m}$ der m vorangegangenen Zeitpunkte bekannt sind. Für $s > r$ ist das Gleichungssystem überbestimmt, so daß man sich auf r Gleichungen davon beschränken kann. Allerdings ist nicht sichergestellt, daß r unabhängige Gleichungen vorliegen, da die Eingabe für einen Codierer möglicherweise nur mit einer Verzögerung durchführbar ist oder wenn keine eindeutige Decodierung erzielt werden kann.

Im Beispiel des eben betrachteten (3,2,2)-Faltungscodierers erhält man:

$$X_{1,t} = Y_{1,t} + Y_{2,t} + X_{1,t-2} + X_{2,t-1};$$
$$X_{2,t} = Y_{2,t} + X_{1,t-2} + X_{2,t-1} + X_{2,t-2}.$$

Dies führt zu der in Abbildung 9.7 dargestellten Decodierungsschaltung, die allerdings mit rückgekoppelten Schieberegister ausgestattet ist.

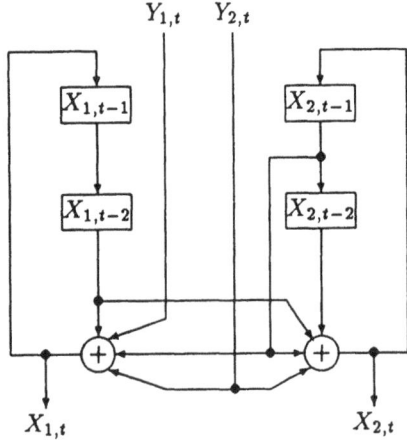

Abbildung 9.7: Decodierung mit rückgekoppelten Schieberegistern

9.5 Die freie Distanz und die Gewichtsfunktion

Die Linearität von Faltungscodes erlaubt es, die Abstände eines Codeworts zu den übrigen Codewörtern auf die Gewichte und damit auf die Abstände der Codewörter zum Nullwort zurückzuführen. Die Festlegung des Hamming-Abstands zweier Wörter als Anzahl der voneinander abweichenden Stellen ist auch auf Wörter unterschiedlicher Länge übertragbar, wenn Nullen am Ende des kürzeren Wortes zum Längenangleich angefügt werden.

Ebenso wie bei den linearen Blockcodes hängt die Anzahl erkennbarer und korrigierbarer Einzelfehler eines Faltungscodes von der Minimaldistanz h ab, die dem Minimalgewicht eines vom Nullwort verschiedenen Codeworts entspricht. Für Faltungscodes wird diese auch für die Restfehlerwahrscheinlichkeit ausschlaggebende Größe als *freie Distanz* bezeichnet.

Zur Ermittlung der freien Distanz kann man vom Zustandsdiagramm ausgehen, wobei die Kanten des Zustandsgraphen durch die Gewichte der zugehörigen Ausgabe markiert werden, was am Beispiel des (3,1,3)-Faltungscodierers mit $G(D) = (1 + D + D^3, 1 + D^2 + D^3, 1 + D + D^2 + D^3)$ in der Abbildung 9.8 verdeutlicht wird. Jedes Codewort ist gemäß dem Ablauf der Codierung durch einen *Weg*

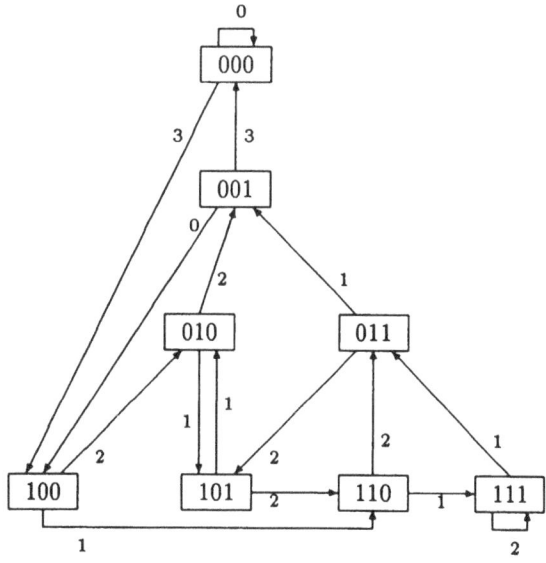

Abbildung 9.8: Zustandsgraph markiert mit Ausgabegewichten

im Zustandsgraphen gekennzeichnet, der im Zustand $Z_0 = (0, \cdots, 0)$ beginnt und endet. Bei einer Codewortlänge ls führt der Weg über l Kanten.

Die als Summe der Kantenmarkierungen definierte Länge eines Weges entspricht dann dem Gewicht der zugehörigen Ausgabe. Das Minimalgewicht des erzeugten

Faltungscodes ist dann die Länge des kürzesten Weges von Z_0 zurück nach Z_0 über wenigstens einen anderen Zwischenzustand.

Zum Auffinden des kürzesten Weges wurden Algorithmen entwickelt [BCFJ72, Lars73], die das bekannte Verfahren von Dijkstra [Dijk59] im Hinblick auf die Struktur des Zustandsgraphen optimieren. Der Speicherplatzbedarf ist dabei etwa proportional zur Anzahl der Zustände $O(2^{rm})$, und der Zeitaufwand ist etwa proportional zur Anzahl der Kanten $O(2^{r(m+1)})$.

Im Beispiel des $(3,1,3)$-Faltungscodierers erhält man als Ergebnis die im Graphen in der Abbildung 9.9 eingetragenen kürzesten Wege und Weglängen vom Zustand $(0\,0\,0)$ zu den übrigen Zuständen. Die Kante von Z_0 nach Z_0 bleibt dabei unberücksichtigt. Die freie Distanz beträgt hier $h = 10$, so daß der Faltungscode in der Lage ist, bis zu neun Einzelfehler zu erkennen und bis zu vier Einzelfehler zu korrigieren. Zum $(3,2,1)$-Faltungscode mit dem Zustandsdiagramm in Abbildung 9.4 erhält man $h = 3$.

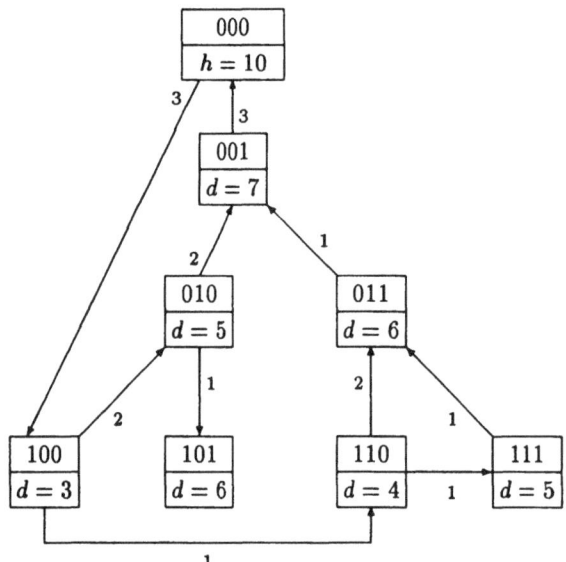

Abbildung 9.9: Kürzeste Wege zur Bestimmung der freien Distanz

9.5.1 Die Gewichtsfunktion

Zunächst ist zu bemerken, daß es nicht sinnvoll erscheint, eine Gewichtsfunktion gemäß Def. 7.3 für alle Wörter eines Faltungscodes bei unbeschränkter Länge zu betrachten, da es entweder kein Wort oder unendlich viele Wörter eines bestimmten Gewichts gibt.

Stattdessen befassen wir uns mit der Gewichtsfunktion $A_l(z) = \sum_w a_{l,w} z^w$ für die Menge aller Codewörter einer bestimmten Länge ls mit $l \geq m$, wobei ein Koeffizient $a_{l,w}$ die Anzahl solcher Codewörter vom Gewicht w angibt. Die Gesamtzahl der Codewörter der Länge ls entspricht unter der Voraussetzung einer bijektiven Codierung der Anzahl der Eingabewörter der Länge $l - m$, so daß $\sum_{w=0}^{ls} a_{l,w} = A_l(1) = 2^{r(l-m)}$ ist. Die Berechnung der Gewichtsfunktion orientiert sich wiederum am Zustandsdiagramm mit den Gewichten der Ausgabe zu einem Zeitpunkt als Kantenmarkierungen. Es werden dazu folgende Bezeichnungen eingeführt:

Definition 9.5 Die Zustände des Codierers seien mit $Z_0, \cdots, Z_{2^{rm}-1}$ durchnummeriert, wobei $Z_0 = (0, \cdots, 0)$ ist. Die 2^r möglichen Vorgänger eines Zustands Z_i seien $V_1(Z_i) \cdots V_{2^r}(Z_i)$.
w_{ji} sei das Gewicht der Ausgabe des Codierers beim Übergang vom Zustand $V_j(Z_i)$ zum Zustand Z_i entsprechend den Kantenmarkierungen im Zustandsgraphen.
Schließlich seien $A_{l,i}(z)$ die zustandsabhängigen Gewichtsfunktionen für Ausgabefolgen der Länge ls, nach deren Ende der Codierer den Zustand Z_i einnimmt ($l \in \mathbb{N}$; $i \in \{0, \cdots, 2^{rm} - 1\}$). Somit entspricht $A_{l,0}(z) = A_l(z)$ der Gewichtsfunktion des Codes.   ⌟

Die zustandsabhängigen Gewichtsfunktionen $A_{l,i}(z)$ gewinnt man dann iterativ aus den folgenden Beziehungen:

$$A_{0,i}(z) \overset{\text{def}}{=} \begin{cases} 1 & \text{für } i = 0 \\ 0 & \text{sonst} \end{cases} \quad \text{und} \quad \forall l \in \mathbb{N}_0 : A_{l+1,i}(z) = \sum_{j=1}^{2^r} A_{l,V_j(Z_i)}(z) \, z^{w_{ji}}.$$

$$(9.7)$$

Beispiel 9.7 Für den $(3,1,3)$-Faltungscode mit dem Zustandsdiagramm in Abbildung 9.8 sind in der folgenden Tabelle einige Terme der zustandsabhängigen Gewichtsfunktion aufgelistet.

$l \setminus i$	0	1	2	3	4	5	6	7
1	1	0	0	0	z^3	0	0	0
2	1	0	z^5	0	z^3	0	z^4	0
3	1	z^7	z^5	z^6	z^3	z^6	z^4	z^5
4	$1+z^{10}$	$2z^7$	z^5+z^7	$2z^6$	z^3+z^7	z^6+z^8	z^4+z^8	z^5+z^7
5	$1+3z^{10}$	$3z^7$	$z^5+z^7 +z^9$	$2z^6+z^8 +z^{10}$	$z^3+2z^7 +z^{13}$	z^6+3z^8	$z^4+2z^8 +z^{10}$	$z^5+z^7 +2z^9$
⋮	⋮	⋮	⋮	⋮	⋮	⋮	⋮	⋮

Zustandsabhängige Gewichtsfunktionen $A_{l,i}(z)$

Eine weitere Tabelle gibt die Koeffizienten $a_{l,w}$ von $A_l(z)$ für $l = 4, \cdots, 12$ an, d.h. die Anzahl der Codewörter mit der Länge ls und dem Gewicht w. Koeffizienten, die darin nicht benannt sind, haben den Wert Null.

Ausgehend von den Funktionen $A_{l,i}(z)$ benötigt die Berechnung aller Funktionen $A_{l+1,i}(z)$ in der nächsten Rekursionsstufe höchstens $2^{r(m+1)}ls$ Additionen, und damit sind insgesamt nicht mehr als $2^{r(m+1)}s\,l(l+1)/2$ Additionen nötig. Man kann die Berechnung auch auf die Wörter vom Gewicht $w \leq w_{max}$ beschränken, was den Gesamtaufwand auf höchstens $2^{r(m+1)}l\,w_{max}$ Additionen reduziert.

l	$a_{l,0}$	$a_{l,10}$	$a_{l,12}$	$a_{l,14}$	$a_{l,16}$	$a_{l,18}$	$a_{l,20}$	$a_{l,22}$	$a_{l,24}$	$a_{l,26}$	$a_{l,30}$
4	1	1									
5	1	3									
6	1	6	1								
7	1	9	3	3							
8	1	12	5	12	1		1				
9	1	15	7	24	11	1	5				
10	1	18	9	38	29	14	17	2			
11	1	21	11	53	51	51	51	11	6		
12	1	24	13	68	75	112	129	49	38	2	1

Koeffizienten der Gewichtsfunktion $A_l(z) = A_{l,0}(z)$

Zur Bestimmung von Restfehlerwahrscheinlichkeiten sind die Codewörter mit kleinen Gewichten von maßgeblicher Bedeutung, wobei vor allem die Anzahl der Wörter mit minimalem Gewicht $a_{l,h}$ sowie die nächstfolgenden Koeffizienten der Gewichtsfunktion ausschlaggebend sind. Die Tabelle für $A_l(z)$ läßt für einige dieser Koeffizienten lineare Abhängigkeiten von l erkennen. Insbesondere gilt im Beispiel:

$$a_{l,10} = a_{l,h} = 3l - 12 \qquad \text{für } l \geq 5;$$
$$a_{l,12} = 2l - 11 \qquad \text{für } l \geq 6;$$
$$a_{l,14} = 15l - 112 \qquad \text{für } l \geq 10;$$
$$a_{l,16} = 24l - 213 \qquad \text{für } l \geq 11;$$
$$a_{l,18} = 87l - 947 \qquad \text{für } l \geq 15.$$

Die folgenden Ausführungen zeigen, daß der lineare Zusammenhang allgemein für die Gewichte $w = h, h+1, \cdots, 2h-1$ besteht.

Definition 9.6 Ein aus der Ausgabefolge $Y_0, \cdots, Y_{l-1}$ mit $l > 1$ gebildetes Codewort heißt *elementar*, wenn der Codierer dabei nur zu den Zeitpunkten 0 und l den Zustand Z_0 einnimmt.

$\tilde{a}_{l,w}$ sei die Anzahl elementarer Codewörter der Länge ls mit Gewicht w, und $\tilde{A}_l(z) = \sum_w \tilde{a}_{l,w} z^w$ sei die zugehörige Gewichtsfunktion. ⌋

Nicht elementare Codewörter umfassen hingegen mehrere aneinandergereihte elementare Codewörter, oder sie haben führende bzw. am Ende stehende Nullen, so daß $Y_0 = (0, \cdots, 0)$ oder $Y_{l-1} = (0, \cdots, 0)$ ist. Bei ihnen kommt der Zustand Z_0 während der Codierung auch als Zwischenzustand vor.

Man kann die Koeffizienten $\tilde{a}_{l,w}$ ebenso wie die Werte $a_{l,w}$ über eine Rekursionsformel mit Hilfe zustandsabhängiger Gewichtsfunktionen $\tilde{A}_{l,i}(z)$ bestimmen, vergl.

(9.7), wenn die Übergänge vom Vorgängerzustand Z_0 für $l > 1$ bei der Summation ausgenommen werden, um diesen Zustand als Zwischenzustand zu eliminieren:

$$\tilde{A}_{1,i}(z) = \begin{cases} 0 & \text{für } i = 0 \\ A_{1,i} & \text{sonst} \end{cases} \quad \text{und } \forall l \in \mathbb{N} : \quad \tilde{A}_{l+1,i}(z) = \sum_{\substack{j=1 \\ V_j(Z_i) \neq Z_0}}^{2^r} \tilde{A}_{l,V_j(Z_i)}(z)\, z^{w_{ji}}.$$

Zudem gilt die Beziehung:

$$a_{l,w} = \sum_{j=1}^{l} (l - j + 1)\, \tilde{a}_{j,w}$$

$$\Rightarrow a_{l+1,w} - a_{l,w} = \sum_{j=1}^{l+1} \tilde{a}_{j,w} \qquad \text{für} \quad w = h, h+1, \cdots, 2h - 1. \qquad (9.8)$$

Dazu ist zu beachten, daß Aneinanderreihungen aus mehreren elementaren Codewörtern ein Gewicht $w \geq 2h$ erreichen, so daß die betrachteten Codewörter mit Gewicht $w < 2h$ nicht zusammengesetzt sind.

Es handelt sich also um elementare Codewörter mit führenden oder nachgestellten Nullen. Ein elementares Codewort $Y_0, \cdots, Y_{j-1}$ mit einer Länge js ist Bestandteil von genau $l - j + 1$ verschiedenen Codewörtern der Länge $ls > js$, die durch Auffüllen mit führenden bzw. nachfolgenden Nullen auf die Länge ls erweitert sind, so daß (9.8) folgt.

Nun ist für einen nicht katastrophalen Faltungscode die Anzahl aller elementaren Codewörter mit einem bestimmten Gewicht w endlich, da ein zugehöriger Codierer keinen Zyklus mit einer Ausgabe vom Gewicht Null außerhalb des Zustands Z_0 durchläuft. Die Länge von elementaren Codewörtern eines bestimmten Gewichts w ist demnach beschränkt, so daß

$$\forall w \in \mathbb{N} \, \exists L_w : \quad \tilde{a}_{l,w} = 0 \quad \text{für} \quad l > L_w. \qquad (9.9)$$

Damit wird die beobachtete lineare Zunahme mit der Codewortlänge für die ersten Koeffizienten der Gewichtsfunktion bestätigt:

Satz 9.3 Sei $L_w s$ die maximale Länge von elementaren Codewörtern mit dem Gewicht w. Dann gilt:

$$a_{l+1,w} = a_{l,w} + \sum_{j=1}^{l+1} \tilde{a}_{j,w} \qquad \text{für} \quad h \leq w < 2h,$$

$$\text{mit} \quad \sum_{j=1}^{l+1} \tilde{a}_{j,w} = \sum_{j=m+1}^{L_w} \tilde{a}_{j,w} = c_w \qquad \text{für} \quad l + 1 \geq L_w. \tag{9.10}$$

Es ist allerdings problematisch, allgemeine Aussagen über L_w für nicht systematische Faltungscodes zu treffen. In [LiCo83] sind Beispiele beschrieben, in welchen sämtliche Codewörter mit dem Minimalgewicht bereits eine Länge haben, die die Rückgrifftiefe m um ein Mehrfaches übersteigt. Für Faltungscodes, bei denen das Gewicht der Ausgabe zu jedem Zeitpunkt nicht kleiner ist als das der Eingabe, also insbesondere für systematische Faltungscodes, gilt zumindest $L_w \leq wm + 1$.

9.6 Decodierung mit Fehlerbehandlung

Wir betrachten nun Faltungscodes aus der Sicht des Empfängers einer Nachricht,
der damit rechnen muß, daß ihm gestörte Wörter angeboten werden, die in mehreren Einzelstellen von einem gesendeten Codewort abweichen können. Die Zielsetzung ist dann eine Maximum-Likelihood-Decodierung, die dem empfangenen
Wort ein Codewort zuordnet, das nach einem vorgegebenen Wahrscheinlichkeitsmaß am höchsten bewertet wird. Bei der Übertragung mittels eines symmetrischen
Binärkanals muß das gesuchte Codewort dazu einen kleinstmöglichen Hamming-
Abstand zum empfangenen Wort aufweisen.

Auch die Maximum-Likelihood-Decodierung kann als Suchproblem nach einem
kürzesten Weg formuliert und in Anlehnung an das Zustandsdiagramm ausgeführt
werden, wobei ein Codewort der Länge $(l+m)s$ wiederum als Weg mit $l+m$ Kanten vom Zustand Z_0 über $l+m-1$ Zwischenzustände zurück nach Z_0 dargestellt
ist.

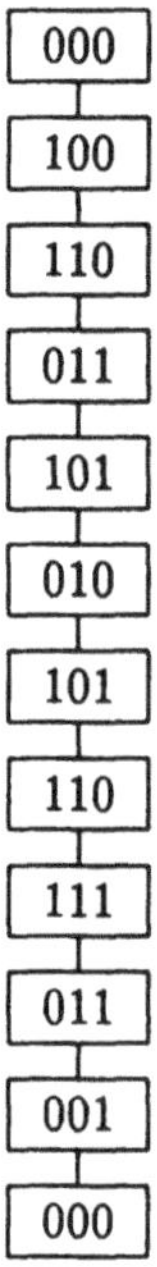

	$d_j(Y)$	Y	$\tilde{Y}$
000			
	0	(111)	(111)
100			
	1	(010)	(000)
110			
	0	(110)	(110)
011			
	2	(011)	(110)
101			
	0	(010)	(010)
010			
	0	(100)	(100)
101			
	1	(101)	(100)
110			
	3	(001)	(110)
111			
	0	(001)	(001)
011			
	0	(100)	(100)
001			
	0	(111)	(111)
000			

Abbildung 9.10: Weg im Zustandsdiagramm mit Kantenmarkierungen $d_j(Y)$

Geht man von einer empfangenen Folge $\tilde{Y} = \tilde{Y}_0 \cdots \tilde{Y}_{l+m-1}$ aus und bezeichnet
man die Hamming-Distanz zwischen den zur Zeit j ausgegebenen s-Tupeln von $\tilde{Y}$

und eines Codeworts Y mit $d_j(Y)$,

$$d_j(Y) = d(\tilde{Y}_j, Y_j) = d((\tilde{Y}_{1,j} \cdots \tilde{Y}_{s,j}), (Y_{1,j} \cdots Y_{s,j})) = \sum_{i=1}^{s} |\tilde{Y}_{i,j} - Y_{i,j}| \quad (9.11)$$

so ergibt $d(Y) = \sum_j d_j(Y)$ die Hamming-Distanz zwischen $\tilde{Y}$ und Y. Bei entsprechender Markierung der Kanten des zu einem Codewort Y gehörigen Weges im Zustandsdiagramm entspricht die Länge des Weges der Distanz $d(Y)$. Die Abbildung 9.10 zeigt hierzu ein Beispiel für ein Codewort mit dem Abstand $d(Y) = 7$ vom empfangenen Wort.

Die Maximum-Likelihood-Decodierung entspricht dann der Bestimmung eines Codeworts, dem unter der beschriebenen Kantenmarkierung $d_j(Y)$ ein kürzester Weg zugeordnet wird.

Ein (s, r, m)-Faltungscodierer, dessen Ausgabe eindeutig decodierbar ist, erzeugt 2^{lr} verschiedene Codewörter der Länge $(l+m)\,s$. Der Vergleich eines empfangenen Wortes mit jedem einzelnen Codewort scheitert daher mit wachsender Wortlänge schon bald am exponentiell steigenden Aufwand. Doch sind Alternativen mit wesentlich geringerem Suchaufwand entwickelt worden, von denen wir die beiden bekanntesten vorstellen:

(i) Der *Viterbi-Algorithmus* nutzt dabei die Tatsache, daß die Anzahl der Zwischenzustände, die die Wege nach ihren ersten l Kanten einnehmen können durch die Gesamtzahl 2^{rm} von Zuständen beschränkt ist.

(ii) Die *Schwellenwertdecodierung*, auch als *Fano-Algorithmus* bekannt, beschränkt die Suche auf solche Wege, deren Länge und damit auch ihre Distanz zum empfangenen Wort einen gegebenen Schwellenwert nicht überschreitet.

Die beiden Verfahren sind in die im Zusammenhang mit Graphenalgorithmen gebräuchlichen Kategorien *Suchen in die Breite* für den Viterbi-Algorithmus und *Suchen in die Tiefe* für die Schwellenwertdecodierung einzuordnen.
Im ersten Verfahren werden zunächst alle Anfangsstücke mit i Kanten verfolgt und miteinander verglichen, bevor man weitere Kanten eines Weges einbezieht. Im zweiten Verfahren werden dagegen einzelne Wege als Verzweigungen eines Baumes nacheinander besucht und bewertet.

9.6.1 Der Viterbi-Algorithmus

Es werden die zu den Codewörtern gehörigen Wege im Zustandsdiagramm betrachtet, deren Kanten wiederum mit den Distanzen $d_j(Y)$ zwischen einem Codewort Y und dem empfangenen Wort $\tilde{Y}$ zu jedem Zeitpunkt j markiert sind.
Der Viterbi-Algorithmus baut in seinem j-ten Schritt $(j = 1, \cdots, l+m)$ auf der zuvor erfolgten Analyse der Anfangsstücke mit $j-1$ Kanten für alle zu den Codewörtern gehörigen Wege auf. Hierzu wurde für jeden Zustand Z_i $(0 \leq i \leq 2^{rm}-1)$ der nach der Eingabe von $X_0 \cdots X_{j-1}$ erreichbar ist, ein kürzestes dorthin führendes Anfangsstück mit seiner Länge $l_{j,i}^{min}$ bestimmt.

Offenbar muß ein Anfangsstück eines kürzesten Weges auch minimale Länge unter allen Anfangsstücken haben, die über ebensoviele Kanten in denselben Zustand führen. Damit ist sichergestellt, daß im Ergebnis der Analyse unter Berücksichtigung der ersten $j-1$ Kanten auch ein Anfangsstück des kürzesten Weges erfaßt wurde.

Im nächsten Schritt werden die Fortsetzungen der kürzesten Anfangsstücke für alle Zustände um eine weitere Kante betrachtet. Die Länge eines Anfangsstücks mit j Kanten ist dann die Summe aus seiner Länge über die ersten $j-1$ Kanten und der Markierung der j-ten Kante.

Besteht die Eingabe zu jedem Zeitpunkt aus r binären Komponenten, so gehen von jedem Zustand 2^r Kanten aus und es enden wieder ebensoviele in jedem Folgezustand. Die Suche nach einem kürzesten Anfangsstück mit j Kanten erstreckt sich also auf je 2^r Fortführungen, die in einem bestimmten Zustand enden. Für die minimale Länge $l_{j,i}^{min}$ eines Anfangsstücks über j Kanten zum Zustand Z_i erhält man

$$l_{j,i}^{min} = \min_{l=1,\cdots,2^r}\left(l_{j-1,V_l(Z_i)}^{min} + d(\tilde{Y}_{j-1}, Y_{V_l(Z_i)\to Z_i})\right), \qquad (9.12)$$

wobei $Y_{V_l(Z_i)\to Z_i}$ das vom Codierer beim Übergang vom Zustand $V_l(Z_i)$ nach Z_i ausgegebene s-Tupel ist.

Der j-te Schritt des Algorithmus berücksichtigt neben den Ergebnissen der vorangegangenen Schritte nur die Eingabe zur Zeit $j-1$, so daß mit jeder neuen Taktzeit ein weiterer Schritt des Viterbi-Algorithmus ausgeführt werden kann. Die Abbildung 9.11 erläutert die Ausführung eines Schritts des Viterbi-Algorithmus'. Dazu wird wiederum der (3,1,3)-Faltungscodierer mit dem in Abbildung 9.3 gegebenen Zustandsdiagramm benutzt. Für das empfangene Wort $\tilde{Y}$, das in Abbildung 9.10 dargestellt ist, wird hier der vierte Schritt des Viterbi-Verfahrens betrachtet. Von den Kanten sind diejenigen mit durchgehenden Linien gekennzeichnet, über die ein Anfangsstück mit minimaler Länge führt.

Die Abbildung 9.12 zeigt das sogenannte *Spalierdiagramm* zur Beschreibung des kompletten Verlaufs einer Viterbi-Decodierung, wovon ein Ausschnitt bereits in der Abbildung 8.11 dargestellt ist.

Im Spalierdigramm treten für jeden Schritt des Verfahrens alle erreichbaren Zustände als Knoten auf. Weiterhin sind die Kanten aller Anfangsstücke mit minimaler Länge zu diesen Knoten eingetragen, wobei die minimale Länge des Anfangsstücks jeweils in den Knoten angegeben ist. Für eine Maximum-Likelihood-Decodierung sind nur die Wege interessant, die über $l+m$ Kanten in den Zustand Z_0 führen. Sie können am Ende des Verfahrens im konstruierten Graphen zurückverfolgt werden und sind durch hervorgehobene Linien gekennzeichnet.

In den ersten $m-1$ Schritten sind ausgehend vom Zustand Z_0 noch nicht alle übrigen Zustände erreichbar, da die entsprechenden Schieberegisterinhalte nach j ($<m$) Takten noch $m-j$ Nullen in den hinteren Stellen aufweisen. Ebenso sind in den letzten m Schritten nur noch die Kanten zu beachten, die mit einer Eingabe vom Gewicht Null beschritten werden, so daß dann nur noch Registerinhalte und entsprechende Zustände mit führenden Nullen erreicht werden.

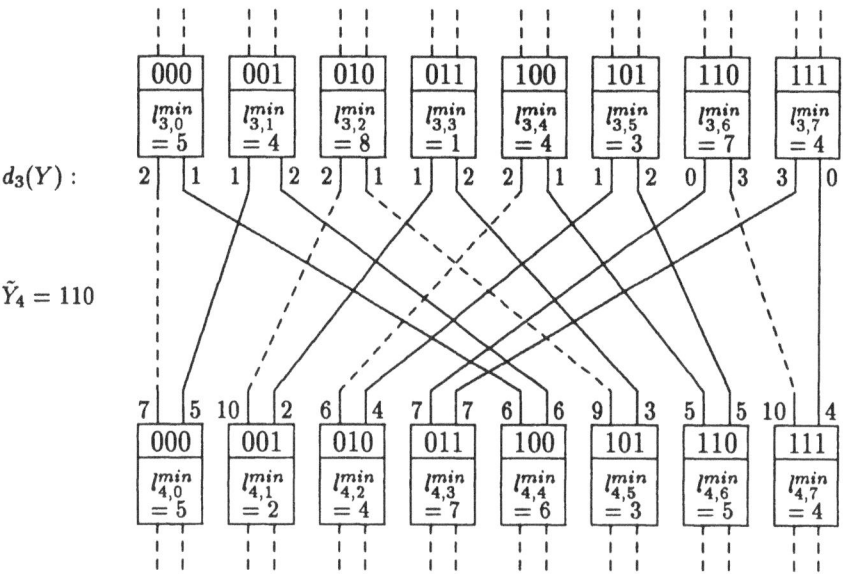

Abbildung 9.11: Ein Schritt des Viterbi-Algorithmus

Als Ergebnis liefert der Viterbi-Algorithmus die Codewörter mit minimalem Abstand zum empfangenen Wort $\tilde{Y}$ und er bestimmt gleichzeitig ihren Distanz von $\tilde{Y}$. Wenn es mehrere Codewörter mit dem minimalen Abstand gibt, was nur infolge von mindestens $\lceil h/2 \rceil$ verfälschten Stellen vorkommen kann, so sind diese bei der Decodierung als gleichwahrscheinlich anzusehen und es ist gleichgültig, welches davon zur Maximum-Likelihood-Decodierung ausgewählt wird.

Neben dem in Abbildung 8.10 zum Vergleich herangezogenen Codewort Y gibt es hier zwei weitere Codewörter, die von $\tilde{Y}$ den minimalen Abstand $d = 7$ haben. Das empfangene Wort $\tilde{Y}$ ist also an mindestens 7 Stellen verfälscht, was die Fähigkeit dieses Faltungscodes zur eindeutigen Fehlerkorrektur überfordert.

Als weiteres Beispiel zeigt die Abbildung 9.13 das Spalierdiagramm zum (3,2,1)-Faltungscodierer mit dem Zustandsdiagramm in Abbildung 9.4 beim Empfang von

$$\tilde{Y} = (101)\,(010)\,(001)\,(100)\,(001)\,(000)\,(100).$$

Auch hier findet man drei verschiedene Codewörter mit dem minimalen Abstand 2 zum empfangenen Wort.

Der Rechenaufwand des Viterbi-Algorithmus umfasst pro Schritt $2^r 2^{rm}$ Additionen und Vergleiche, außer in den ersten und den letzten $m - 1$ Schritten. Für eine Nachricht der Länge lr beträgt der größenordnungsmäßige Rechenzeitaufwand $O(l\,2^{r(m+1)})$. Da nach jedem Schritt pro Zustand ein Weg minimaler Länge registriert werden muß, ist auch ein hoher Speicherplatzaufwand von $O(l\,2^{rm})$ erforderlich. Die Verwendung des Viterbi-Algorithmus ist daher auf Faltungscodierer mit einer nicht allzu großen Zustandsmenge beschränkt.

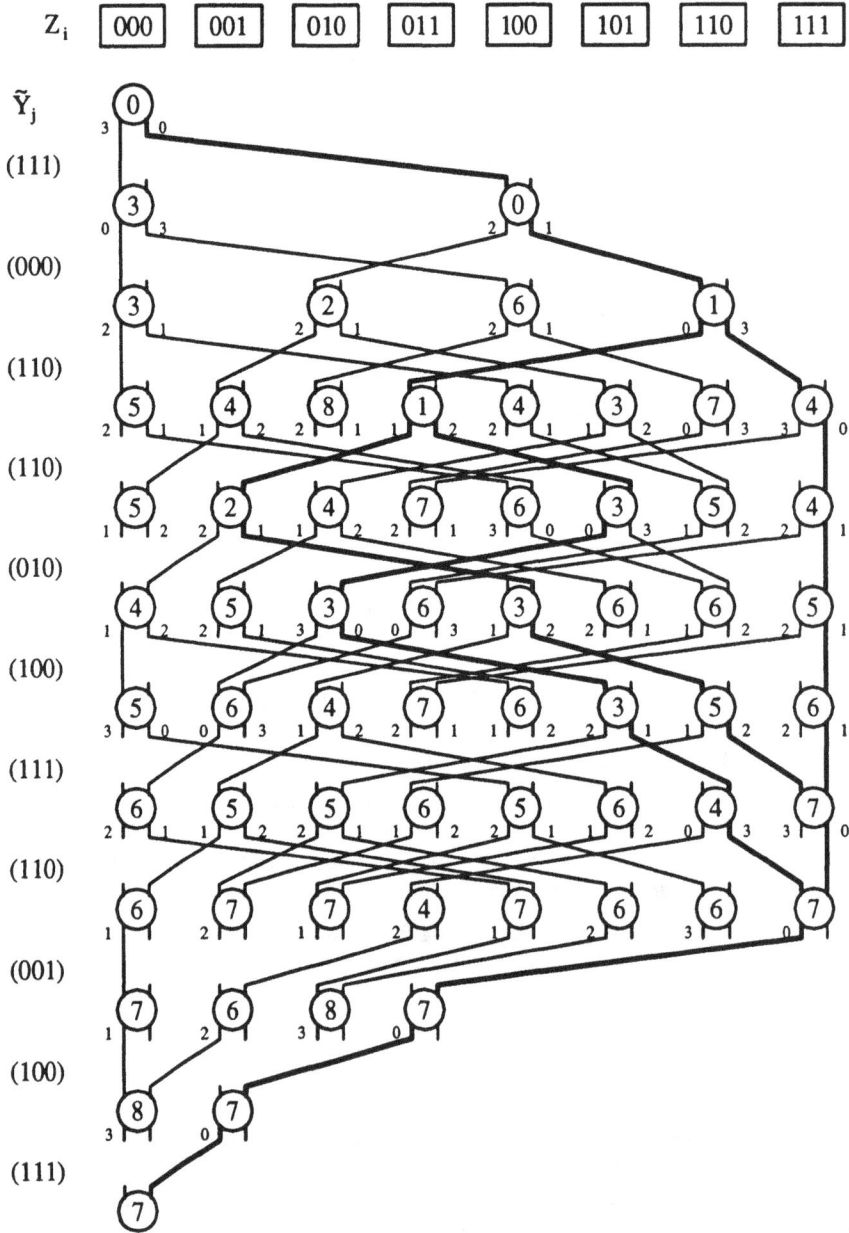

Abbildung 9.12: Spalierdiagramm zu einer verfälschten Ausgabe $\tilde{Y}$ des $(3,1,3)$-Codierers

$\tilde{Y}_j$ (101)   (010)   (001)   (100)   (001)   (000)   (100)

Z_i :

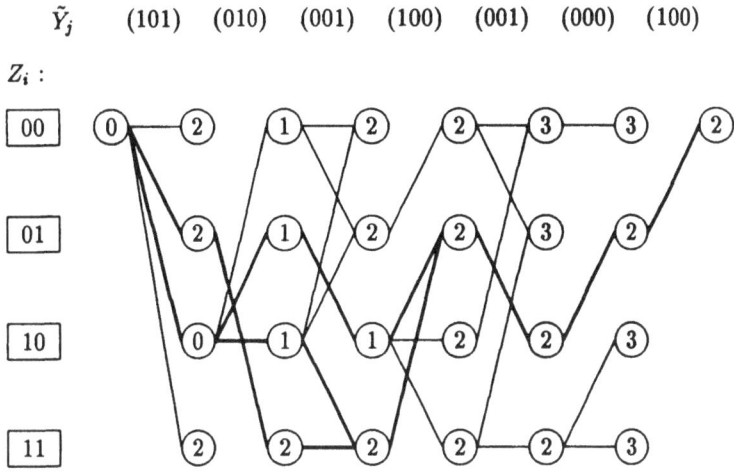

Abbildung 9.13: Spalierdiagramm des (3,2,1)-Codierers

9.6.2   Die Schwellenwertdecodierung

Grundlage dieses Verfahrens ist eine *Baumdarstellung* aller Wege, die den Verlauf von Codierungen im Zustandsdiagramm wiedergeben. Für die 2^{lr} Codewörter der Länge $(l+m)s$ gibt es je einen Weg im Baum, der von einem gemeinsamen Anfangsknoten (*Wurzel* des Baumes) ausgehend über $l+m$ Kanten zu einem der 2^{lr} verschiedenen Endknoten (*Blätter*) führt.

Über einen Knoten, der nach j Kanten von der Wurzel erreicht wird, laufen $2^{(l-j)r}$ Wege mit jeweils identischer Ein- und Ausgabe zu den Zeitpunkten $0, \cdots, j-1$. Von den inneren Knoten, d.h. von allen Knoten außer den Blättern, verzweigen je 2^r Kanten gemäß den verschiedenen Eingabemöglichkeiten. Alle Kanten sind wiederum mit dem Abstand $d_j(Y)$ zwischen der zur Zeit j empfangenen Ausgabe $\tilde{Y}_j$ und der zum betrachteten Weg gehörigen Ausgabe Y_j markiert, so daß die Weglänge den Abstand des zugehörigen Codeworts von dem empfangenen Wort ergibt.

Im Beispiel des (3,1,3)-Faltungscodes handelt es sich um einen binären Baum, der zum empfangenen Wort $\tilde{Y} = (111)(101)(100)(000)(010)(100)(111)$ in der Abbildung 9.14 dargestellt ist. Die Kanten verzweigen mit den Eingaben 0 und 1, so daß jeder Weg von der Wurzel zu einem Blatt dem Codewort entspricht, das bei Eingabe der an den Kanten notierten Werte entsteht. In den Knoten des Baumes sind der aktuelle Zustand und der Abstand zwischen $\tilde{Y}$ und einem Codewort auf dem Anfangsstück von der Wurzel zum Knoten angegeben.

Im Beispiel weicht das Codewort $Y = (111)(101)(100)(101)(110)(100)(111)$ zur

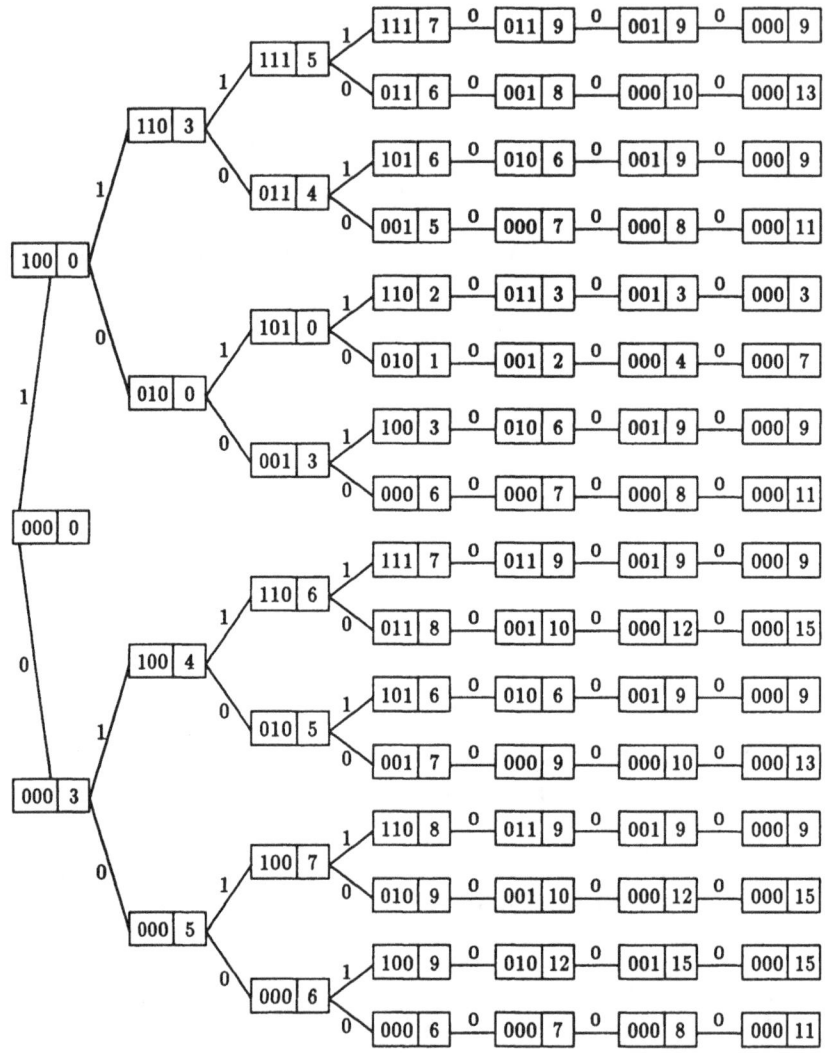

Abbildung 9.14: Decodierung anhand einer Baumdarstellung

Eingabe $X = 1011000$ an drei Stellen von der Ausgabe $\tilde{Y}$ ab, während alle übrigen Codewörter mindestens den Abstand $h - 3 = 7$ haben.

Der Fano-Algorithmus durchsucht den beschriebenen Baum nach einem Weg, dessen Länge einen vorgegebenen Schwellenwert L nicht übersteigt. Während der Viterbi-Algorithmus nach der Strategie *Suchen in die Breite* vorgeht, wobei Anfangsstücke aller Wege im Spalierdiagramm parallel über eine gewisse Kantenanzahl ausgewertet werden, benutzt der Fano-Algorithmus das *Suchen in die Tiefe*, d.h. ein Weg im Lösungsbaum wird solange verfolgt, bis geklärt ist, ob er zu einer Lösung führt.

Zunächst wird ausgehend von der Wurzel ein Weg untersucht, indem seine Knoten jeweils mit der Länge des Anfangsstücks von der Wurzel zum Knoten bewertet werden. Von einem besuchten Knoten wird der Weg stets über eine Kante mit minimaler Länge unter allen möglichen Abzweigungen fortgesetzt. Sobald die Länge des betrachteten Anfangsstücks den Schwellenwert überschreitet, wird der Weg nicht weiterverfolgt, da er als Lösung nicht in Frage kommt.

Stattdessen wird dann das Anfangsstück um eine Kante verkürzt, und es wird eine andere, bisher noch nicht beachtete Fortsetzung des verkürzten Anfangsstücks als nächtes vorgenommen, deren Kantenmarkierung unter den verbleibenden Möglichkeiten wiederum minimal ist. Sind aber alle Fortsetzungen eines Anfangsstücks bewertet, ohne daß ein geeigneter Weg gefunden wurde, so wird das Anfangsstück, sofern möglich, wieder um eine Kante verkürzt.

Dieses Suchverfahren endet entweder ohne Erfolg beim Versuch ein Anfangsstück zu verkürzen, das selbst bereits keine Kante mehr besitzt, oder mit Erfolg, wenn die Bewertung eines Weges unter Einbeziehung seiner $l + m$ Kanten den Schwellenwert L nicht überschreitet. Als Ergebnis wird entweder ein Weg und damit ein Codewort präsentiert, das die durch den Schwellenwert gestellen Anforderungen erfüllt, oder es wird bestätigt, daß es keinen solchen Weg gibt.

Im Beispiel des (3,1,3)-Faltungscodierers arbeitet der Fano-Algorithmus beim Empfang von $Y = (111)(101)(100)(000)(010)(100)(111)$ und mit dem Schwellenwert $L = 3$ den Baum in der durch die Pfeile gekennzeichneten Weise ab, siehe Abbildung 9.15. Der optimale Weg wird erst nach einem Rückzug aus einer Sackgasse gefunden. In der Skizze 9.15 ist der Lösungsbaum auf diejenigen Knoten beschnitten, deren Abstandsbewertung die Schwelle $L = 3$ nicht überschreitet.

Um einen Weg minimaler Länge zu finden, muß der beschriebene Suchalgorithmus für die Schwellenwerte $L = 0, 1, \cdots, l_{min}$ durchgeführt werden, bis die Suche erfolgreich verläuft. Für $L = 0$ bedeutet die Suche eine Überprüfung, ob das empfangene Wort ein Codewort ist.

9.6.3 Aufwandsabätzung zum Fano-Algorithmus

Der Aufwand der Schwellenwertdecodierung wird maßgeblich durch den vorgegebenen Schwellenwert L bestimmt. Der Fano-Algorithmus untersucht die Teilmenge von Knoten in der Baumdarstellung, die von der Wurzel auf einem Weg der Länge $\leq L$ erreichbar sind, wobei die Weglänge den Abstand zwischen dem empfangenen Wort $\tilde{Y}$ und dem zum Weg gehörigen Codewort Y auf einem Anfangsstück angibt. Wenn der Fano-Algorithmus erfolgreich verläuft, so werden nicht alle derartigen Knoten betrachtet.

Die Abbildung 9.15 zeigt, daß mit dem Schwellenwert $L = 3$ nur 14 von 79 Knoten erreichbar sind, von denen bis zum erfolgreichen Abschluß des Verfahrens nur 10 Knoten besucht werden.

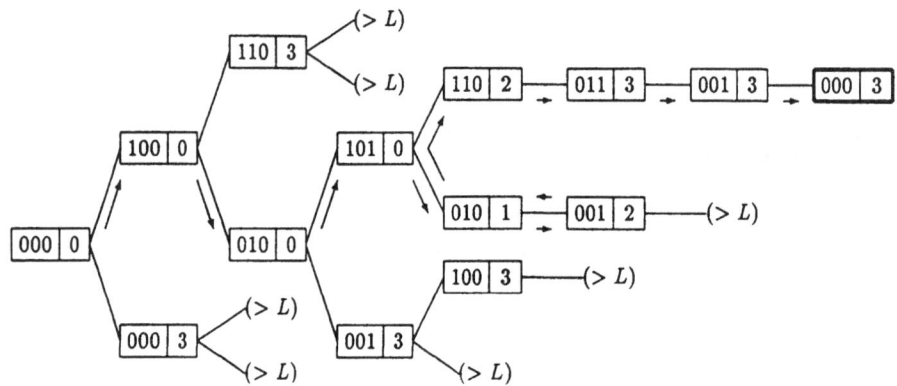

Abbildung 9.15: Ablauf einer Schwellenwertdecodierung

Die Anzahl der auf den Wegen der Länge $\leq L$ erreichbaren Knoten ist als obere Schranke für die durchzuführenden Rechenschritte anzusehen. Zu ihrer Abschätzung wird die Bezeichnung $C_{i,j}$ für die Anzahl der Knoten in der Baumdarstellung eingeführt, zu denen ein Weg von der Wurzel über i Kanten mit der Länge j führt.

Für die weiteren Betrachtungen setzen wir voraus, daß alle von einem Knoten ausgehenden Kanten jeweils mit verschiedenen Ausgaben verbunden sind. Dies ist genau dann der Fall, wenn der Codierer eine bijektive Zuordnung zwischen der Eingabe und der Ausgabe zum gleichen Zeitpunkt trifft. Zu jedem Codierer mit einer eindeutig decodierbaren Ausgabe gibt es einen gemäß Abschnitt 8.1.4 äquivalenten Codierer mit dieser Eigenschaft. Sie hat zur Folge, daß unter den von einem Knoten ausgehenden Kanten höchstens $\binom{s}{k}$ $(0 \leq k \leq s)$ die Abstandsmarkierung k zu einem s-Tupel der übermittelten Ausgabe eines Codierers haben.

Man erhält die Abschätzung:

$$C_{i+1,j} \leq \sum_{k=0}^{min(j,s)} \binom{s}{k} C_{i,j-k} \qquad \text{für } i,j \in \mathbb{N}_0. \qquad (9.13)$$

Dazu gilt $C_{i,0} \leq 1$, da es nur einen Weg gibt, der zur Ausgabe von $\tilde{Y}$ führt. Mit den zusätzlichen Randwerten $C_{0,j} = 0$ für $j \geq 1$ gewinnt man aus der Ungleichung (9.13) die Abschätzung:

$$C_{i,j} \leq \frac{(s\,i)^j}{j!} \qquad (9.14)$$

Zur Herleitung kann man die Ungleichung (9.13) umformen in:

$$C_{i,j} - C_{i-1,j} \leq \sum_{k=1}^{min(j,s)} \binom{s}{k} C_{i-1,j-k} \qquad \Rightarrow$$

$$C_{i,j} \leq \sum_{r=1}^{i} \sum_{k=1}^{min(j,s)} \binom{s}{k} C_{r-1,j-k}.$$

Damit läßt sich (9.14) durch eine Induktion über j verifizieren, wobei $C_{i,0} \leq 1$ die Induktionsverankerung bildet. Setzt man die Gültigkeit von (9.14) für alle Terme $C_{r-1,j-k}$ auf der rechten Seite der letzten Beziehung voraus, so folgt für den Induktionsschritt:

$$C_{i,j} \leq \sum_{r=1}^{i} \sum_{k=1}^{min(j,s)} \binom{s}{k} \frac{\left(s(r-1)\right)^{j-k}}{(j-k)!}$$

$$\leq \sum_{r=1}^{i} \sum_{k=1}^{min(j,s)} s^j \frac{(r-1)^{j-k}}{k!(j-k)!}$$

$$\leq \frac{s^j}{j!} \sum_{r=1}^{i} \sum_{k=1}^{j} \binom{j}{k} (r-1)^{j-k} = \frac{(s\,i)^j}{j!}.$$

Mit diesem Ergebnis kann der Gesamtaufwand des Fano-Algorithmus für einen Schwellenwert L durch die Anzahl der dabei untersuchten Knoten in der Baumdarstellung abgeschätzt werden. Für ein empfangenes Wort der Länge $l\,s$ erhält man die obere Schranke:

$$\sum_{j=0}^{L} \sum_{i=0}^{l} C_{i,j} \leq \sum_{j=0}^{L} \sum_{i=0}^{l} \frac{(s\,i)^j}{j!} \leq \sum_{j=0}^{L} \frac{s^j (l+1)^{j+1}}{(j+1)!}. \tag{9.15}$$

Mit dieser groben Abschätzung kann der größenordnungsmäßige Aufwand des Fano-Algorithmus' allgemein eingeordnet werden. Darüber hinaus ist für einen bestimmten Faltungscodierer im Einzelfall in der Regel eine schärfere Aussage möglich.

Allgemein ist der Aufwand für den Schwellenwert $L = 0$ proportional zur Länge des empfangenen Wortes, da in diesem Fall nur ein Weg verfolgt wird. Bei einer Veränderung des Schwellenwerts von L auf $L + 1$ muß mit einer Zunahme des Aufwands um den Faktor $s(l+1)/(L+1)$ gerechnet werden. Die Abschätzung zeigt, daß der Aufwand durch die Vorgabe eines Schwellenwerts polynomial von der Länge der Eingabe abhängt $O(l^L)$, während eine Durchsuchung des gesamten Baums einen exponentiell wachsenden Aufwand $O(2^{r\,l})$ erfordert.

9.6.4 Vergleich und Erweiterungen der Decodierverfahren

Im Vergleich mit der Viterbi-Decodierung, deren Aufwand unabhängig davon ist, ob ein fehlerfreies oder ein stark fehlerbehaftetes Wort empfangenen wurde, kann der Fano-Algorithmus für eine geringe Anzahl von Übertragungsfehlern und einen dementsprechend kleinen Schwellenwert wesentlich schneller durchgeführt werden. Bei zunehmender Fehlerrate scheitert die Schwellenwert-Decodierung allerdings bald am zu hohen Rechenzeitbedarf.

Der konstante Aufwand ist ein wesentlicher Vorteil des Viterbi-Verfahrens, zumal mit jedem Takt fortlaufend ein Schritt ausgeführt werden kann. Der Fano-Algorithmus verlangt dagegen eine datenabhängige Anpassung des Schwellenwerts, was dazu führt, daß Zeitvorgaben für einen Decodiervorgang bei dem sehr unterschiedlichen Aufwand nicht in jedem Fall einzuhalten sind. Bei zeitweiligen Verzögerungen in der Decodierung muß für weitere ankommende Nachrichten ein Eingabepuffer als Zwischenspeicher eingerichtet werden.

Für die Verwendung des Fano-Algorithmus spricht vor allem das günstige Verhalten im Normalfall einer ungestörten oder nur wenig gestörten Übertragung, wovon mit großer Wahrscheinlichkeit auszugehen ist, während andererseits die Decodierung von erheblich gestörten Wörtern prinzipiell mit einer hohen Restfehlerwahrscheinlichkeit behaftet ist und Korrekturmaßnahmen oft fragwürdig erscheinen läßt, siehe Abschnitt 7.2.3.

Die Viterbi-Decodierung ist weiterhin nur bis zu einer begrenzten Rückgrifftiefe des Codierers durchführbar, da hier der exponentiell mit der Rückgrifftiefe wachsende Umfang der Zustandsmenge als Faktor in den Berechnungsaufwand eingeht. Der Fano-Algorithmus ist dagegen auch für große Rückgrifftiefen anwendbar, die notwendig sind, um eine hohe Minimaldistanz zu erreichen. Das Ergebnis der Abschätzung (9.15) für die Schwellenwertdecodierung ist unabhängig von der Rückgrifftiefe. Ein weiterer Vorteil des Fano-Algorithmus' liegt schließlich in seinem geringen Speicherplatzbedarf, da nur Informationen über die Knoten benötigt werden, die sich auf dem Weg von der Wurzel bis zum aktuell betrachteten Knoten befinden.

Die in diesem Abschnitt untersuchte Maximum-Likelihood-Decodierung von Faltungscodes setzt bisher das Modell eines symmetrischen Binärkanals für die Störungen voraus, so daß die Distanz des empfangenen Wortes zu einen Codewort als Metrik herangezogen wird. Darüber hinaus erlauben die beiden erörterten Decodierverfahren die Einbeziehung allgemeiner Bewertungskriterien für Fehlermuster und können z.B. auch ein häufiges Auftreten von Fehlerbüscheln berücksichtigen.

Zur Decodierung kann man auch reelwertige Maximum-Likelihood-Funktionen berücksichtigen, um die Wahrscheinlichkeit einzuschätzen, daß ein verfälschtes Wort aus einem bestimmten Codewort hervorgegangen ist. Wenn dabei ein vorgegebener Schwellenwert für den Fano-Algorithmus zu keiner Lösung führt, so kann die Schrittweite dann auch mit nicht ganzzahligen Werten erhöht werden. Um das Codewort mit optimaler Bewertung zu finden, kann der Fano-Algorithmus die Suche allerdings nicht beim ersten Codewort beenden, das den Schwellenwert einhält, sondern man muß alle solchen Codewörter bewerten und die minimale Bewertung finden.

Beim Viterbi-Verfahren sind nur solche Kriterien anwendbar, die von den Zuständen des Codierers als Informationsbasis ausgehen, da alle Codewörter, die

zu einem Zeitpunkt in denselben Zustand führen, im Spalierdiagramm zusammengefaßt werden. Das Gedächtnis ist bei der Viterbi-Decodierung zu jedem Zeitpunkt
durch die Rückgrifftiefe des Codierers beschränkt.

9.7 Übungen zu Kapitel 9

Übung 9.1
Ein durch das folgende Schaltschema gegebener Faltungscodierer ordnet einer
binären Eingabe $X = (X_1 \cdots X_k \, 0 \, 0)$ die **Ausgabe** $Y = (Y_1 \cdots Y_k \, Y_{k+1} \, Y_{k+2})$ mit
$Y_t = (Y_t^{(1)} \, Y_t^{(2)} \, Y_t^{(3)})$ zu, wobei stets vorausgesetzt wird, daß der Anfangs- und
Endzustand des Codierers der Nullzustand" ist, also $X_{t-1} = X_{t-2} = 0$ für $t = 1$
und $t = k + 3$.

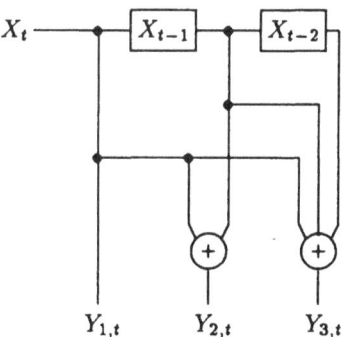

Abbildung 9.16: Ein $(3, 1, 2)$-Faltungscodierer

a) Bestimmen Sie die *Impulsantwort* des Codierers, d.h. die zur Eingabe $10 \cdots 0$
   gehörige Ausgabe.

b) Welches Codewort wird bei Eingabe von $X = (1011011100)$ ausgegeben?

c) Sei $X(D) = \sum_{t=0}^{k} X_t \, D^t$ die polynomielle Darstellung der Eingabe. Geben
   Sie das zugehörige Generatorpolynom

   $G(D) = (g^{(1)}(D), \, g^{(2)}(D), \, g^{(3)}(D))$ an, so daß

   $Y^{(i)}(D) = \sum_{t=0}^{k+2} Y_t^{(i)} \, D^t = X(D) \cdot g^{(i)}(D).$

d) Erstellen Sie ein Zustandsdiagramm für den Faltungscodierer, worin die Zustände $(X_{t-1} X_{t-2})$ als Knoten und alle möglichen Zustandsübergänge als Kanten mit der zugehörigen Ein- und Ausgabe (Notation: $X|Y^{(1)} Y^{(2)} Y^{(3)}$) verzeichnet sind. Welche Zustandsfolge durchläuft der Codierer bei der Eingabe in Teil b?

e) Wie groß ist das minimale Gewicht eines Codeworts?

   Ist der vorliegende Faltungscode katastrophal?

f) Decodieren Sie das empfangene Wort

$$\tilde{Y} = ((111)(011)(101)(100)(010)(001))$$

   mit dem Viterbi-Algorithmus und durch Schwellenwert-Decodierung.

Übung 9.2

Konstruieren Sie einen Faltungscode mit je einer Ein- und Ausgabefolge, so daß alle zu den Nachrichten der Länge 11 gehörigen Codefolgen einen (15,11)-Hamming-Code bilden.

Kann man zu jedem zyklischen (n, k)-Code einen Faltungscode finden, so daß die Codewörter der Länge n des Faltungscodes mit denen des zyklischen Codes übereinstimmen?

Übung 9.3

Der Generator eines Faltungscodierers mit zwei Eingabe- und drei Ausgabefolgen sei

$$G(D) = \begin{pmatrix} 1+D & 1 & D \\ D & 1+D & 1 \end{pmatrix}$$

Welche freie Distanz hat der erzeugte Faltungscode? Ist er katastrophal?

Übung 9.4

Gegeben sei ein durch die Gleichungen

$$Y_{1,t} = X_t + X_{t-1} + X_{t-4}$$
$$Y_{2,t} = X_t + X_{t-3} + X_{t-4}$$

definierter Faltungscodierer.

a) Ist der Faltungscodierer katastrophal?

b) Man bestimme die zur Eingabefolge $X = 100100100\ldots$ gehörigen Ausgabefolgen Y_1 und Y_2.

c) Man bestimme den inversen Generator $G^{Inv}(D)$ in der Polynomdarstellung.

Übung 9.5
Ein Faltungscodierer sei gegeben durch:

$$Y_{1,t} = X_{1,t} + X_{2,t-1};$$
$$Y_{2,t} = X_{2,t} + X_{1,t-1};$$
$$Y_{3,t} = X_{1,t} + X_{1,t-1} + X_{2,t-1}.$$

a) Wie lautet die zugehörige polynomiale Generatormatrix?

b) Berechnen Sie die Ausgabefolgen, wenn nur zur Zeit $t = 0$ Einsen in der Eingabe erscheinen, d.h. für die Fälle $(X_{10}, X_{2,0}) \in \{(01), (10), (11)\}$.

   Wie groß ist die freie Distanz des Codes?

c) Berechnen Sie die Ausgabefolgen für $X_1 = 11111 \cdots$; $X_2 = 101010 \cdots$.

Übung 9.6

a) Die Folge X_t sei periodisch, so daß $X_t = X_{t+p}$ für $t \geq q$. Wie lautet die Darstellung dieser Folge als ein Quotient von Polynomen?

b) Es sei $X(D) = 1/(1+D^2+D^3+D^5)$. Bestimmen Sie die Glieder $X_0, \cdots, X_{10}$ der zugehörigen Folge X_t.

Literaturverzeichnis

[Abra63] N. Abramson, *Information Theory and Coding*, McGraw-Hill, Electronic Sciences Series, 1963

[Akai82] H. Akaike, *Prediction and Entropy*, MRC Technical Summary Report 2397, Univ. of Wiscousin-Madison, 1982

[AmTr74] U. Ammon, K. Tröndle, *Mathematische Grundlagen der Codierung*, Oldenbourg, 1974

[Anag92] M. Anagnostou et al., *Cell Insertion Ratio Analysis in Asynchronous Transfer Mode Networks*, Computer Networks and ISDN Systems 24, pp. 335-344, 1992

[Bahl72] L. Bahl et al., *An Efficient Algorithm for Computing Free Distance*, IEEE Trans. on Information Theory, Vol. 18, pp. 437–439, 1972

[Berg63] J. Berger und B. Mandelbrot, *A new Model for Error Clustering in Telephone Circuits*, IBM J. Res. Dev., Vol. 7, pp. 224-236, 1963

[Berl68] E. Berlekamp, *Algebraic Coding Theory*, McGraw-Hill, 1968

[Blah83] R. Blahut, *Theory and Practice of Error Control Codes*, Addison-Wesley, 1983

[Cham59] W. Chambers, *Basics of Communications and Coding*, Oxford Univ. Press, 1985

[Dijk59] E. Dijsktra, *A note on two problems in connexion with graphs*, Numerische Mathematik 1, pp. 269–271, 1959

[Ding91] W. Ding, *A Unified Correlated Input Process Model for Telecommunication Networks*, 13. Internat. Teletraffic Congress, pp. 539-544, 1991

[DuJü77] J. Duske, H. Jürgensen, *Codierungstheorie*, Bibliographisches Institut, 1977

[Elli63] E. Elliot, *Estimates of Error Rates for Codes on Burst-Noise Channels*, Bell Systems Techn. J., Vol. 42, pp. 1977-1997, 1963

[Forn70]   G. Forney, *Convolutional Codes I: Algebraic Structure*, IEEE Trans. on Information Theory, Vol. 16, pp. 720–738, 1970

[Furr81]   F. Furrer, *Fehlerkorrigierende Block-Codierung für die Datenübertragung*, Birkhäuser, 1981

[Gilb60]   E. Gilbert, *Capacity of a Burst-Noise Channel*, Bell Systems Techn. J., Vol. 39, pp. 1253-1266, 1960

[Hamm87] R. Hamming, *Information und Codierung*, VCH, 1987

[HeQu89] W. Heise, P. Quattrochi, *Informations- und Codierungstheorie*, Springer, 1989

[Held91]   G. Held, *Data Compression*, John Wiley, 1991

[HeHo70] E. Henze, H. Homuth, *Einführung in die Informationstheorie*, Vieweg, 1970

[HeWo86] H. Heuser, H. Wolf, *Algebra, Funktionalanalysis und Codierung*, Teubner, 1986

[Hoff91]   D. Hoffman et al., *Coding Theory*, M. Dekker, 1991

[Hsia70]   M. Hsiao, *A Class of Optimal Minimum Odd-weight-column SEC-DED Codes*, IBM J. Res. Dev., Vol. 14, pp. 395–401, 1970

[JaJa84]   A. Jaglom, I. Jaglom, *Wahrscheinlichkeit und Information*, H. Deutsch-Verlag, 1984

[KaWe73] T. Kameda, K. Weihrauch, *Einführung in die Codierungstheorie I*, Bibliographisches Institut, 1973

[Kasa68]   T. Kasami, *Weight Distributions of BCH-Codes*, Univ. of North Carolina Press, Chapel Hill, 1968

[Köni91]   M. König, *Der Berlekamp-Massey-Algorithmus für binäre primitive BCH-Codes*, Diplomarbeit am Institut für Theoret. Inform., TH Darmstadt, 1991

[Kohl77]   J. Kohlas, *Stochastische Methoden des Operations Research*, Teubner, 1977

[Küpf54]   K. Küpfmüller, *Die Entropie der deutschen Sprache*, Fernmeldetechnische Zeitschrift, Bd. 7, pp. 265-272, 1954

[Lars73]   K. Larsen, *Comments on "An Efficient Algorithm for Computing Free Distance"*, IEEE Trans. on Information Theory, Vol. 19, pp. 577–579, 1973

[LeMe88] E. Lee, D. Messerschmitt, *Digital Communication*, Kluwer Academic Publishers, 1988

[LiCo83]   S. Lin, D. Costello, *Error Control Coding*, Prentice-Hall, 1983

[Lint92]   J. van Lint, *Introduction to Coding Theory*, Springer, 1992

[Lutz91]   E. Lutz et al., *The Land Mobile Satellite Communication Channel –
           Recording, Statistics, and Channel Model*, IEEE Trans. Vehicular Tech-
           nology, Vol. 40, 1991

[MaSa68]   J. Massey, M. Sain, *Inverses of Linear Sequential Circuits*, IEEE Trans.
           on Computers, Vol. 17, pp. 330–337, 1968

[MaPf90]   R. Mathar, D. Pfeifer, *Stochastik für Informatiker*, Teubner, 1990

[MWSl77]   F. MacWilliams, N. Sloane, *The Theory of Error-Correcting Codes*,
           North-Holland, 1977

[McEl77]   R. McEliece, *The Theory of Information and Coding*, Addison-Wesley,
           1977

[Mert60]   P. Mertz, *Model of Error-Burst Structure in Data Transmission*,
           Proc. Nat. Electronics Conf., Vol. 16, pp. 232-240, 1960.

[Mert61]   P. Mertz, *A Model of Impulsive Noise for Data Transmission*, IRE
           Trans. Commun. Syst., Vol. CS-9, pp. 130-137, 1961

[Mild90]   O. Mildenberger, *Informationstheorie und Codierung*, Vieweg, 1990

[Nels91]   M. Nelson, *The Data Compression Book*, M&T Books, 1991

[OpSc92]   A. Oppenheim, R. Schafer, *Zeitdiskrete Signalverarbeitung*, Olden-
           bourg, 1992

[Pete67]   W. Peterson, *Prüfbare und korrigierbare Codes*, Oldenbourg, 1967

[PeWe72]   W. Peterson, E. Weldon, *Error-Correcting Codes*, MIT-Press, 1972

[RaFu89]   T. Rao, E. Fujiwara, *Error-Control Coding for Computer Systems*,
           Prentice-Hall, 1989

[Rodi91]   F. Rodier, *On the Weights of the Elements of the Duals of Binary BCH-
           Codes*, Applied Abgebra, Algebraic Algorithms and Error-Correcting
           Codes, H. Mattson et al. Eds., Springer, pp. 384-389, 1991

[ScHe90]   C. Schlegel, M. Herro, *A Burst-Error-Correcting Viterbi Algorithm*,
           IEEE Trans. on Commun., Vol. 38, pp. 285-291, 1990

[Schm92]   L. Schmickler, *MEDA: Mixed Erlang Distributions as Phase-Type Re-
           presentations of Empirical Distribution Functions*, Commun. Statist.-
           Stochastic Models, pp. 131-156, 1992

[Schu91]   R. Schulz, *Codierungstheorie*, Vieweg, 1991

[Shan48]   C. Shannon, *A Mathematical Theory of Communication*, Bell Systems
           Techn. J., Vol. 27, pp. 379–423, pp. 623–656, 1948

[Shan51] C. Shannon, *Prediction and Entropy of Printed English*, Bell Systems Techn. J., Vol. 30, pp. 50–64, 1951

[ShWe76] C. Shannon, W. Weaver, *Mathematische Grundlagen der Informationstheorie*, Oldenbourg, 1976

[Ston90] T. Stonier, *Information and the Internal Structure of the Universe*, Springer, 1990

[Stor88] J. Storer, *Data Compression*, Computer Science Press, 1988

[Swee92] P. Sweeney, *Codierung zur Fehlererkennung und Fehlerkorrektur*, Hanser, Prentice-Hall, 1992

[Swob73] J. Swoboda, *Codierung zur Fehlerkorrektur und Fehlererkennung*, Oldenbourg, 1973

[Tiet73] A. Tietävainen, *On the Nonexistence of Perfect Codes over Finite Fields*, SIAM Journal Appl. Math., Vol. 24, pp. 88-96, 1973

[ViOm79] A. Viterbi, J. Omura, *Priciples of Digital Communications*, McGraw-Hill, 1979

[WaWa86] H. Waldschmidt, H. Walter, *Grundzüge der Informatik I und II*, Bibliographisches Institut, 1986

[Wolf67] J. Wolfowitz, *Memory increases Capacity*, Inform. Control, Vol. 11, pp. 423-428, 1967

[Youn75] J. Young, *Einführung in die Informationstheorie*, Oldenbourg, 1975

Index

abelsche Gruppe 53
Abramson-Code 103
Abstand, (Hamming-) 70
adjungierte Quelle 12
äquidistante Codes 74
äquivalente Faltungscodierer 162
Äquivokation 36
Alphabet 5
Anzahlfunktion 135
aperiodisch 9
a-posteriori-Entropie 36
a-posteriori-Wahrscheinlichkeit 36
a-priori-Entropie 36
a-priori-Wahrscheinlichkeit 35

Basis 56
Baumdarstellung 25, 183
Bayes, Satz von 36
BCH-Code 111
bedingte Entropie 11
bedingte Wahrscheinlichkeit 5
bedingter Informationsgehalt 11
Berlekamp-Massey-Algorithmus 118
binär 70, 158
binärer Kanal 38
binomialverteilt 47
bit 2
Blatt eines Baumes 183
Block-Code 17
Bool'sche Funktionen 55
Breitband-ISDN 98
Byte 98

Code 17, 69, 101, 157
(n, k)-Code 70
Codealphabet 17
Codespreizung 111
Codewort 17, 70

Codierung 17, 157

Datenkomprimierung 13, 18
Datenpaket 98
Datenstellen 70
Decoder 102
Decodiertabelle 89
Decodierung 45, 46, 118, 169
$\deg(p)$ 57
deskriptives Modell 149
dichtgepackt 74
Dijkstra-Algorithmus 174
Dimension 56
Diskrepanz 119
Distanz, (Hamming-) 70
Division mit Rest 57
dualer Code 78

Effizienz 29
eindeutig decodierbar 17, 169
Einzelfehlerwahrscheinlichkeit 38
Elementarereignis 1
elementarsymmetr. Funktion 116
Elliot, Modell von 155
Empfänger 49, 69, 178
endlicher Körper 54
Entropie 2
Entscheidungsregel 42
ergodisch 9
Erneuerungsprozeß 148
Erwartungswert 5
erweiterter Code 141
Erweiterung, n-te 6
Erweiterungskörper 55
erzeugendes Element 56
Euklid'scher Algorithmus 58
Euler'sche ϕ-Funktion 64
Exor-Verknüpfung 89

Faltungscode   157, 161
Faltungscodierer   160
Fano, Ungleichung von   44
Fano–Algorithmus   179, 183
fehlerbehafteter Kanal   35, 143
Fehlerbitprozeß   148
Fehlerbüschel   107
Fehlererkennung   69, 102, 107, 127
Fehlerkorrektur   69, 108, 131, 178
Fehlerlückenlänge   148
Fehlerlückenprozeß   148
Fehlermuster   78
Fehlerstellenpolynom   116
Fehlersyndrom   78
Fire-Code   107
freie Distanz   173

Galoisfeld   54
gedächtnislos   5
generatives Modell   149
Generatormatrix   76, 159
Generatormuster   81
Generatorpolynom   81, 82
geometrische Verteilung   154
gerichteter Graph   164
Gewicht   70
Gewichtsfunktion   135, 174
Gewichtsverteilung   129
$GF(q^m)$ 56
ggT   58
Gilbert, Modell von   151
Gilbert-Varshamov-Schranke   74, 80
Golay-Code   75, 141
Grad   57
Graph   164
größter gemeinsamer Teiler   58, 64
Gruppe   53
Gruppencode   75

Halbgruppe   53
Hamming-Code   101, 130
HDTV-Fernsehbild   2
Header   98
Hintergrundprozeß   8, 152
homogen   8
Hsiao–Code   104
Huffman-Algorithmus   25

Huffman-Code   25

Impulsantwort   189
Information   1
Informationseinheit   2
Informationsquelle   5
Informationsrate   70
Integritätsbereich   54
inverser Generator   170
Invertierung   89
irreduzible Markov-Quelle   9
irreduzibles Polynom   60
isomorph   63

Kanal   35
Kanalmatrix   35
Kanalmodell   143
Kante   164, 173
Kantenmarkierung   173
Kapazität   40
katastrophaler Faltungscode   166
katastrophaler Faltungscodierer   167
Knoten   164
Körper   54
kommutativ   53
kompakter Code   21
Kontrollmatrix   76
Kontrollstellen   70
Korrekturmuster   78, 131
Korrigierbereich   71
Korrigierkugel   71
Kraft'sche Ungleichung   18
kürzester Weg   174

Leitkoeffizient   57, 58
linear unabhängig   56
linearer Blockcode   75
Linearkombination   56
Lösungspolynom   118

MacWilliams'sche Beziehung   134
Markov'sche Informationsquelle   7
Markovkette m-ter Ordnung   7
Maximum-Likelihood-Decod.   72
Maximum-Likelihood-Regel   43
Metrik   70
Minimaldistanz   70

minimaler Codierer   164
Minimallösungspolynom   118
Minimalpolynom   63, 66
Mittelwert   5, 47, 154
mittlere Codewortlänge   21
mod   57, 59
Monoid   53

Nachrichtenquelle   4
Nachrichtenstellen   70
Nullstelle   64
Nullteiler   54

Odd-Weight-Code   104
Oder-Verknüpfung   89
Oktett   98
optimale Entscheidungsregel   43
Ordnung einer Markovkette   7
Ordnung eines Elements   56
orthogonal   56, 78, 86
orthogonale Polynome   86
orthogonale Vektorräume   56

Paket-Übertragung   98
Parallelschaltung   51
Pareto-Funktion   150
Parity-Check-Bit   133, 141
perfekter Code   74
periodisch   8
Phasenverteilung   154
Plotkin-Schranke   73
Polynom   57
Polynomdarstellung   81, 84
polynomialer Generator   161
positiv rekurrent   8
Potenzendarstellung   62
Potenzmenge   1
Präfix   18
Präfixcode   18
präfixfrei   18
primitives Element   56, 62
primitives Polynom   63, 65
Prüfmatrix   76
Prüfschema   76

quasi-perfekter Code   74
Quellalphabet   5, 17

Quellsymbol   5

Rate des Faltungscodierers   160
Redundanz   29
reduzibel   9, 60
Reihenschaltung   41, 51
rekurrent   8
Restfehlerwahrscheinlichkeit   127
Restklasse   59
Restpolynom   57
reziprokes Polynom   67
Ring   54
Rückgrifftiefe   157
Rückschlußentropie   36

Satz der totalen Wahrscheinlichk.   36
Schaltelemente   89, 157
Schaltmatrix   88
Schieberegister   91, 157, 158
Schiefkörper   54
Schwellenwertdecodierung   179, 183
SD-Code   17
SEC/DED-Code   102
selbstdualer Code   99
Semi-Markov-Prozesse   156
Sender   49, 69
Shannon, Sätze von   22, 46
Shannon-Fano-Codierung   23
Sieb des Eratostenes   60
Signalwahrscheinlichkeit   5
Singleton-Schranke   73
singulärer Code   17
Skalarprodukt   56
sofort decodierbar   17
Spalierdiagramm   180
Standard-Generatormatrix   76
Standard-Prüfmatrix   77
Standardform   76
Standardschema   79
stationär   8
stationäre Wahrscheinlichkeit   9
stochastischer Prozeß   5, 147
Suchen in die Breite   179, 184
Suchen in die Tiefe   179, 185
Symbol   1
symmetrischer Binärkanal   38
symmetrischer Kanal   40

Syndrom   78
systematischer Code   70
systematischer Faltungscodierer   169

teilerfremd   64, 68
Teilkörper   55
Transinformation   37
Tschebyschev'sche Ungleichung   47

Überdeckungsradius   71
Übergangswahrscheinlichkeit   8
Übertragungskanal   35
unabhängig   5
Und-Verknüpfung   89, 105
unsymmetrischer Binärkanal   41, 52
Untervektorraum   56

Vandermonde'sche Determinante 112
Varianz   47, 154
vektorielle Darstellung   62
Vektorraum   55
Verteilungsfunktion   148
Viterbi-Algorithmus   179
voller Code   70

Wahrscheinlichkeitsmaß   1
Wahrscheinlichkeitsraum   1
Weg   173
Weglänge   173
Wiederholungscode   75
Wort   6
Wurzel   64
Wurzel eines Baumes   183

Zeichen   1
Zeichenfolge   8, 158
Zeichenvorrat   1
Zufallscode   47
Zufallsvariable   4
Zustand   8
Zustandsautomat   163
Zustandsdiagramm   164
Zustandsreduktion   164
Zustandstabelle   164
zyklische Gruppe   56
zyklischer Code   81
Zyklus   62, 167
Zykluslänge   62

www.ingramcontent.com/pod-product-compliance
Lightning Source LLC
Chambersburg PA
CBHW080421190526
45161CB00004B/243

* 9 7 8 3 4 8 6 2 2 5 6 9 3 *